E-Book inklusive:

Mit folgendem persönlichen Code können Sie die E-Book-Ausgabe dieses Buches downloaden:

70180-r65p6-zzf00-t3j11

Registrieren Sie sich unter

www.hanser-fachbuch.de/ebookinside

und nutzen Sie das E-Book auf Ihrem Rechner*, Tablet-PC und E-Book-Reader.

Der Download dieses Buches als E-Book unterliegt gesetzlichen Bestimmungen bzw. steuerrechtlichen Regelungen, die Sie unter **www.hanser-fachbuch.de/ebookinside** nachlesen können.

* Systemvoraussetzungen: Internet-Verbindung und Adobe® Reader®

Kuhfuß/Runge

Agile Innovation Sprint

Ihr Plus – digitale Zusatzinhalte!

Auf unserem Download-Portal finden Sie zu diesem Titel kostenloses Zusatzmaterial. Geben Sie auf **plus.hanser-fachbuch.de** einfach diesen Code ein:

`plus-s34mP-w45hr`

Bleiben Sie auf dem Laufenden!

Unser **Computerbuch-Newsletter** informiert Sie monatlich über neue Bücher und Termine. Profitieren Sie auch von Gewinnspielen und exklusiven Leseproben. Gleich anmelden unter:
www.hanser-fachbuch.de/newsletter

Andrea Kuhfuß
Patrick Runge

Agile Innovation Sprint

Innovation im Unternehmen
erlebbar machen

HANSER

Alle in diesem Werk enthaltenen Informationen, Verfahren und Darstellungen wurden nach bestem Wissen zusammengestellt und mit Sorgfalt getestet. Dennoch sind Fehler nicht ganz auszuschließen. Aus diesem Grund sind die im vorliegenden Werk enthaltenen Informationen mit keiner Verpflichtung oder Garantie irgendeiner Art verbunden. Autor:in und Verlag übernehmen infolgedessen keine juristische Verantwortung und werden keine daraus folgende oder sonstige Haftung übernehmen, die auf irgendeine Art aus der Benutzung dieser Informationen – oder Teilen davon – entsteht. Ebenso wenig übernehmen Autor:in und Verlag die Gewähr dafür, dass beschriebene Verfahren usw. frei von Schutzrechten Dritter sind. Die Wiedergabe von Gebrauchsnamen, Handelsnamen, Warenbezeichnungen usw. in diesem Werk berechtigt also auch ohne besondere Kennzeichnung nicht zu der Annahme, dass solche Namen im Sinne der Warenzeichen- und Markenschutz-Gesetzgebung als frei zu betrachten wären und daher von jedermann benutzt werden dürften.

Die endgültige Entscheidung über die Eignung der Informationen für die vorgesehene Verwendung in einer bestimmten Anwendung liegt in der alleinigen Verantwortung der Nutzer:innen.

Bibliografische Information der Deutschen Nationalbibliothek:
Die Deutsche Nationalbibliothek verzeichnet diese Publikation in der Deutschen Nationalbibliografie; detaillierte bibliografische Daten sind im Internet über *http://dnb.d-nb.de* abrufbar.

Dieses Werk ist urheberrechtlich geschützt.
Alle Rechte, auch die der Übersetzung, des Nachdruckes und der Vervielfältigung des Buches, oder Teilen daraus, vorbehalten. Kein Teil des Werkes darf ohne schriftliche Genehmigung des Verlages in irgendeiner Form (Fotokopie, Mikrofilm oder ein anderes Verfahren) – auch nicht für Zwecke der Unterrichtsgestaltung – mit Ausnahme der in den §§ 53, 54 URG genannten Sonderfälle –, reproduziert oder unter Verwendung elektronischer Systeme verarbeitet, vervielfältigt oder verbreitet werden.

© 2024 Carl Hanser Verlag München, *www.hanser-fachbuch.de*
Lektorat: Brigitte Bauer-Schiewek
Copy editing: Petra Kienle, Fürstenfeldbruck
Umschlagdesign: Marc Müller-Bremer, *www.rebranding.de*, München
Coverrealisation: Max Kostooulos
Titelmotiv: © stock.adobe.com/cornecoba
Layout: Manuela Treindl, Fürth
Druck und Bindung: Hubert & Co. GmbH & Co. KG BuchPartner, Göttingen
Printed in Germany

Print-ISBN: 978-3-446-47796-4
E-Book-ISBN: 978-3-446-47851-0
E-Pub-ISBN: 978-3-446-48050-6

Für unseren Freund und Mentor
Boris Gloger

Inhalt

Zielgruppe XI

So funktioniert das Buch. XIII

Über die Autor:innen XV

Danksagung XVI

Vorwort XVII

Noch ein Vorwort. XIX

1 Einleitung 1

2 Hintergrundwissen – über Agile Prinzipien, Frameworks und Praktiken. 7
2.1 Design Thinking trifft Agilität. 7
2.2 Unsere Werte – unsere Haltung – unser Verhalten. 9
    2.2.1 Die Scrum-Werte. 11
    2.2.2 High Performance Tree 12
    2.2.3 SCARF-Bedürfnisse 12
    2.2.4 Moving Motivators 13
2.3 In fünf Wochen zur Problemlösung. 14

3 Design Thinking 15
3.1 Die Co-Väter des Design Thinking 16
3.2 Vom Divergieren und Konvergieren 18
3.3 Und ganz am Anfang steht die Design Challenge 20
3.4 Der Design-Thinking-Prozess im Überblick. 24
3.5 Phase 0: Design Challenge entwickeln. 24
3.6 Phase 1: Verstehen 25
3.7 Phase 2: Beobachten. 27
    3.7.1 Durchführung von Interviews. 28
    3.7.2 Durchführen einer Umfrage 29

3.8	Phase 3: Sichtweise definieren	32
3.9	Phase 4: Ideen finden	36
3.10	Phase 5: Prototypen entwickeln	38
	3.10.1 Arten von Prototypen	39
	3.10.2 Nutzen eines Prototypen	40
	3.10.3 Prototypen-Evolution	40
	3.10.4 Von der Idee zum Prototyp	41
3.11	Phase 6: Testen	44

4 Storytelling – warum das Hirn Geschichten liebt. ... 47
4.1 Persona und Sichtweise definieren – über Metaphern und Storymaps eine emotionale Bindung zu Kund:innen und Nutzer:innen aufbauen ... 54

5 Vorbereitung, Formalitäten und operativer Ablauf des Agile Innovation Sprints ... 57

5.1	Sprintvorbereitung	57
5.2	Die Design Challenge formulieren	59
5.3	Die Rollen im Agile Innovation Sprint	61
5.4	Das Sprint-Team formen	61
5.5	Das Kick-off planen	64
	5.5.1 Pecha Kucha	64
	5.5.2 Expert:innen einladen	66
	5.5.3 Organisation der Formalitäten	67
5.6	Weitere Vorbereitungen	68
5.7	Meetings und Veranstaltungen in der Praxis	70
	5.7.1 Kick-off	70
	5.7.2 Check-in	70
	5.7.3 Daily und Wrap-up	72
	5.7.4 Weekly	74
	5.7.5 Retrospektive	75

6 Die Phasen und Inhalte des Agile Innovation Sprint ... 87
6.1 Der Kick-off – Tag 1 ... 88
6.2 Der Kick-off – Tag 2 ... 92

7 Der Design-Thinking-Prozess ... 95
7.1	Phase 1 – Verstehen	95
7.2	Verstehen-Modul	97
	7.2.1 Stakeholder-Map und Stakeholder-Analyse	98
	7.2.2 Desktop-Recherche	102
7.3	Phase 2 – Beobachten	104
7.4	Phase 3 – Sichtweise definieren	116
	7.4.1 Persona	117

	7.4.2	Storymap	122
7.5	Phase 4 – Ideen finden		125
7.6	Phase 5 – Prototypen entwickeln		139
7.7	Phase 6 – Testen		153

8 Die Abschlussphase des Agile Innovation Sprint 163
8.1 Evaluate-Modul 164
8.2 Abschlusspräsentation 170

9 Ausblick: Design Thinking, Künstliche Intelligenz und die Zukunft von Innovation Sprints 177

10 Schlusswort 179

11 Zusätzliche Methoden 181
11.1 Phase 1 – Verstehen (siehe Abschnitt 7.2) 181
11.2 Phase 2 – Beobachten (siehe Abschnitt 7.3) 182
11.3 Phase 3 – Sichtweise definieren (siehe Abschnitt 7.4) 183
11.4 Phase 4 – Ideen finden (siehe Abschnitt 7.5) 184
11.5 Phase 5 – Prototypen entwickeln (siehe Abschnitt 7.6) 185
11.6 Phase 6 – Testen (siehe Abschnitt 7.7) 186

Literatur 187

Stichwortverzeichnis 190

Zielgruppe

Dieses Buch richtet sich an Innovationsmanager:innen, Moderator:innen und Coaches, Gründer:innen und Unternehmer:innen, Personalentwickler:innen und neugierige Menschen, die mit agilen Prinzipien, Praktiken und Methoden nutzer:innenorientierte Lösungen für komplexe Probleme finden wollen.

Dieses Buch ist richtig für Sie, wenn Sie

- nutzer:innenorientierte Lösungen für komplexe Probleme entwickeln wollen.
- Kolleg:innen, die von unterschiedlichen Orten aus arbeiten, innerhalb kürzester Zeit in wertschätzende und wertschöpfende Arbeit bringen möchten.
- Ihren Innovationsprozess mit unterschiedlichen Stakeholdern digital und interaktiv initiieren, durchführen und abschließen wollen.
- Entscheidungsträger:innen von Ihrem Vorhaben überzeugen wollen.

Wir zeigen Ihnen, wie

- Sie innerhalb von fünf Wochen kunden:innen- und nutzer:innenorientierte Lösungen für komplexe Probleme entwickeln.
- Sie den gesamten Innovationsprozess kollaborativ mit Ihren Kolleg:innen und anderen Akteur:innen gestalten.
- Wir stellen Ihnen eine umfangreiche Sammlung von Hintergrundwissen, erprobten Methoden und praktischen Anleitungen inklusive Zugriff zu einer eigens im Rahmen dieses Buchs entwickelten Arbeitsumgebung auf Miro (*https://www.miro.com*) sowie Templates zum Download zur Verfügung.

Was dieses Buch nicht leisten kann

Dieses Buch hilft Ihnen vermutlich nicht, wenn

- Sie sich nicht für die eigene Weiterentwicklung, die Ihres Teams oder Ihrer Organisation interessieren.
- Sie Design Thinking oder agile Arbeitsweisen für Humbug halten.
- Sie eine wissenschaftliche Abhandlung erwarten.

Viel Spaß beim Lesen, Lernen und Testen!

So funktioniert das Buch

Dieses Buch ist der Vorbereitung, der Durchführung und der Nachbereitung Ihres Agile Innovation Sprints (AIS) gewidmet. Dazu haben wir für Sie auf Ihrem persönlichen Miro-Board eine Umgebung gebaut, in der Sie mit Ihrem Team, das an unterschiedlichen Standorten ansässig ist, arbeiten und Ihr Wissen sammeln, teilen und analysieren können.

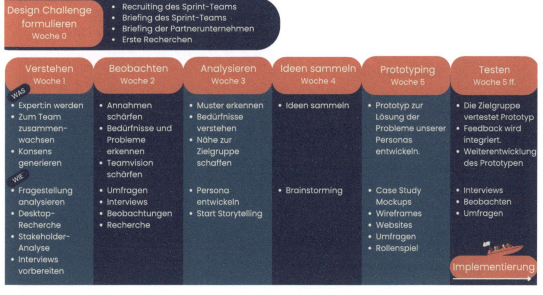

Bild 1.1 Wochenübersicht, QLab Think Tank GmbH

Wir führen Sie Schritt für Schritt durch den fünfwöchigen Prozess und halten sowohl in diesem Buch als auch auf dem Miro-Board Hintergrundwissen, weiterführende Informationen sowie unterschiedliche Tools, Templates und Module für Sie bereit, so dass Sie den Sprint eigenständig durchführen können. Sollten Sie bislang keine Erfahrungen im Bereich Design Thinking und bei der Durchführung von Innovation Sprints gesammelt haben, empfehlen wir Ihnen, das Buch mit Blick auf das Miro-Board komplett durchzulesen.

Unsere Arbeit basiert auf der Kombination und Anwendung von Design Thinking und agilen Prinzipien, Frameworks und Praktiken, die wir Ihnen im ersten Teil dieses Buches vorstellen.

Wir beschreiben den Design-Thinking-Prozess zunächst im Überblick und flankieren die Informationen mit Beispielen aus einem unserer Agile Innovation Sprints. Außerdem erhalten Sie einen tiefen Einblick in das Thema Storytelling, das für die Anwendung von Design Thinking wesentlich ist.

Im zweiten Teil dieses Buchs begleiten wir Sie durch jede einzelne Etappe Ihres AIS, der auf dem Miro-Board visualisiert ist. Sie erfahren, wie Sie das Arbeitsumfeld gestalten, wie Sie Ihr Team aufstellen und die Meetings planen. Eine Checkliste geleitet Sie durch die ersten beiden Tage des AIS. Die einzelnen Phasen des Design-Thinking-Prozesses sind ausführlich beschrieben.

Eine Präsentation zur Einführung in die Design-Thinking-Methode und zu allen Phasen ist ebenfalls auf Ihrem Miro-Board hinterlegt. Sie finden diese Präsentation als modifizierbare PowerPoint-Folien ebenso wie alle Module und Templates auch unter

https://plus.hanser-fachbuch.de/

mit dem Code

`plus-s34mP-w45hr`

Alle Dokumente, die Sie auf Miro finden, können Sie Ihren Bedürfnissen anpassen. Sollten Sie die Dokumente in der analogen Welt verwenden, empfehlen wir das Ausdrucken im DIN-A3-Format.

Zur Verdeutlichung des Inhalts verwenden wir im Buch Kästen zu folgenden Themen:

Dieses Buch ist auch ein Erfahrungsbericht, so dass wir hin und wieder die Perspektive zwischen Ihnen, dem Lesenden, und uns wechseln. Wenn wir von „Wir" sprechen, sprechen wir von Ihnen und Ihrem Team.

Über die Autor:innen

Andrea Kuhfuß ist seit 2021 Mitgründerin und Geschäftsführerin der QLab Think Tank GmbH und unterstützt Unternehmen und politische Entscheidungsträger:innen dabei, zukunftsfähige und innovative Lösungen im Bereich Energiewende und Nachhaltigkeit zu schaffen. Die Basis ihrer Arbeit bildet die Kombination aus Design Thinking und Agilität. Sie wirkt außerdem als Moderatorin, Facilitatorin und Vortragende.

Die Autorin ist eine Reisende zwischen beruflichen Welten. Ihr Weg führte sie aus der Kunstgeschichte in die Organisationsentwicklung und Innovationsberatung. Sie hat das Zertifikatsstudium *Leading Digital Transformation and Innovation* am Hasso-Plattner Institut/Stanford University absolviert und sich am Institute for the Future, Palo Alto, im Bereich *Futures Thinking* qualifiziert.

Andrea Kuhfuß ist eine neugierige Generalistin, die ihr Wissen gerne teilt, und Menschen und Organisationen dabei unterstützt, ihre Potentiale zu heben. Sie ist überzeugt davon, dass wir durch kollaborative Arbeit in interdisziplinären Teams kreative Lösungen für persönliche, soziale und globale Probleme finden können.

Kontakt: *andrea_kuhfuss@web.de*

Patrick Runge hat Ende 2021 seinen Abschluss mit Schwerpunkt International Entrepreneurship, Management & Marketing gemacht. Bereits Mitte 2021 brachte er sein Interesse an Disruption, Innovation und Nachhaltigkeit in den ersten Sprint des QLab Think Tanks ein.

Als Projektmanager bereitet Patrick unsere verschiedenen Projekte vor und begleitet die Prozesse. Darüber hinaus ist er für das Business Development im QLab selbst mitverantwortlich. Sein Ziel ist es, ganzheitliche und nachhaltige Lösungen mit und für Unternehmen zu entwickeln.

Kontakt: *patrickrunge98@web.de*

Danksagung

Unser Dank gilt unseren Kund:innen, die sich vertrauensvoll mit uns im Rahmen des Agile Innovation Sprints auf die Reise begeben und die es uns durch die spannenden Design Challenges ermöglichen, uns fachlich weiterzubilden. Unseren internationalen Sprint-Teams danken wir für ihre Kompetenz, ihre Neugierde, ihren unermüdlichen Einsatz und dafür, dass sie unser Leben mit ihren persönlichen Geschichten bereichern. Wir danken unsere Interviewpartner:innen dafür, dass sie ihr Wissen mit uns teilen und es dadurch multiplizieren.

Wir danken Dr. Nikola Bachfischer, Frank Düsterbeck (danke auch für die Seerose!), Finn Faust, unserem Mitgründer Boris Gloger, Mira Kallenheim und Kathrin Rath für ihre fachliche Expertise und die Zeit, die sie sich genommen haben, um dieses Buch inhaltlich zu lektorieren. Wolfgang Tobias danken wir für seine sehr kreativen Wortschöpfungen.

Konstanze Wilschewski und der HEC GmbH danken wir für die Zurverfügungstellung der Grafiken, mit denen wir unseren Design-Thinking-Prozess visualisieren.

Ein besonderer Dank geht an Prof. Dr. Christoph Lattemann, der Andrea nicht nur als guter Freund begleitet, sondern ihr vor vielen Jahren auch die Tür zur wunderbaren Welt des Design Thinking geöffnet hat.

Unser Dank gilt außerdem unseren Co-Worker:innen im Casino Futur in Bremen, die die ein oder andere lebhafte Diskussion im Rahmen unserer Agile Innovation Sprints miterleben dürfen.

Unseren Familien und Freund:innen danken wir für die Geduld und dafür, dass sie uns auf unterschiedlichste Art und Weise unterstützt haben.

Vorwort

Das 21. Jahrhundert bringt neue Herausforderungen mit sich, wie die Klimakrise, Bildungskrise, Ukrainekrise und den Bevölkerungswandel. Im Vergleich zum 20. Jahrhundert mag es nicht unbedingt schwieriger sein, aber die rasante Veränderung unserer Lebensgrundlagen verändert alles um uns herum – schneller, als wir es derzeit in unsere Lebenswirklichkeit integrieren können.

Die Corona-Pandemie hat uns gelehrt, exponentiell zu denken. Kleine, stetige Veränderungen können sich über die Zeit hinweg stark auswirken. Verdopplungen kleiner Geldbeträge, Viren oder CO_2 in der Atmosphäre haben über die Zeit hinweg enorme Auswirkungen.

Der stetige Erfolg von Unternehmen und Industrien hat dazu geführt, dass die Grundlagen unseres Wirtschaftssystems, unsere Umwelt, die Insekten, die Böden und die Rohstoffe ausgebeutet und zerstört wurden. Waren die CO_2-Emissionen zu Anfang des Industriezeitalters vernachlässigbar, so sehen wir jetzt die exponentiellen Auswirkungen. Der IPCC-Bericht von 2022 macht deutlich, dass wir auf eine glühende Erde zusteuern, mit leblosen Böden und einer alarmierend geringen Anzahl an Insekten. Die Anzahl der Hitzetoten in Europa im Jahr 2022 liegt bei circa 100.000 Menschen. Diese Zahlen sind bereits dramatisch, doch es wird in Zukunft noch schlimmer werden.

In diesem Umfeld ist es unsere Aufgabe, dafür zu sorgen, dass diejenigen, die bisher auf eine ölbasierte Wirtschaft gesetzt haben, nun zu einer umweltfreundlichen und solargestützten Wirtschaft übergehen. Hier liegt jedoch die Herausforderung. Innovation innerhalb von Organisationen ist nahezu ausgeschlossen, wie sich immer wieder zeigt. Unternehmen haben ein etabliertes Geschäftsmodell, das sie gut beherrschen. Beratungsfirmen raten immer wieder, sich aufs Kerngeschäft zu konzentrieren. Das ist richtig, doch dieses Kerngeschäft muss sich wandeln, wollen die Unternehmen dazu beitragen, unseren Planeten und damit unsere Lebensgrundlage zu erhalten. Unternehmen wie VEPA oder Interface, Patagonia oder Vaude, sogar Apple haben bereits erkannt, dass dies möglich ist. Sie haben den ersten Schritt gemacht und erlauben Experimente sogar innerhalb ihrer eigenen Bereiche. Sie sind in der Lage, das Bestehende zu tun und gleichzeitig aktiv über neue Ansätze nachzudenken. Wenn die Zeit reif ist, bringen sie neue Produkte auf den Markt.

Dieses Buch kommt daher genau zum richtigen Zeitpunkt. Es zeigt auf, wie in einer sich exponentiell verändernden Umgebung Menschen aus den unterschiedlichsten Kontexten schnell Teams bilden können und durch ihre Neugier in sehr kurzer Zeit völlig neue Geschäftsmodellideen für Organisationen entwickeln können. Diese Ideen können innerhalb weniger Wochen sogar getestet und validiert werden. Anschließend kann das Unternehmen basierend auf den fundierten Erkenntnissen, die es durch den hier vorgestellten Ansatz gewonnen hat, neue Wege erfolgreich ausprobieren.

Andrea und Patrick ist es gelungen, ihre Arbeit in anschaulicher Weise darzustellen. Sie ermöglichen es uns allen, diesen Weg ebenfalls zu gehen.

Wien, im Sommer 2023

Boris Gloger, CEO und Co-Founder QLab Think Tank GmbH

Noch ein Vorwort

„Ich will mit Dir einen Think Tank gründen", sagte mein Co-Founder Boris Gloger Anfang Oktober 2020 zu mir. „Ich weiß zwar nicht genau, was das ist, aber mit Dir kann ich mir das gut vorstellen."

Damals, im Oktober 2020, war ich noch als Organisationsentwicklerin in meiner alten Company unterwegs, aber beim Thema Think Tank hat Boris den richtigen Knopf gedrückt.

Unser Schwerpunkt: lebenswerte Städte durch grüne Energie, grüne Architektur und Infrastruktur sowie neue Mobilität. Unser übergeordnetes Ziel: Unternehmen und Städten dabei helfen, klimaneutral zu werden.

Bei uns wirken Teams von jeweils fünf Nachwuchskräften aus aller Welt und aus allen Disziplinen, die sich einer speziellen Fragestellung aus einer Organisation oder einem Unternehmen widmen. Innerhalb von nur fünf Wochen erarbeiten sie ausschließlich online nutzer:innenorientierte Ideen zur Lösung eines spezifischen Problems. Methoden und Mindset aus der agilen und der Design-Thinking-Welt schaffen einen Rahmen, in dem alle Projektbeteiligten umgehend in kollaborative, wertschätzende und ergebnisorientierte Arbeit kommen und sich dabei konstant weiterbilden.

Wir haben dann nicht lange gefackelt und das getan, was wir als agile Berater:innen und Design Thinker gut können: ein Projekt iterativ aufsetzen, überprüfen, ob die Bausteine an die richtigen Stellen fallen, nachjustieren und weitermachen.

Nach nur 24 Arbeitstagen war unsere zweisprachige Website online, die Nachwuchskräfte und Organisationen adressiert, wir hatten 300 Lehrende aus 80 Hochschuleinrichtungen europaweit angeschrieben, um engagierte Masterstudierende oder Absolvent:innen auf den ersten AIS aufmerksam zu machen, und wir hatten unseren ersten Kunden an Bord.

Mittlerweile haben wir unseren sechsten digitalen AIS erfolgreich abgeschlossen und es wird Zeit, unser Wissen mit Ihnen zu teilen, um es zu multiplizieren. Innovation ist unserer Meinung nur dann möglich, wenn multidisziplinär aufgestellte Teams beginnen, über Silos hinweg kollaborativ miteinander zu arbeiten und sich konstant weiterzubilden. Dazu möchten wir Sie und Ihre Teams, die an unterschiedlichen Standorten wirken, herzlich einladen.

Wenn mein Co-Autor Patrick dies hier liest, verdreht er mit Sicherheit freundlich zugewandt die Augen: Ich bin seit meinem vierten Lebensjahr absoluter Star-Trek*-Fan.

Schon 1966 trafen an Bord des Raumschiffs Enterprise multidisziplinäre Teams aus allen Kulturen zusammen, um „fremde Galaxien zu erforschen, neues Leben und neue Zivilisationen."**

Im Rückblick weiß ich, warum Star Trek mich neben – meiner Meinung nach fantastischem Storytelling – so begeistert hat:

Leadership, nicht Mikromanagement, war an Deck selbstverständlich. Die Führung lag immer bei der Person, die die notwendigen Fähigkeiten hatte. Kompetenzgerangel war verpönt. Ohne Star Trek würde es meiner Meinung nach auch kein iPhone geben – die Serie bot Innovator:innen zahlreiche Impulse für neue Produkte. So fand man auf der Brücke des Raumschiffs Enterprise einen überdimensionierten Flachbildschirm, der erst 2006 Einzug in heimische Wohnzimmer hielt, oder Umgebungssensoren, die Türen automatisch öffnen. In den 1960er-Jahren war das technisch noch nicht ohne Weiteres möglich.***

Geld und Armut existieren auf dem Planeten Erde nicht mehr. Menschen arbeiten in den Bereichen, die sie als sinnhaft empfinden.

Mit Gründung des QLab habe ich die Möglichkeit, genau das in die Welt zu bringen, was ich an Star Trek so bewundere: Werte wie Neugier, Mut, Ehrlichkeit und Verbindlichkeit und eine Haltung, die Menschen befähigt, sich in einem sicheren Raum weiterzuentwickeln und dabei Lösungen für essenzielle Probleme zu finden.

Der Name QLab ist übrigens inspiriert vom Q-Kontinuum**** – eine Entität aus dem Star-Trek-Universum, das konstant nach Befriedigung ihres Wissensdursts strebt.

Das Q steht außerdem für Questions: Antworten finden wir auf Knopfdruck, Fragen aber öffnen Türen in neue Welten.

> „Der QLab Think Tank hat mich mit DEM wichtigsten Instrument überhaupt ausgestattet: Fragen zu stellen und zwar ohne Vorbehalte."
>
> Harsha Agarwal, M.SC Sustainable Resource Management

Bremen, im Sommer 2023

Andrea Kuhfuß, CEO und Co-Founder QLab Think Tank GmbH

---

*   https://de.wikipedia.org/wiki/Star_Trek
**   https://www.fernsehserien.de/raumschiff-enterprise
***   https://www.welt.de/wirtschaft/webwelt/article233670310/Star-Trek-Gadgets-Das-ist-aus-Raumschiff-Enterprise-bereits-Realitaet.html
**** https://intl.startrek.com/database_article/q-aliens

1 Einleitung

Der Grund für dieses Buch

Der Graph von Astro Teller[1] aus dem Jahr 2016 macht es deutlich: Technologien entwickeln sich exponentiell weiter; die menschliche Anpassungsfähigkeit allerdings verläuft mehr oder weniger linear:

Hätte sich ein VW Käfer von 1971 analog zur Entwicklung von Mikroprozessoren weiterentwickelt, könnten wir damit 300.000 Meilen pro Stunde fahren. Mit einer Gallone Benzin kämen wir zwei Millionen Meilen weit. Das Ganze würde uns lediglich 4 Cent kosten.[2]

Eric C. Leuthardt, Neurochirurg, schreibt in seinem Blog Brains and Machines, dass der Grund für die beschleunigte technologische Veränderung derselbe ist, warum vernetzte Computer so leistungsstark sind. Je größer die Zahl der Prozessoren, umso schneller lässt sich eine bestimmte Aufgabe ausführen.[3]

Die Zusammenhänge, in denen wir uns bewegen, sind kompliziert, wenn nicht sogar komplex und mitunter chaotisch. So verändern sich die technischen Grundlagen einer Gesellschaft alle fünf bis sieben Jahre. Wir Menschen brauchen jedoch zehn bis 15 Jahre, um uns anzupassen. Das bedeutet, dass wir uns im Zustand konstanter Anpassung befinden.[4]

In Bezug auf den Graphen von Astro Teller (siehe Bild 1.1) gelingt Menschen die Anpassung an technologische Entwicklung am ehesten, wenn sie sich konstant weiterbilden, sich mit anderen Menschen aus unterschiedlichsten Disziplinen und Zusammenhängen vernetzen, kollaborativ zu arbeiten, ihr Wissen teilen und Fragen stellen, um vielfältige Antworten auf unsere essenziellen Fragen zu stellen.

In der computergesteuerten Welt geht es also darum, logische Einheiten zu verbinden, um immer schnellere analytische Aufgaben zu erledigen, in der menschlichen Welt darum, kreative Einheiten (also uns) zu verbinden, um immer kreativere Aufgaben zu erledigen.

Mit diesem Buch wollen wir Sie dabei unterstützen, gemeinsam mit anderen Akteur:innen zu kreativen Einheiten zu werden, die gemeinsam innovative Lösungen für komplizierte, komplexe und chaotische Fragestellungen aus der eigenen Organisation, für Kund:innen und Mitmenschen entwickeln.

Wir wollen Sie befähigen, nutzer:innen- und zukunftsorientierte Ideen und Konzepte für gewünschte, technisch machbare, wirtschaftliche und nachhaltige Produkte, Dienstleistungen oder Geschäftsmodelle zu entwickeln.

---

[1] Friedmann, Thomas: Thank You for Being Late, Bastei Lübbe AG, 2016, S. 44
[2] Ebd., S. 50
[3] Ebd., S. 177
[4] Ebd., S. 44

Bild 1.1 Astro Teller Graph

Aus der Organisationsentwicklung kommend, legen wir Fokus auf das Thema Teamaufbau und Teamentwicklung und verquicken dieses Wissen mit unserem Know-how im Bereich Innovationsmanagement und agiles Arbeiten.

Was ist ein Agile Innovation Sprint?

Der von uns konzipierte Agile Innovation Sprint (AIS) ist ein strukturierter Prozess, der darauf abzielt, Sie und Ihre Teams aus unterschiedlichen Hintergründen und Disziplinen in die Lage zu versetzen, die Probleme Ihrer Kund:innen zu lösen. Durch die Anwendung von agilen Frameworks, Praktiken und Prinzipien wie Design Thinking und Agilität können Sie kreative und nutzer:innenorientierte Lösungen für komplexe Fragestellungen innerhalb von nur fünf Wochen entwickeln. Der Sprint wird digital durchgeführt, was eine standortübergreifende Teamzusammensetzung ermöglicht, ist aber auch analog und an einem Standort durchführbar.

Wir möchten Ihnen nachfolgend kurz die Idee hinter dem AIS und dessen Mehrwert vorstellen.

Unsere magische Formel: fünf Menschen x fünf Wochen und das Ganze digital. Warum eigentlich?

Das Ganze digital

Als wir im April 2021 mit dem QLab Think Tank gestartet sind, blieb uns keine andere Wahl, als digital zu arbeiten – die Lockdowns im Zuge von Covid haben es möglich gemacht. Wir haben aber sehr schnell begriffen, dass uns das digitale Arbeiten mit klugen Menschen aus aller Welt und aus unterschiedlichen Disziplinen in Kontakt bringt.

Diese Teamzusammenstellung sorgt konstant für den berühmten Blick über den Tellerrand und dafür, dass wir nicht im eigenen Saft schmoren. Analog wäre das nicht möglich gewesen. Wir erhalten Bewerbungen aus Afghanistan, Argentinien, Bangladesch, Brasilien, Indien, Kanada, Puerto Rico, den USA und vielen anderen Ländern.

Unsere Teammitglieder aus Rio de Janeiro sitzen morgens um 5 Uhr mit uns im täglichen Check-in; für unsere Teammitglieder in Indien beginnt der Arbeitstag in ihrer Zeitzone mittags um 12 Uhr. Da knurrt abends beim Wrap-up dem einen oder der anderen schon mal der Magen.

Fünf Menschen

Laut Hackmann und Vidar liegt die ideale Teamgröße im Durchschnitt bei 4,6 Personen.[5] Wir haben quasi aufgerundet und arbeiten mit fünf Personen im Kernteam, die von uns begleitet werden. Unser direktes Projektumfeld umfasst außerdem unsere Auftraggeber:innen, für die wir den AIS durchführen und weitere Stakeholder, die Nutznießer:innen der Projektergebnisse sind. Im indirekten Projektumfeld finden sich bspw. Expert:innen, die uns mit ihrem Fachwissen versorgen.

Fünf Wochen

Den AIS im Rahmen von fünf Wochen (40 Stunden/Woche) durchzuführen, war ein Experiment, das wir mittlerweile sechs Mal erfolgreich vertestet haben. Unser Mitautor Patrick Runge, der im ersten Sprint Teil des Sprint-Teams war, ist überzeugt, dass fünf Wochen ausreichend sind, um den Prozess mit vernünftigen Ergebnissen abzuschließen, und kurz genug, um sich wirklich zu fokussieren, nicht in alte Muster zu fallen und ein nahes Ziel vor Augen zu haben.

> *Der QLab Think Tank bietet eine unvergessliche fünfwöchige Reise. Eine wertvolle Erfahrung, vollgepackt mit Wissen zu Design Thinking, Unternehmensstrategie, Teambuilding und agilen Methoden.*
>
> Waleed Ahmad, M.SC Sustainable Resource Management, M.SC Advanced Materials

Zusammenfassend lässt sich feststellen, dass der AIS so konzipiert ist, dass

- fünf sich unbekannte Menschen aus unterschiedlichen Disziplinen und Kulturen von Tag 1 als Team agieren und einer gemeinsamen Vision in Form einer Design Challenge, also der Aufgabenstellung des Sprints, folgen;
- die Teammitglieder sich darauf einlassen, in einen Prozess einzusteigen, der zwar lösungsorientiert, aber ergebnisoffen ist;
- die Teammitglieder lernen, mit Software zu arbeiten, die ihnen teilweise nicht bekannt war;
- die Teammitglieder lernen, Kontakt zu unbekannten Expert:innen aus Politik, Wirtschaft, Wissenschaft und Gesellschaft aufzunehmen;
- die Teammitglieder eigenständig qualitative und quantitative Umfragen mit Nutzer:innen, Kund:innen oder anderen Stakeholdern entwickeln und durchführen;
- die Teamglieder auf Grundlage ihrer Forschung idealtypische Nutzer:innen (Personas) entwickeln und dabei lernen, warum es wichtig ist, die Bedürfnisse hinter Bedürfnissen von Kund:innen zu kennen;
- die Teammitglieder zur Lösung der Probleme der Personas maßgeschneiderte Ideen entwickeln und diese auf Grundlage verschiedener Kriterien zu validieren, -testen und Feedback potenzieller Kund:innen einholen;

---

[5] Hackman, J. R. & Vidmar, N. (1970). Effects of size and task type on group performance and member reactions. Sociometry, 37–54.

- die Teammitglieder ihre Rechercheergebnisse dokumentieren und in einer ansprechend gestalteten Case Study am Ende des AIS an unsere Kund:innen übergeben;
- Menschen befähigt werden, ihre Komfortzone zu verlassen, konstant in der Lernzone sind und hin und wieder auch in der Säbelzahntigerzone landen.

Nach sechs Sprints, sechs Teams, sechs unterschiedlichen Auftraggeber:innen und sechs inspirierenden, sehr unterschiedlichen Ergebnissen war klar: Der Prozess funktioniert hervorragend, auch wenn wir keine Expert:innen für die jeweiligen Themen sind.

Durch die Kombination von Design Thinking und agilem Arbeiten gelingt es uns, Menschen von Tag 1 an in wertschätzende und wertschöpfende Arbeit zu bringen, einen Rahmen zu kreieren und einen auf Werten basierten Prozess anzubieten, der Sicherheit gibt und den unsere Teammitglieder selbstorganisiert und eigenständig mit Leben füllen können.

Übertragbarkeit des Agile Innovation Sprint ins eigene Unternehmen

Dieses Vorgehen funktioniert natürlich auch in Ihrem Unternehmen mit Menschen, die bereits zusammengearbeitet haben oder die im Rahmen eines Projekts erstmals zusammenkommen. Erfahrungsgemäß ist es aus einem Unternehmen kommend schwieriger, den Blick über den Tellerrand zu bewahren, aber die hier im Buch beschriebene Methodik und Haltung wird Sie beim Perspektivwechsel unterstützen.

Für einen AIS mit Kolleg:innen im eigenen Unternehmen und über unterschiedliche Standorte hinweg spricht, dass die Übertragbarkeit von Ideen, Konzepten und Prototypen in die Organisation im Anschluss an den Prozess wesentlich einfacher gelingt. Das durch die Arbeit nebenbei erlernte **Prozess- und Methodenwissen** kann sofort im eigenen Unternehmen angewendet werden. Das funktioniert u. a. deshalb, weil Mitarbeitende motiviert sind, ihre Ergebnisse weiterzuentwickeln und in der Organisation zu implementieren.

Wenn Sie Führungskräfte und Entscheidungsträger:innen von Anfang an aktiv involvieren, ist das Verständnis für die geleistete Arbeit höher, da der Prozess nachvollzogen werden kann und die Ergebnisse dadurch wertgeschätzt werden.

Valeria Schlüter, Inapa Business Development, schreibt:

> „Der Sprint hat mich positiv herausgefordert und mir ermöglicht, neu erlernte Arbeitstechniken direkt anzuwenden. Ich habe selten in einem Projekt so fokussiert und nach vorne gerichtet gearbeitet – der ‚Druck', innerhalb von fünf Wochen erste greifbare Antworten auf die Fragestellung zu liefern, hat uns als Sprint-Team zusammengeschweißt und uns dazu motiviert, die Arbeitspace konstant hochzuhalten. Was ich noch aus dem Sprint mitnehme: ‚Action before overthinking' – bei einem neuen Projekt muss noch nicht alles von Tag 1 an perfekt durchdacht und geplant sein, sondern die besten Erkenntnisse entwickeln sich, wenn man sich auf den ‚Weg macht' und fragt, testet und daraus lernt. Definitiv eine Arbeitsweise, die ich auch weiterhin in meinem Job anwenden werde."[6]
>
> Valeria Schlüter, Inapa Business Development

Dieses Beispiel zeigt, wie wertvoll es sein kann, den eigenen Mitarbeiter:innen die Mitwirkung an einem AIS zu ermöglichen.

---

[6] Die Projektergebnisse zu unserem Sprint mit der Inapa Deutschland GmbH finden Sie hier zum Download: *https://q-lab-thinking.com/resources/*

Zusammenfassung

Der AIS ist ein strukturierter Prozess, mit und in dem Sie innerhalb von fünf Wochen auf Grundlage agiler Frameworks, Prinzipien und Methoden wie Design Thinking nutzer:innenzentrierte Lösungen für komplexe Fragen entwickeln.

Der AIS wirkt der Diskrepanz zwischen Technologieentwicklung und menschlicher Anpassungsfähigkeit durch kontinuierliches Lernen, Vernetzen und kollaboratives Arbeiten entgegen.

Die Formel: fünf Teammitglieder aus unterschiedlichen Disziplinen, ein fünfwöchiger ergebnisoffener, aber ergebnisorientierter und von Ihnen moderierter Prozess, eine standortübergreifende, digitale Arbeitsweise.

Der AIS ist auf jedes Unternehmen übertragbar. Er fördert den Perspektivwechsel und die Anwendung neuer Arbeitstechniken. Die Mitwirkung von Entscheidungsträger:innen unterstützt den Prozess.

2 Hintergrundwissen – über Agile Prinzipien, Frameworks und Praktiken

■ 2.1 Design Thinking trifft Agilität

Der Design-Thinking-Prozess kann Sie dabei unterstützen, auf kreative und gleichzeitig analytische Art und Weise vielfältige Antworten darauf zu finden, wie Sie die Probleme Ihrer Kund:innen und Nutzer:innen lösen können. Die Kombination von Design Thinking mit agilen Prinzipien, Frameworks und Praktiken, die wir in den Folgekapiteln beschreiben werden, versetzt Sie und Ihre Teams in die Lage, fokussiert innerhalb kürzester Zeit nutzer:innenorientierte Ansätze zu finden, um die jeweiligen Bedürfnisse Ihrer Zielgruppe zu befriedigen.

Design Thinking und agile Prinzipien

Wenn man sich in die Gedankenwelt von Design Thinking und agilen Prinzipien vertieft, erkennt man schnell, dass beide Ansätze eine Reihe von Synergien aufweisen. Der Kern beider Frameworks liegt darin, die Bedürfnisse und Probleme unterschiedlicher Stakeholder[1] in den Mittelpunkt zu stellen. Dabei werden iterativ innovative Lösungen entwickelt, getestet und angepasst.

Während Design Thinking den Fokus auf das tiefe Verständnis und die Definition des Problems legt, um auf Basis dessen Lösungen zu entwickeln, bietet Agilität einen Rahmen für die iterative Entwicklung und Auslieferung von Lösungen. Beide Ansätze zusammen ermöglichen einen zielgerichteten Zyklus von Erkenntnis, Entwicklung und Auslieferung. Design Thinking ermöglicht es uns, verschiedene Lösungsmöglichkeiten in Erwägung zu ziehen. Agilität wiederum gibt uns die Werkzeuge an die Hand, um diese Lösungen flexibel anzupassen und auf Veränderungen zu reagieren. Diese Kombination ermöglicht es, Produkte und Dienstleistungen kontinuierlich zu verbessern und an sich ändernde Nutzer:innenbedürfnisse anzupassen. Beide Ansätze setzen stark auf Teamarbeit und kollaborative Entscheidungsfindung. Durch die Verknüpfung können Teams von den besten Praktiken beider Frameworks profitieren, um effizienter und kreativer zu arbeiten.

Design Thinking kombiniert mit agilen Prinzipien fördert zudem eine Kultur des kontinuierlichen Lernens. Teams werden ermutigt, ihre Arbeit in regelmäßigen Abständen zu reflektieren, um sowohl Prozesse als auch Ergebnisse zu optimieren.

Teams werden durch die Kombination von Design Thinking und Agilität in die Lage versetzt, schnell und damit kostengünstig Prototypen zu erstellen und diese mit echten Nutzer:innen

---

[1] Stakeholder umfassen Akteur:innen auf der gesamten Wertschöpfungskette. Das können interne oder externe Kund:innen sein, Nutzer:innen und sowohl direkte oder indirekte Nutznießer:innen Ihrer Services, Produkte und Prozesse.

zu testen. Dies führt zu einer raschen Validierung von Annahmen und Ideen, was wiederum zu besseren und nutzerfreundlicheren Lösungen führt.

Die Verquickung von Design Thinking mit agilen Prinzipien und Methoden bildet eine kraftvolle Allianz, die Unternehmen und Organisationen dabei unterstützt, relevante, nutzer:innenzentrierte Lösungen in einem dynamischen und sich ständig ändernden Marktumfeld zu entwickeln und bereitzustellen. Es handelt sich um einen integrierten Ansatz, der das Beste aus beiden Welten vereint und so die Potenziale von Kreativität, Flexibilität und Effizienz voll ausschöpft.

Der Artikel „**Der agile Baum als Orientierungshilfe im Dschungel der agilen Begrifflichkeiten**"[2] (siehe Bild 2.1) bietet Ihnen einen Überblick und Orientierungshilfen bezüglich agiler Werte, Prinzipien, Frameworks und Praktiken.

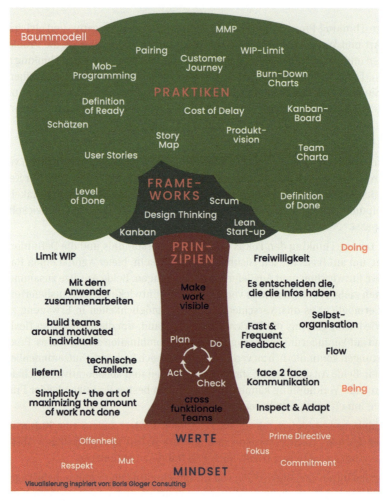

Bild 2.1 Baummodell

---

[2] Rasche, Carsten. Boris Gloger Consulting GmbH, *https://www.borisgloger.com/blog/2019/05/15/der-agile-baum-als-orientierungshilfe-im-dschungel-der-agilen-begrifflichkeiten*

Agile Werte, die im Grunde genommen auf gesundem Menschenverstand beruhen, legen den Grundstein für eine wertschätzende und produktive Zusammenarbeit. Fokus, Respekt, Offenheit, Mut und Selbstverpflichtung sind einige dieser Werte. Natürlich haben Sie auch die Möglichkeit, gemeinsam mit Ihrem Team Werte zu definieren, die für Ihre Zusammenarbeit von zentraler Bedeutung sind (siehe Abschnitt 2.2).

Der Stamm des Baums repräsentiert die agilen Prinzipien, die beispielsweise Kundenorientierung, direkte Kommunikation und die Fähigkeit zur Selbstorganisation umfassen. Diese Prinzipien bilden das Rückgrat für eine effiziente Problemlösung im Sinne Ihrer Kund:innen.

Die Äste des Baums symbolisieren agile Frameworks wie Design Thinking, Scrum und Kanban. Diese Frameworks bringen die Praktiken aus der Baumkrone zusammen, wie z. B. das Erstellen von Storymaps, Produktvisionen oder Customer Journeys. Diese Werkzeuge können miteinander kombiniert werden und unterstützen Ihr Team bei der agilen Entwicklung von Produkten oder Services.

Die Äste verleihen den Praktiken Struktur und sorgen für einen Rahmen, innerhalb dessen die kreative Entfaltung und die zielgerichtete Umsetzung stattfinden können.

Das Zusammenspiel dieser Prinzipien, Frameworks und Praktiken kann Sie und Ihr Team darin unterstützen, Projekte effektiver und effizienter zu gestalten und den komplexen Problemen der heutigen Welt gerecht zu werden.

■ 2.2 Unsere Werte – unsere Haltung – unser Verhalten

Egal, ob wir online arbeiten oder in der analogen Welt: Wir orientieren uns an Werten, die uns einen Rahmen geben und uns dabei unterstützen, einen sicheren Raum für alle unsere Teammitglieder und Kund:innen zu kreieren.

Werte sind wenig verhandelbar, nur schwer sichtbar und bilden die Basis unseres Verhaltens. Werte helfen uns bei der Orientierung und können Sinn stiften (siehe Bild 2.2).

Unsere Werte können sich in unserer Haltung widerspiegeln. Sind wir auf Freiheit bedacht, streben wir möglicherweise Jobs an, in denen wir autonom und selbstorganisiert arbeiten können. Ist Sicherheit einer unserer Werte, suchen wir uns ggf. berufliche Zusammenhänge, in denen Vorgesetzte den Rahmen für unser Tun definieren.

Sichtbar und fühlbar können Werte in unserem Verhalten werden. Sind wir auf finanzielle Sicherheit bedacht, tendieren wir vielleicht dazu, regelmäßig ein Teil unseres Gehalts zu sparen. Ist Freiheit unser Treiber, begeben wir uns allein auf eine Wanderung in einer einsamen Bergwelt.

Die Beschäftigung mit Werten, Haltung und Verhalten ist auch ein wichtiger Faktor, wenn Sie herausfinden wollen, welche Bedürfnisse Ihre Kolleg:innen, Kund:innen und Nutzer:innen haben, denn dies öffnet die Tür zu tiefergehenden Erkenntnissen. Design Thinking ist mehr als ein Werkzeugkasten, der Kreativität fördert, Design Thinking fordert und fördert eine Geisteshaltung, die Empathie und die Fähigkeit, die Perspektive zu wechseln, in den Mittelpunkt stellt.

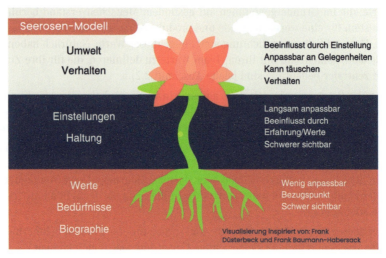

Bild 2.2 Seerosen-Modell

Wenn wir uns mit Werten, Haltung und Verhalten auseinandersetzen, gelingt es uns, menschliches Erleben und Empfinden auf einer emotionalen Ebene nachvollziehen zu können und die Motivation hinter Entscheidungen zu begreifen. So fällt es uns leichter, Lösungen für unsere Kund:innen zu entwickeln, die ihnen wirklich helfen, ihre Bedürfnisse zu befriedigen und ihre Probleme zu lösen.

Werte definieren, was uns wichtig ist, und fungieren als Kompass, der unsere Entscheidungen leitet. Sie sind die Fundamente, auf denen Vorstellungen, Präferenzen und Ablehnungen aufbauen. Ohne das Verständnis für die Werte der Nutzer:innen riskieren wir, Lösungen zu schaffen, die an deren eigentlichen Bedürfnissen vorbeigehen.

Haltung wiederum bestimmt, wie jemand gegenüber einer Sache, einer Idee oder einem Umstand eingestellt ist. Sie beeinflusst unsere Wahrnehmung und somit auch, wie wir auf bestimmte Angebote, Dienstleistungen oder Produkte reagieren. Ein tiefgehendes Verständnis der Haltung ermöglicht es uns, Barrieren zu erkennen und Brücken zu bauen.

Verhalten ist die äußere Manifestation all dessen. Es zeigt, wie Werte und Haltungen in realen Situationen umgesetzt werden. Durch die Beobachtung des Verhaltens können wir den Kontext verstehen, in dem Produkte oder Services genutzt werden. Dies ermöglicht eine Anpassung der Lösungen an die tatsächlichen Gegebenheiten des Alltags.

Services, Produkte oder Prozesse, die diese Dimensionen berücksichtigen, werden nicht nur als nützlich, sondern auch als relevant, wertvoll und bereichernd empfunden.

Wir müssen also herausfinden, welche Motive Menschen haben, bestimmte Produkte oder Services zu kaufen oder zu nutzen, denn diese Motive sind häufig wertebasiert.

Folgende Ansätze und Methoden können Sie dabei unterstützen.

2.2.1 Die Scrum-Werte

Wir orientieren uns bei unserer Arbeit an den Scrum-Werten, die im „Scrum-Guide" beschrieben sind.[3]

„Scrum ist ein leichtgewichtiges Rahmenwerk, welches Menschen, Teams und Organisationen hilft, Wert durch adaptive Lösungen für komplexe Probleme zu generieren", so Ken Schwaber und Jeff Sutherland, die den erstmals 2010 veröffentlichten Scrum-Guide verfasst haben.

Schwaber und Sutherland definieren folgende Werte, in deren Anwendung die Teammitglieder idealerweise immer versierter werden, um gemeinsam gesetzte Ziele zu erreichen: Fokus, Offenheit, Respekt, Mut und Selbstverpflichtung sind essenziell, um Wert für Kund:innen zu schöpfen und wertschätzend im Team und mit externen Partner:innen zu arbeiten. Diese Werte tragen dazu bei, ein agiles und kollaboratives Umfeld zu schaffen, in dem das Team effektiv zusammenarbeiten kann.

Die Werte im Überblick

Der Wert **Fokus** bezieht sich auf die Konzentration des Teams auf die Erreichung der Sprint-Ziele und die Lieferung des bestmöglichen Produktergebnisses. Das Team priorisiert seine Arbeit und richtet seine Energie auf die Erfüllung der festgelegten Ziele innerhalb des definierten Zeitrahmens. Durch den Fokus auf die wichtigen Aufgaben und das Vermeiden von Ablenkungen verbessert das Team seine Produktivität und Effizienz.

Offenheit ist ein zentraler Wert, der eine transparente Kommunikation und den Austausch von Informationen fördert und damit ein gemeinsames Verständnis über die zu erledigenden Aufgaben, Herausforderungen und Fortschritte gewährleistet. Probleme sollten angesprochen werden, um gemeinsam Lösungen zu finden.

Offenheit in Kombination mit **Respekt** ist wesentlich, um den Dialog untereinander und das Verständnis füreinander zu fördern. Jedes Teammitglied sollte die Meinungen, Ideen und Beiträge anderer respektieren und wertschätzen.

Mut befähigt das Team, neue Ideen auszuprobieren, unkonventionelle Lösungswege zu erkunden und auch bei Misserfolgen daraus zu lernen. Dieser Wert ist essenziell, um Veränderungen anzustoßen und die Zusammenarbeit kontinuierlich zu verbessern.

Selbstverpflichtung ist ein weiterer wesentlicher Wert. Er zielt darauf ab, dass jedes Teammitglied eigenverantwortlich, fristgerecht und qualitativ hochwertig Aufgaben erledigt, die zur Erreichung des Sprintziels wesentlich sind. Selbstverpflichtung beinhaltet auch die Einhaltung von Vereinbarungen und das Vertrauen darauf, dass jedes Teammitglied seinen Teil zum Erfolg beiträgt.

Uns hilft die Anwendung der Scrum-Werte u. a. dabei, zu überprüfen, ob wir uns der anstehenden Aufgabe wirklich verpflichtet fühlen und sie fokussiert erledigen. Sie hilft uns dabei, offen und respektvoll Feedback zu geben und zu empfangen und mutig Probleme zu lösen. „Wenn diese Werte durch das Scrum-Team und die Menschen, mit denen es arbeitet,

---

[3] Schwaber, Ken; Sutherland, Jeff. SCRUMGUIDES: *https://scrumguides.org/*

verkörpert werden, werden die empirischen Scrum-Säulen Transparenz, Überprüfung und Anpassung lebendig und bauen Vertrauen auf."[4]

2.2.2 High Performance Tree

Um wertschöpfend und wertschätzend zusammenzuarbeiten, ist es hilfreich, gemeinsam herauszufinden, welche Werte Sie und Ihre Kolleg:innen haben.

Der „High Performance Tree" von Lyssa Adkins, Autorin des Buchs „Coaching Agile Teams"[5], bietet Ihnen dafür eine hervorragende Grundlage.

Lyssa fokussiert sich auf die Scrum-Werte, die wir oben bereits genauer beschrieben haben. Diese Werte können natürlich auch durch die Werte ersetzt werden, die Sie mit Ihrem Team erarbeiten und priorisieren. Das kann vor Projektstart oder auch währenddessen in Form einer Retrospektive (siehe Abschnitt 5.7.5) stattfinden.

Die Werte symbolisieren die Wurzeln Ihres „High Performance Trees". Werden die Werte entsprechend gelebt, sind die Wurzeln stark und sorgen für einen gesunden Stamm, der das symbolisiert, was das Team gemeinsam erreichen möchte. Sind Wurzeln und Stamm gesund, trägt der Baum am Ende die Früchte, die das Team gemeinsam ernten will. Ein Template und die Gebrauchsanweisung für das Spiel finden Sie auf Miro.[6]

2.2.3 SCARF-Bedürfnisse

Wenn Sie herausfinden wollen, woran es liegen könnte, dass Konflikte im Team entstehen, kann Ihnen die Anwendung des SCARF-Modells dabei helfen, die Situation zu analysieren. Häufig verletzen wir unbewusst Werte und, damit zusammenhängend, die Bedürfnisse anderer Menschen.

David Rock beschreibt das Modell in seinem Buch „Brain at Work". Das SCARF-Modell (Status, Certainty, Autonomy, Relatedness, Fairness) zeigt in diesem Kontext fünf grundlegende menschliche Bedürfnisse, die unser Gehirn und damit unser Verhalten steuern.

Rock definiert die Bedürfnisse wie folgt:

Status: das Bedürfnis, angesehen und anerkannt zu werden

Certainty: das Bedürfnis nach Stabilität und Vorhersagbarkeit

Autonomy: das Bedürfnis nach Kontrolle und Selbstbestimmung

Relatedness: das Bedürfnis nach sozialen Beziehungen und Verbundenheit

Fairness: das Bedürfnis nach Gerechtigkeit und Gleichheit

---

[4] Schwaber, Ken; Sutherland, Jeff. *https://scrumguides.org/docs/scrumguide/v2020/2020-Scrum-Guide-German.pdf*, S. 4 ff.
[5] Adkins, Lyssa. Coaching Agile Teams. A Companion for ScrumMasters, Agile Coaches, and Project Managers in Transition, Addison Wesley Signature Series, 2010
[6] *https://miro.com/app/board/uXjVMqq4F0A=/*

Laut dem Modell beeinflussen diese Bedürfnisse unser Verhalten und unser emotionales Erleben, insbesondere in sozialen Situationen. Um erfolgreich zu kommunizieren und zusammenzuarbeiten, ist es wichtig, diese Bedürfnisse zu verstehen und zu berücksichtigen. Das hilft uns, bessere Beziehungen aufzubauen, Konflikte zu lösen und die Zusammenarbeit zu verbessern.[7]

2.2.4 Moving Motivators

Die von Jürgen Appelo, Management 3.0, entwickelten Spielkarten „Moving Motivators" lassen sich ebenfalls gut verwenden, um Werte oder Motive sichtbar und besprechbar zu machen. Während Werte die Überzeugungen und Prinzipien darstellen, die eine Person leitet, konzentrieren sich Motivatoren auf spezifische Faktoren, die eine Person beeinflussen, um bestimmte Verhaltensweisen oder Ergebnisse zu erzielen.

Werte können also die Grundlage für die Auswahl von Motivatoren bilden, die eine Person bevorzugt. Zum Beispiel könnte eine Person, die den Wert der Freiheit schätzt, durch eine Arbeit motiviert werden, die Flexibilität und Autonomie ermöglicht.

Sie können die Moving-Motivators-Karten individuell oder im Team nutzen. Appelo bezieht sich auf zehn intrinsische und extrinsische Motivatoren, die er aus Arbeiten von Daniel Pink, Steven Reiss und Edward Deci abgeleitet hat.[8]

Die zehn Moving Motivators

Akzeptanz: die Notwendigkeit, in einer Gruppe akzeptiert zu werden und von anderen geschätzt zu werden

Neugier: der Wunsch nach Wissen und Lernen, neuen Herausforderungen und Erfahrungen

Ehre: das Bedürfnis, für seine Arbeit anerkannt und geschätzt zu werden, sowie für seinen Beitrag zur Organisation

Macht: die Fähigkeit, Einfluss auf Entscheidungen zu nehmen und Verantwortung zu übernehmen

Ordnung: die Notwendigkeit, Struktur und Klarheit in der Arbeit zu haben

Beziehungen: die Wichtigkeit von Freundschaften und persönlichen Beziehungen am Arbeitsplatz

Freiheit: der Wunsch nach Autonomie und Flexibilität in der Arbeit

Ziel: das Verlangen, Ziele zu haben und auf sie hinzuarbeiten

Leistung: die Freude an der Verbesserung und Überwindung von Herausforderungen

Status: der Wunsch, in der Hierarchie aufzusteigen und eine höhere Position zu erreichen

---

[7] Rock, David. Brain at Work, S. 252 ff.
[8] Appelo, Jürgen. Management 3.0, *https://management30.com/practice/moving-motivators/*

Ein Template und die Gebrauchsanweisung für das Spiel finden Sie auf Miro.[9]

Zusammenfassung
Die Verbindung von Design Thinking mit Agilität ermöglicht die ganzheitliche, iterative und zügige Entwicklung nutzer:innen- und kund:innenorientierter Lösungsansätze für komplexe Probleme. Diese Arbeitsweise fördert Teamarbeit, kollaborative Entscheidungsfindung und kontinuierliches Lernen.

■ 2.3 In fünf Wochen zur Problemlösung

Die Kombination der o. a. Prinzipien, Praktiken und Methoden – also von Agilem Arbeiten und Design Thinking – ermöglicht uns, innerhalb von nur fünf Wochen Lösungen für eine komplexe Fragestellung aus einem Unternehmen zu finden, und zwar mit Fokus auf Trends, Technologien, Marktanforderungen und Bedürfnisse der Kund:innen. Das finale Produkt ist eine Case Study, in der alle Erkenntnisse nachvollziehbar aufbereitet und dokumentiert sind. Sie enthält außerdem Handlungsempfehlungen und konkrete nächste Schritte zur Weiterentwicklung der von uns entwickelten Prototypen.

---

[9] https://miro.com/miroverse/moving-motivators/?social=copy-link

3 Design Thinking

Design Thinking – Methode, Werkzeug oder Denkweise und Haltung?

Design Thinking bietet einen umfangreichen Methodenkoffer, mit dem Sie und Ihr Team neue Ideen für Geschäftsmodelle, Dienstleistungen, Produkte, Softwarelösungen und Prozesse, die sich an den Bedürfnissen Ihrer Nutzer:innen oder Kund:innen orientieren, entwickeln können.

Reaktionsfähigkeit, Kreativität und die Fähigkeit, die Perspektive zu wechseln, stehen dabei im Vordergrund – also: auch Ihre Haltung zählt!

Ein wesentliches Element von Design Thinking ist das Storytelling. Über aufmerksames Zuhören und das Erzählen emotionalisierender Geschichten gelingt es uns, Empathie für unser Gegenüber aufzubauen. Warum unsere Gehirne Geschichten lieben und wie wir daraus strukturierte Storymaps bauen, erfahren Sie in Kapitel 4 „Storytelling – warum das Hirn Geschichten liebt".

Exkurs: Was ist eigentlich der Unterschied zwischen Kund:innen und Nutzer:innen?

Dr. Matthias Reisemann unterscheidet mit Blick auf diese Frage zwischen Customer Experience und User Experience: „Bei der nutzerzentrierten Entwicklung (...) fokussieren wir auf den Nutzer und dessen Nutzerziele. Der Gedanke, der dahintersteckt, ist: Wenn wir die Nutzerziele kennen, können wir diese mit den von uns zu entwickelnden Produkten und Services unterstützen. Sind diese Ziele echte, relevante Nutzerziele, dann sind die Chancen, dass wir ein erfolgreiches Produkt oder einen erfolgreichen Service entwickeln und auf den Markt bringen, recht hoch. (...) Um Nutzer und Kunden sowie deren Erlebnisse auseinanderzuhalten, gibt es ein einfaches Mittel: Nutzer interagieren mit dem Produkt oder Service, Kunden interagieren mit Vertretern oder Kommunikationsmedien der Organisation. Oft sind Menschen beides: Kunde und Nutzer. Dann muss das Gesamterlebnis als Kunde und als Nutzer positiv sein, damit echte Zufriedenheit und möglicherweise auch eine Loyalität zu den Produkten und Services einer Organisation entstehen."[1]

---

[1] Reisemann, Matthias, Marktforschung.de., Von Kunden und Nutzern: Eine CX-Bestandsaufnahme, *https://www.marktforschung.de/marktforschung/a/von-kunden-und-nutzern-eine-cx-bestandsaufnahme/*

3.1 Die Co-Väter des Design Thinking

Die Informatiker Terry Winograd und Larry Leifer (Stanford University) sowie David Kelley, der spätere Gründer der Design- und Innovationsagentur IDEO in Palo Alto, modifizierten den aus den 1960er-Jahren stammenden Ansatz und entwickelten den Prozess weiter. Die Erforschung und Umsetzung dieses Konzepts wird vom Hasso-Plattner-Institut im Rahmen der d-school Potsdam unterstützt.[2]

Design Thinking – der Prozess

Design Thinking ist ein iterativer, lösungsorientierter, aber ergebnisoffener Prozess (siehe Bild 3.1), der in sechs Phasen unterteilt ist, die wir Ihnen nachfolgend zunächst im Überblick vorstellen. In Kapitel 7 „Der Design-Thinking-Prozess" erhalten Sie dann praxisorientiert einen detaillierten Einblick.

Bild 3.1 Phasenüberblick, Visualisierung inspiriert von HPI

In den ersten drei Phasen (**Verstehen, Beobachten und Sichtweise definieren**) setzen Sie sich mit Ihren Teammitgliedern intensiv mit der sogenannten Design Challenge (siehe Abschnitt 3.4) – dem zu lösenden Problem – auseinander und nähern sich den tatsächlichen Bedürfnissen und Problemen der potenziellen Nutzer:innen Ihres Produkts, Ihrer Dienstleistung oder Ihres Prozesses.

Als Problemexpert:in begeben Sie sich dann gemeinsam in den sogenannten Lösungsraum (**Ideen finden, Prototyp entwickeln, Testen**): Im Brainstorming sammeln Sie vielfältige Ideen zur Lösung des Problems, evaluieren und priorisieren diese.

Aus der priorisierten Idee entwickeln Sie im Anschluss einen Prototyp. Das kann ein Konzept sein, ein Wireframe, ein Modell aus Pappe oder LEGO, Customer Journeys oder Rollenspiele. Wichtig ist es, etwas haptisches oder visuelles zu produzieren, um Produkte oder Services zeigbar, benutzbar und besprechbar zu machen. Die Nutzer:innen testen den Prototyp, und das Feedback fließt in den Iterationsprozess ein.

---

[2] *https://de.wikipedia.org/wiki/Design_Thinking*

Design Thinking – ein sich wiederholender Zyklus

Design Thinking sieht vor, dass Sie während des Prozesses zu den vorherigen Phasen zurückkehren können, falls Sie auf neue Erkenntnisse, veränderte Anforderungen oder auf Feedback der Nutzer:innen eingehen müssen. Der Prozess verläuft nicht linear, sondern funktioniert wie ein sich wiederholender Zyklus, wie wir Ihnen an folgenden Beispielen zeigen möchten.

Zurück zur Verstehen-Phase: Wenn das Team während der Testphase feststellt, dass die ursprüngliche Problemstellung nicht genau passt oder dass es neue Aspekte gibt, die berücksichtigt werden müssen, kann es sinnvoll sein, zur Verstehen-Phase zurückzukehren, um das Problem genauer zu erforschen und zu definieren. Es kommt sogar hin und wieder vor, dass die Design Challenge modifiziert werden muss.

Zurück zur Ideenfindungs-Phase: Nachdem Prototypen getestet wurden, können Schwachstellen oder unerwartete Herausforderungen auftreten. In solchen Fällen ist es ratsam, zur Ideenfindungs-Phase zurückzukehren, um alternative Lösungen zu generieren ober bereits entwickelte Ideen zu erkunden.

Zurück zur Prototypen-Phase: Wenn das Feedback der Nutzer:innen zeigt, dass der Prototyp nicht wie erwartet funktioniert oder nicht den Bedürfnissen der Nutzer:innen entspricht, kann das Team zur Prototypen-Phase zurückkehren, um das Konzept zu überarbeiten und zu verbessern.

Zurück zur Test-Phase: Wenn die Tests mit den Nutzer:innen unklare oder widersprüchliche Ergebnisse liefern, kann es sinnvoll sein, erneut in die Test-Phase zurückzukehren, um eine bessere Datenbasis zu erhalten und die Lösung weiter anzupassen.

Die Rückkehr zu vorherigen Phasen ist eine bewusste Anpassung des Prozesses, um sicherzustellen, dass die entwickelten Lösungen wirklich den Bedürfnissen der Nutzer:innen entsprechen. Design Thinking unterstützt Sie so bei der effektiven Bewältigung komplexer und sich verändernder Herausforderungen. Jede Rückkehr zu einer vorherigen Phase des Prozesses und jeder Durchlauf des gesamten Prozesses ermöglicht es Ihrem Team, schnell aus Erfahrungen zu lernen und Lösungen kontinuierlich zu verbessern. Dies fördert die Flexibilität und die Offenheit gegenüber Veränderungen sowie das Einfühlungsvermögen Ihrer Teammitglieder.

Design Thinking – Prozess und Phasen visualisiert im Double Diamond

Alle Erkenntnisse, die wir gewinnen, spielen auf alle Phasen ein, die als Prozess auch als sogenannter Double Diamond[3] (siehe Bild 3.2) wie folgt visualisiert werden.

---

[3] Vgl. DYDX. Revamped Double Diamond, *https://dydx.digital/design-thinking-process/*

Bild 3.2 Double Diamond

3.2 Vom Divergieren und Konvergieren

Das Prinzip Divergieren im Design-Thinking-Prozess bezieht sich auf die Schritte, in denen wir eine breite Palette von Informationen (Phasen 1. Verstehen und 2. Beobachten) und mögliche Lösungen (Phase 4. Ideen entwickeln) generieren. Es geht beim Divergieren darum, Quantität zu erzeugen und nicht Qualität. Wir wollen kreative Grenzen überschreiten, uns von konventionellen Denkmustern lösen und eine Vielzahl von Perspektiven erkunden. Das bedeutet auch, dass wir nicht sofort in die Problemlösung gehen, sondern uns das Problem in all seiner Vielfalt ganz genau anschauen. Wir dürfen uns quasi im Problem suhlen!

Beim Konvergieren vollziehen wir dann den Schritt, die Vielzahl von Ideen und möglichen Lösungen zu analysieren, zu bewerten, zu vergleichen und zu filtern und auf eine sinnvolle Anzahl von aussichtsreichen Optionen zu reduzieren. Ideen können natürlich auch kombiniert und modifiziert werden. In der Regel fokussieren wir uns auf zwei bis drei Ideen, die im nächsten Schritt prototypisiert werden.

Die nicht ausgewählten Ideen heben wir auf unserem Miro-Board oder in einer Fotodokumentation erst einmal auf, wer weiß, ob wir sie zu einem späteren Zeitpunkt noch einmal gebrauchen können.

Bild 3.3 Innovation Sweet Spot, Visualisierung inspiriert von: Board of Innovation

Bei der Entwicklung von Lösungsansätzen berücksichtigen wir unterschiedliche Faktoren (siehe Bild 3.3).

Das Board of Innovation bezeichnet die Schnittstellen als den Faktor, den wir auf Grundlage der Kriterien in Summe adressieren müssen, als „Innovation Sweet-Spot"[4]. Skalierbarkeit wäre – je nach Produkt oder Service – ein weiterer Faktor.

Das Verstehen von Wünschen und Bedürfnissen von Nutzer:innen steht im Vordergrund. Wir wollen Produkte, Services und Prozesse entwickeln, die Menschen brauchen und im Idealfall sogar lieben. Es geht also darum, ein Produkt zu schaffen, das aus Kundensicht attraktiv ist und einen echten Wert bietet.

Eine Innovation ist nur dann erfolgreich, wenn sie wirtschaftlich erzeugt oder hergestellt werden kann. Dies bedeutet, dass die Kosten für die Entwicklung, die Produktion, den Vertrieb und den Support eines Produkts in einem sinnvollen Verhältnis zu seinem erwarteten Marktpreis und seinem Wert für die Kund:innen stehen.

Neben den Bedürfnissen der Nutzer:innen und der Wirtschaftlichkeit müssen wir auch die technische Machbarkeit berücksichtigen. Ein innovatives Produkt sollte nicht nur auf dem Papier gut aussehen, sondern auch technisch realisiert werden können. Dies erfordert eine enge Zusammenarbeit zwischen Designer:innen, Ingenieur:innen und anderen Fachleuten.

Skalierbarkeit bezieht sich auf die Fähigkeit eines Produkts, einer Dienstleistung oder eines Prozesses, mit steigender Nachfrage oder Ausdehnung effizient und wirksam umzugehen, ohne dabei an Leistung, Qualität oder Funktionalität einzubüßen. In Bezug auf Innovation bedeutet Skalierbarkeit, dass die entwickelte Lösung nicht nur in kleinem Maßstab erfolgreich und effektiv sein sollte, sondern auch in der Lage sein muss, auf größere Nutzer:innenzahlen, geografische Bereiche oder Marktsegmente ausgeweitet zu werden.

Die Nachhaltigkeit von Prozessen, Dienstleistungen und Produkten ist von entscheidender Bedeutung. Nachhaltigkeit bezieht sich auf die Fähigkeit eines Produkts oder einer Dienstleistung, über einen längeren Zeitraum hinweg Wert zu bieten, ohne dabei negative Auswirkungen

---

[4] Vgl. Board of Innovation. How to hit the Innovation Sweet Spot, *https://www.boardofinnovation.com/blog/how-to-hit-the-innovation-sweet-spot/*

auf die Gesellschaft, die Wirtschaft oder die Umwelt zu haben. Ein nachhaltiges Design berücksichtigt den gesamten Lebenszyklus eines Produkts – von der Rohstoffgewinnung über die Produktion und Nutzung bis hin zur Entsorgung oder zum Recycling.

> **Zusammenfassung**
>
> Der AIS wird von vielfältigen Methoden flankiert, um nutzer:innenzentrierte Ideen für Geschäftsmodelle, Produkte und Prozesse zu entwickeln. Essenziell ist auch die persönliche Haltung: Perspektivwechsel, Reaktionsfähigkeit, Kreativität und Empathie spielen eine wichtige Rolle. Unsere Lösungsansätze berücksichtigen Machbarkeit, Skalierbarkeit, Wirtschaftlichkeit, Nachhaltigkeit und vor allem Bedürfnisse der Kund:innen und Nutzer:innen.

■ 3.3 Und ganz am Anfang steht die Design Challenge

Die Design Challenge ist das Problem, vor dem Ihre Nutzer:innen oder Kund:innen stehen – umformuliert in eine Frage.

Warren Berger, der Autor von „A More Beautiful Question", hat untersucht, wie Designer:innen, Erfinder:innen und Ingenieur:innen auf Ideen kommen und Probleme lösen. Er führte Interviews mit den führenden Innovator:innen der Welt und fand einen gemeinsamen Nenner:

> „Bei einigen von ihnen lassen sich ihre größten Erfolge – ihre bahnbrechenden Erfindungen (...) auf eine Frage (oder eine Reihe von Fragen) zurückführen, die sie formuliert und dann beantwortet haben."[5]

Das Goldlöckchen-Prinzip.
Oder was Bären und Brei mit der richtigen Fragestellung zu tun haben

Vielleicht erinnert sich der ein oder die andere unter Ihnen noch an das Märchen „Goldlöckchen und die drei Bären" von Robert Southey. Das kleine Mädchen bringt eine friedlich im Wald lebende Bärenfamilie bei ihrem unangekündigten Besuch an den Rand des Nervenzusammenbruchs: Es verlangt seinen Brei nicht zu heiß und nicht zu kalt, sondern wohltemperiert.[6] Auch in der Wirtschaft beschreibt das Goldlöckchen-Prinzip die perfekte Mitte.[7]

Und so sollte auch eine Design Challenge formuliert sein. Das Goldlöckchen-Prinzip (siehe Bild 3.4), dessen vom IDEO inspirierte grafische Darstellung Sie unten sehen, hilft uns bei der Definition dieser Fragen, die idealerweise weder zu systemisch und abstrakt noch zu spezifisch und damit uninspirierend sind. Wie oben bereits erwähnt, handelt es sich beim Design Thinking um einen iterativen Prozess, der lösungsorientiert, aber ergebnisoffen ist.

---

[5] Vgl. Berger, Warren. A More Beautiful Question, Bloomsbury, 2014, S. 1
[6] Southey, Robert. *https://hekaya.de/maerchen/goldloeckchen-und-die-drei-baeren–southey_1.html*
[7] *https://de.wikipedia.org/wiki/Goldl%C3%B6ckchen-Szenario*

Zu spezifische Fragen würden zu wenig Spielraum für die Entwicklung innovativer Ideen lassen, zu abstrakte Fragen machen es schwer, uns zu fokussieren.

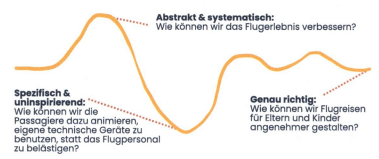

Bild 3.4 Das Goldlöckchen-Prinzip, Visualisierung inspiriert von: IDEO

Die Design Challenge als Leitmotiv

Die Design Challenge ist nicht nur die kompakte Version des Kund:innen-Briefings, sondern die Basis für ein gemeinsames Vorgehen und der Leitstern während unseres fünfwöchigen AIS.

Die Design Challenge adressiert nicht nur das Problem, sondern auch die unterschiedlichen Stakeholder auf der gesamten Wertschöpfungskette und das Ziel, das wir erreichen möchten.

 Beispiele: Design Challenges aus dem QLab Think Tank

Damit Sie sich besser vorstellen können, wie eine Design Challenge formuliert werden kann, finden Sie nachfolgend einige Beispiele aus unseren AIS mit ein paar Hinweisen dazu, ob sie im Rückblick wirklich gut funktioniert haben. Wir setzen auch hier das Goldlöckchen-Prinzip an.

Wie Sie einen Workshop zur Definition einer Design Challenge durchführen, erfahren Sie in Abschnitt 5.2, Die Design Challenge formulieren.

Wie können wir die logistische Infrastruktur und den Marktzugang der INAPA Deutschland GmbH nutzen, um die Dekarbonisierung in Kooperation mit neuen Lieferanten aus dem Bereich erneuerbarer Energien voranzutreiben?

Durch die Fokussierung auf die logistische Infrastruktur und den Marktzugang setzen wir einen klaren Rahmen und spezifizieren Ziele wie die Dekarbonisierung und die Kooperation mit neuen Lieferanten aus dem Bereich erneuerbarer Energien. Da wir nicht vorgeben, wie Infrastruktur und Marktzugang genutzt werden sollen, hat das Team die Möglichkeit, verschiedene Lösungsansätze zu entwickeln. Unsere Fragestellung gibt also eine klare Richtung vor, lässt aber gleichzeitig genügend Raum für kreative Lösungen.

Wie müssen die Stadtwerke zukünftig aufgestellt werden, um im Sinne der Klimaziele nachhaltig erfolgreich zu sein und eine klimaneutrale Energieversorgung im Stadtgebiet Verden sicherzustellen?

Unser Auftrag – kurz vor Beginn des Kriegs in der Ukraine – war es, eine Grundlage zur Ermittlung von Antworten auf die obige Fragestellung zu entwickeln. Darum war die Design Challenge, die auf den ersten Blick gleichermaßen abstrakt und spezifisch klingt, genau richtig: Sie hat es uns ermöglicht, den Status quo der Stadtwerke zu überprüfen. Klimaziele sind über die EU und den Bund definiert. Maßnahmen bezüglich der klimaneutralen Energieversorgung konnten wir mit Blick auf das, was schon da ist, und mit Blick auf neueste Technologien und Best Practices kreativ und zukunftsorientiert entwickeln.

Wie können wir die Unternehmen der deutschen Photovoltaik-Branche dabei unterstützen, ihre Geschäftsfähigkeit zu stärken, um die Energiewende zu beschleunigen?

Diese Design Challenge war im Rückblick zu abstrakt und systemisch formuliert. Wie wir bei unserer Recherche festgestellt haben, gibt es unzählige Akteur:innen in der Photovoltaik-Branche. Das Team hatte dadurch große Mühe, sich auf eine Kund:innengruppe zu fokussieren, die unser Auftraggeber mit Consulting-Dienstleistungen adressieren wollte. Auch die Formulierung „Energiewende beschleunigen" war auf so mannigfaltige Art und Weise zu beantworten, so dass das Team bei der Recherche und beim Führen von Interviews mit Expert:innen in unterschiedliche Richtungen lief.

Wie können wir das Geschäftsmodell von AWATREE monetarisieren, um eine skalierbare Möglichkeit zu schaffen, eine Million Stadtbäume durch das Sammeln von Daten zu retten?

Diese Design Challenge war genau richtig formuliert. Sie war zwar spezifisch, ließ dem Team gleichzeitig aber viel Spielraum für die Entwicklung von Ideen zur Lösung des Problems.

Wie können wir durch agile Arbeitsweisen zur Nachhaltigkeit von Bauprojekten beitragen?

Auch mit dieser Fragestellung konnten wir gezielt in die richtige Richtung laufen. Unser Auftraggeber war Experte im Bereich Agilität, und das Team konnte seine Recherche gezielt auf nachhaltige Bauprojekte setzen und im Lösungsraum Ideen für die Implementierung agiler Arbeitsweisen in der Bauwirtschaft entwickeln.

Wie können wir das Thema E-Fuels auf eine durchdachte, transparente und gewinnende Weise in die Öffentlichkeit bringen?

Diese Fragestellung wies in eine konkrete Richtung, offen und damit erkundbar blieb das Wie: Es gab viel Spielraum, diverse Kommunikationsmaßnahmen für ein kontrovers diskutiertes Thema zu entwickeln.

Die ausführlichen Antworten auf diese Fragen finden Sie in unseren Case Studies auf unserer Website (*https://q-lab-thinking.com*). Da wir uns aber vorstellen können, dass Sie jetzt sehr neugierig sind, finden Sie hier einen Überblick über unsere Lösungsansätze bzw. entwickelten Prototypen.

Wie können wir die logistische Infrastruktur und den Marktzugang der INAPA Deutschland GmbH nutzen, um die Dekarbonisierung in Kooperation mit neuen Lieferanten aus dem Bereich erneuerbarer Energien voranzutreiben?

Mock-up-Websites zur Promotion von Sales und Logistik

Vorbereitung und Durchführung von qualitativen Interviews mit Kund:innen von INAPA

Vorbereitung und Durchführung einer anonymisierten Umfrage mit Kund:innen von INAPA

Wie müssen die Stadtwerke zukünftig aufgestellt werden, um im Sinne der Klimaziele nachhaltig erfolgreich zu sein und eine klimaneutrale Energieversorgung im Stadtgebiet Verden sicherzustellen?

Mock-up Website für eine digitale Plattform für Kund:innen der Stadtwerke Verden (One-Stop-Shop)

Vorbereitung und Durchführung einer anonymisierten Umfrage mit Kund:innen von Energieversorgungsunternehmen

Konzeption einer Kommunikationsmaßnahme mit Bürger:innen (Plakataktion)

Konzeption einer Kommunikationsmaßnahme mit potenziellen Kooperationspartner:innen der Stadtwerke Verden und Übersicht über Best-Practice-Beispiele und Start-ups

Wie können wir die Unternehmen der deutschen Photovoltaik-Branche dabei unterstützen, ihre Geschäftsfähigkeit zu stärken, um die Energiewende zu beschleunigen?

Mock-up Website zur Ansprache potenzieller Kund:innen

Kommunikationsmaßnahmen in Form von Szenarios und Comics

Wie können wir das Geschäftsmodell von AWATREE monetarisieren, um eine skalierbare Möglichkeit zu schaffen, eine Million Stadtbäume durch das Sammeln von Daten zu retten?

Mock-up Gamification App

Kommunikationsmaßnahmen in Form von Comics

Vorbereitung Crowdfunding-Kampagne

Wie können wir durch agile Arbeitsweisen zur Nachhaltigkeit von Bauprojekten beitragen?

Mock-up Website

Kommunikationsmaßnahmen in Form eines Videos

Wie können wir das Thema E-Fuels auf eine durchdachte, transparente und gewinnende Weise in die Öffentlichkeit bringen?

Entwicklung diverser Kommunikationsmaßnahmen für unterschiedliche Zielgruppen

Entwicklung eines Konzepts „Tankstelle der Zukunft"

Zusammenfassung

Die Formulierung einer Design Challenge auf eine bestimmte Art und Weise ist von großer Bedeutung. Das Goldlöckchen-Prinzip unterstützt Sie dabei, die richtige Balance in der Fragestellung zu finden. Diese sollte weder zu abstrakt noch zu spezifisch sein, um den Raum für innovative und nutzer:innenorientierte Lösungsansätze zu finden.

3.4 Der Design-Thinking-Prozess im Überblick

In den folgenden Kapiteln beschreiben wir in aller Kürze die einzelnen Phasen des Design-Thinking-Prozesses, damit Sie einen Überblick erhalten, und flankieren unsere Ausführungen mit Beispielen aus unserem AIS, den wir im Auftrag durch die Stadt Verden für die Stadtwerke Verden durchgeführt haben. Sie werden in diesem Zusammenhang immer wieder Paula Giegler begegnen, einer fiktiven Person, die stellvertretend für eine Kund:innengruppe steht.

Wenn wir Sie auf dem Miro-Board durch den AIS begleiten, tauchen wir tiefer in die einzelnen Phasen ein.

3.5 Phase 0: Design Challenge entwickeln

Der Design-Thinking-Prozess startet mit Phase 0, in der Sie gemeinsam mit Ihren Auftraggeber:innen die Design Challenge formulieren. Ein übergeordnetes Thema sollte bereits definiert sein.

Dies geschieht im Rahmen eines Workshops, an dem unterschiedliche Stakeholder beteiligt sein sollten, um sicherzustellen, dass verschiedene Perspektiven, Erfahrungen und Fachkenntnisse berücksichtigt werden und schon zu Beginn des Prozesses eine gemeinsame Vision entwickelt wird. Eine übergeordnete Problemstellung sollte bereits definiert sein.

Moderiert wird der Workshop von Ihnen – dem Innovations- oder der Design-Expertin. Sie sind verantwortlich dafür, den Workshop vorzubereiten, durchzuführen, zu strukturieren und zu moderieren.

Idealerweise sind Personen beteiligt, die Fachkenntnis im Bereich der Herausforderung haben und uns wertvolle Einblicke in die spezifischen Aspekte geben können. Vertreter:innen der Zielgruppe, für die eine Lösung entwickelt werden soll, sind ebenfalls herzlich willkommen, ebenso wie Kolleg:innen aus unterschiedlichen, an der Wertschöpfungskette beteiligten Abteilungen, wie beispielsweise Produktmanagement, Vertrieb, PR, Marketing, IT, F&E etc.

Die Anwesenheit von Führungskräften kann die Bedeutung des Workshops unterstreichen und sicherstellen, dass die formulierten Design Challenges mit den strategischen Zielen des Unternehmens in Einklang stehen. Wie der Workshop durchgeführt wird, erfahren Sie in Abschnitt 5.2 „Die Design Challenge formulieren".

Unsere Design Challenge haben wir gemeinschaftlich mit dem Bürgermeister, der Klimaschutzmanagerin und einem Mitglied des Aufsichtsrats der Stadtwerke Verden erarbeitet: „Wie müssen die Stadtwerke zukünftig aufgestellt werden, um im Sinne der Klimaziele nachhaltig erfolgreich zu sein und eine klimaneutrale Energieversorgung im Stadtgebiet Verden sicherzustellen?" lautet die Fragestellung, auf die wir auf den nachfolgenden Seiten immer wieder beispielhaft Bezug nehmen werden.

■ 3.6 Phase 1: Verstehen

Bild 3.5 Verstehen, Visualisierung von: Konstanze Wilschewski, HEC GmbH

Die erste Phase, Verstehen (siehe Bild 3.5), bildet neben der Design Challenge das Fundament für den gesamten Design-Thinking-Prozess. Das Beschaffen von Informationen steht im Fokus, um das Wesentliche der gemeinsamen Herausforderung zu erfassen und Bedürfnisse und Probleme von Kund:innen und Nutzer:innen sichtbar und besprechbar zu machen.

Die Vorgehensweise unterstützt Sie dabei, auf Grundlage Ihrer individuellen Standpunkte als Team eine einheitlichere Sichtweise zu entwickeln. Durch Diskussionen führen Sie verschiedene Perspektiven und Erfahrungen zusammen, um ein ganzheitliches Verständnis bezüglich Herausforderung zu entwickeln.

In dieser Phase der Auseinandersetzung üben sich die Teammitglieder bereits darin, Empathie und Einfühlungsvermögen aufzubauen. Ziel ist es, Motive und Gefühle anderer zu verstehen, um später gemeinsam nutzer:innenorientierte Lösungen zu entwickeln.

Sie analysieren die Design Challenge semantisch, um ihre Bestandteile, Verbindungen und Dimensionen zu verstehen. Dieser Prozess ermöglicht es Ihnen, die Herausforderung aus verschiedenen Blickwinkeln zu betrachten und so in die Tiefe des Problems vorzudringen.

> **Beispiel**
>
> „Wie müssen die Stadtwerke Verden zukünftig aufgestellt werden, um im Sinne der Klimaziele nachhaltig erfolgreich zu sein und eine klimaneutrale Energieversorgung im Stadtgebiet Verden sicherzustellen?"
> - Was für eine Art von Unternehmen sind die Stadtwerke Verden?
> - Was wissen wir über die Stadt Verden?
> - Wie definieren wir „zukünftig"?
> - Was sind die Klimaziele?
> - Was ist eine klimaneutrale Energieversorgung?
> - Wer sind die einzelnen Akteur:innen in diesem Kontext?

Sie ahnen es vermutlich schon, die Antworten sind vielfältig! Und jede Frage ist die Tür zu einer neuen Welt!

Zunächst sammeln die Teammitglieder individuell[8] ihre Gedanken, Forschungsergebnisse, Informationen und Ideen auf virtuellen Post-its auf dem Miro-Board und konzentrieren sich dabei auf die hervorgehobenen Komponenten der Design Challenge.

Wie das im Detail funktioniert, erläutern wir in Abschnitt 7.1 „Verstehen".

Innerhalb kürzester Zeit gewinnen Sie so die ersten wertvollen Erkenntnisse. Bei der Konsolidierung Ihrer Arbeit beginnen Sie, eine gemeinsame Vision zu entwickeln, Sie entdecken Unterschiede in Ihren Ansätzen, Sie teilen Ihr Wissen und Ihre Ideen, und während Sie diskutieren, entwickeln Sie wahrscheinlich weitere wertvolle Fragen.

Dieser Ansatz unterstützt Sie dabei, die Perspektive zu wechseln und Einfühlungsvermögen zu entwickeln – wesentliche Zutaten, um einen erfolgreichen Design-Thinking-Prozess einzuleiten.

Sie sammeln in dieser Phase so viele Informationen wie möglich. Sie stellen Annahmen auf, die Sie durch weitere Recherchen in Büchern, Zeitschriften, Online-Datenbanken und Websites überprüfen müssen. Vor allem die in Phase 2 durchzuführenden Interviews und Beobachtungen sind entscheidend für die Entwicklung nutzerzentrierten Denkens.

In Phase 1 entwickelt Ihr Team auch eine Stakeholder-Map, auf der Sie unterschiedlichste Akteur:innen der gesamten Wertschöpfungskette visualisieren. Dadurch verschaffen Sie sich einen Überblick über das Ökosystem, in dem Sie sich bewegen.

Wie oben bereits erwähnt, ist es durchaus möglich, dass sich die Design Challenge im Laufe des Prozesses noch verändert. Je mehr Informationen wir sammeln, desto klarer zeichnet sich ab, um welches Problem wir uns wirklich kümmern müssen. Hin und wieder geschieht

---

[8] Manchen Menschen hilft es, in Brainstorming Sessions erst einmal allein Ideen auf Post-its zu sammeln, um auch zu Wort zu kommen.

es auch, dass eine Design Challenge komplett verworfen wird, weil wir beispielsweise durch Interviews mit potenziellen Nutzer:innen unserer Produkte oder Services feststellen, dass es gar kein Bedürfnis gibt, das gestillt werden muss.

In Abschnitt 7.2.1 „Stakeholder-Map und Stakeholder-Analyse" stellen wir Ihnen vor, wie Sie Ihr Ökosystem entwerfen und mit Leben füllen können.

Zusammenfassung

In dieser Phase geht es darum, Informationen zu beschaffen, um die gemeinsame Herausforderung zu erfassen und die Bedürfnisse und Probleme der Kund:innen und Nutzer:innen zu verstehen. Unterschiedliche Perspektiven und Erfahrungen werden zusammengebracht, die Perspektive wird gewechselt, und dadurch wird Empathie aufgebaut. Das Verstehen von Motiven und Gefühle ist wesentlich, um später nutzer:innenorientierte Lösungen zu entwickeln. Durch die semantische Analyse der Design Challenge kann das Problem aus verschiedenen Blickwinkeln betrachtet werden.

■ 3.7 Phase 2: Beobachten

Bild 3.6 Beobachten, Visualisierung von: Konstanze Wilschewski, HEC GmbH

In der zweiten Phase, Beobachten (siehe Bild 3.6), die auch Interviews umfasst, lenken Sie Ihren Blick auf die Verifizierung Ihres Verständnisses für das Problem oder die Herausforderung. Sie setzen darauf, Nutzer:innen beispielsweise bei der Anwendung eines Produkts oder Services genau zu beobachten oder mit ihnen darüber zu sprechen, um tiefergehende Einblicke zu erlangen. Dieses Vorgehen erlaubt es Ihnen, bereits in dieser Phase Erkenntnisse zu gewinnen, die Ihnen später als solide Grundlage für die Ideenentwicklung und Lösungsfindung dienen können.

Ähnlich wie ein Fotograf, der durch den Sucher seiner Kamera schaut, um das perfekte Bild einzufangen, fokussieren Sie sich auf die kleinen Details, die oft den entscheidenden Unterschied machen. Die Beobachtung erlaubt es Ihnen, den Kontext, in dem Ihre Nutzer:innen agieren, zu erfassen und ihre Handlungen, Reaktionen und Bedürfnisse besser zu verstehen.

Sie verifizieren Ihre Beobachtungen durch das Durchführen von gezielten Interviews mit Ihren Kund:innen bzw. Nutzer:innen. Diese Gespräche dienen dazu, Ihre Annahmen zu überprüfen und anzupassen. Sie ermöglichen es Ihnen, tiefergehende Einblicke in ihre Welt zu gewinnen und die wahre Essenz ihrer Bedürfnisse zu entdecken – jene Bedürfnisse, die oft mit ihren persönlichen Werten und Überzeugungen verbunden sind.

Diese Phase trägt außerdem dazu bei, Ihre Teamvision zu schärfen und in Bezug auf die Ideenentwicklung einen Konsens zu generieren.

3.7.1 Durchführung von Interviews

Das Führen von Interviews mit unterschiedlichen Akteur:innen auf der ganzen Wertschöpfungskette ist das zentrale Instrument zur Informationsgewinnung über Ihre Nutzer:innen, Kund:innen und auch über Ihre Wettbewerber:innen. Sie erhalten durch das Führen von Interviews einen dezidierten Einblick in das Ökosystem der Personen, die Ihre Services, Produkte und Prozesse in Anspruch nehmen oder in Zukunft nehmen sollten.

Während unseres AIS, den wir für die Stadt Verden und die Stadtwerke Verden durchgeführt haben, haben wir beispielsweise Interviews mit Fachleuten aus anderen Stadtwerken, dem Solarenergie-Sektor, der Wissenschaft, Start-ups und anderen relevanten Bereichen geführt und unsere Interviewpartner:innen mit unseren Auftraggeber:innen für weitere mögliche Kollaborationen in Kontakt gebracht.

Interviews erweisen sich also als äußerst fruchtbar, da sie es uns ermöglichten, eine breite Palette von Informationen zu sammeln und wertvolle Erkenntnisse im Zusammenhang mit Ihrem Thema zu gewinnen. Sie erhalten einen 360-Grad-Blick auf die Herausforderung und können Aspekte erkennen, die möglicherweise vorher unberücksichtigt geblieben sind.

Die Interviews dienen nicht nur dazu, Informationen zu sammeln, sondern sie helfen auch dabei, Annahmen zu validieren oder zu widerlegen. Sie ermöglichen es Ihnen, tiefer in die Denkweise und die Perspektiven unterschiedlicher Stakeholder einzutauchen und so ein klareres Bild von den Bedürfnissen, Problemen und Lösungsansätzen zu erhalten. Das Treffen strategischer Entscheidungen wird ebenfalls erleichtert.

Eine umfassende Anleitung zur Durchführung von Interviews finden Sie in Abschnitt 7.3.1 „Durchführung von Interviews mit Kund:innen, Nutzer:innen und Expert:innen".

3.7.2 Durchführen einer Umfrage

In der Phase 2 des Design-Thinking-Prozesses, Beobachten, spielen Umfragen ebenfalls eine bedeutende Rolle als Instrument zur Datengewinnung und zur Förderung nutzer:innenzentrierter Erkenntnisse. Hierzu möchten wir Ihnen Survey Monkey[9] vorstellen – ein digitales Tool, das Sie gezielt einsetzen können, um eine breite Palette anonymisierter Informationen von einer Vielzahl von Personen zu erfassen, um tiefere Einblicke in deren Bedürfnisse und Perspektiven zu erhalten.

Umfragen ermöglichen es Ihnen außerdem, quantitative Daten zu erfassen, diese zu analysieren und darüber Muster und Trends sichtbar zu machen. Gleichzeitig bieten Umfragen die Möglichkeit, qualitative Einsichten zu gewinnen, indem offene Fragen gestellt werden, die es den Teilnehmer:innen erlauben, ihre Ansichten in eigenen Worten zu äußern.

Die Umfrageergebnisse unterstützen uns neben Recherche- und Interviewergebnissen bei der Erstellung von idealtypischen Nutzer:innenprofilen, unserer Personas. Indem wir die gesammelten Daten analysieren, können wir Merkmale, Bedürfnisse, Präferenzen und Verhaltensmuster der Nutzer:innen erkennen. Diese wertvollen Erkenntnisse ermöglichen es uns, Personas (siehe Abschnitt 7.4.1) zu kreieren, die realitätsnah und in dieser Phase des Design-Thinking-Prozesses ausreichend fundiert sind.

Bedenken sollten Sie, dass Teilnehmende bei anonymisierten Umfragen in der Regel nicht die Möglichkeit haben, sofortige Nachfragen zu stellen, um Unklarheiten zu beseitigen. Dies kann dazu führen, dass bestimmte Antworten weniger präzise sind. Umfragen bieten möglicherweise auch nicht ausreichend Kontext über die Teilnehmenden, was die Interpretation der gesammelten Daten erschweren kann.

Insgesamt aber sind anonymisierte Umfragen eine wertvolle Ergänzung in Verbindung mit den zu führenden Interviews, um ein umfassendes Verständnis der Bedürfnisse von Benutzer:innen und deren Probleme zu gewinnen.

Ein Beispiel aus unserer Arbeit für die Stadtwerke Verden (siehe Bild 3.7) verdeutlicht diese Relevanz von Umfragen: Wir fokussierten uns auf Aspekte wie die persönliche Einstellung der Bürger:innen sowie ihre Bereitschaft, sich in Veränderungsprozessen einzubringen. Darüber hinaus erhielten wir wertvolle Antworten auf die Frage, welche Erwartungen die Bürger:innen an Energieversorgungsunternehmen haben. Diese datengestützten Einblicke dienten als Grundlage für die Gestaltung von nutzerzentrierten Lösungsansätzen.[10]

Zusammenfassung
In der Beobachtungsphase gewinnen Sie durch Umfragen, Beobachtungen von und Interviews mit Nutzer:innen tiefe Einblicke, die Sie später bei der Ideen- und Lösungsfindung inspirieren können. Durch die gewonnenen Informationen schärfen Sie Ihre gemeinsame Vision und verifizieren Ihre Annahmen.

---

[9] *https://de.surveymonkey.com*
[10] Die Case Study finden Sie hier: *https://q-lab-thinking.com/resources/*

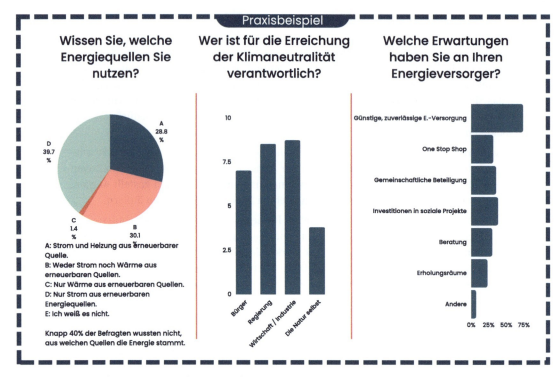

Bild 3.7 Auszug aus Umfrageergebnissen, QLab Think Tank

Exkurs Beobachten

Waren Sie schon mal – vielleicht sogar mit dem Kopf zuerst – in einem Kernspintomografen? Ich hatte das zweifelhafte Vergnügen vor einiger Zeit und muss sagen, dass ich es äußerst unangenehm fand, für gefühlte zwei Stunden (es waren in Wirklichkeit nur 12 Minuten) in einer engen, irrwitzig lauten Röhre eingesperrt zu sein. Abgesehen davon hatte ich natürlich auch eine Heidenangst, was mein Arzt außer meinem Gehirn in meinem Kopf vorfinden würde. Glücklicherweise war die Angst unberechtigt.

Vielleicht sind Sie ja sogar ein Elternteil, der sein Kind in einem MRT untersuchen lassen musste. Wie hat sich Ihr Kind verhalten? Ist es freiwillig in die Röhre gegangen oder mussten Sie mit Engelszungen auf Ihren Sohn oder Ihre Tochter einreden? Ist Ihr Kind vielleicht sogar sediert worden, um die Untersuchung durchzuführen? Wie ging es Ihnen als besorgter Elternteil? Können Sie sich daran erinnern, wie das medizinische Personal sich verhalten hat? Blieben die Kolleg:innen im Krankenhaus geduldig, wenn es Widerstände gab? Und können Sie sich vorstellen, welche Kosten verzögerte Untersuchungen der Krankenhausverwaltung oder dem Gesundheitssystem entstehen?

Sicherlich fällt Ihnen jetzt auf, dass die ganze Wertschöpfungskette betroffen ist. Der ganzheitliche Design-Thinking-Ansatz berücksichtigt das gesamte System und alle Stakeholder, die betroffen sind.

„Empathie ist der Herzschlag eines Projektes", sagt der Ingenieur und Industrial Designer Doug Dietz, der u. a. ein MRT (siehe Bild 3.8) im Kinderkrankenhaus in Pittsburgh entwickelt hat.

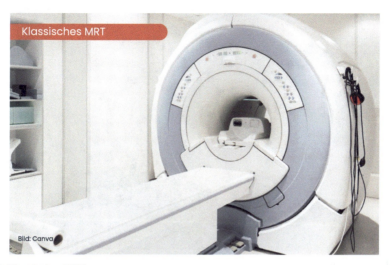

Bild 3.8 Klassisches MRT

Dietz beschreibt in seinem TEDx-Talk das traumatische Erleben eines Kindes und seiner Eltern, die dieses Gerät erstmals ausprobieren sollen. Das Kind war so verängstigt, dass es nur unter Beruhigungsmitteln untersucht werden konnte. Der Vater musste seine kleine Tochter im Anschluss an die Untersuchung bewusstlos zu seinem Wagen tragen.[11]

Dieses Erlebnis ließ Dietz nicht mehr los, weil er begriff, dass er zwar ein technisch perfektes Gerät entworfen und gebaut hatte, sich aber keine Gedanken über das Empfinden der Patient:innen gemacht hatte. Empathie, die Fähigkeit, sich in die Emotionen anderer Menschen einzufühlen, ist ein wesentlicher Schlüssel, wenn Sie Bedürfnisse Ihrer Kund:innen oder der Nutzer:innen Ihrer Produkte oder Services befriedigen wollen.

Wäre Dietz an dem Tag nicht im Krankenhaus gewesen, um das Gerät in Betrieb zu sehen, hätte er diese Situation nicht beobachten können. Ein Zufall, der die Haltung des Ingenieurs von einem Tag auf den anderen verändert hat.

Mit seiner The Adventures Series hat Doug Dietz über die Jahre unterschiedliche MRT-Welten geschaffen und greift damit auf wesentliche Elemente des Storytellings, der Fähigkeit des Geschichtenerzählens zurück. Mehr dazu erfahren Sie in Kapitel 4 „Storytelling – warum das Hirn Geschichten liebt".

Zur Vorbereitung erhielten die Kinder vor der Untersuchung ein Büchlein über das Abenteuer, das ihnen bevorstand. Dabei konnte es sich um eine Reise ins Weltall, die Fahrt auf einem U-Boot oder einem Piratenschiff (siehe Bild 3.9) handeln. Die Scanner waren thematisch entsprechend gestaltet, auf den Böden gemalte Wege führten zum jeweiligen Vehikel. Unterstrichen wurde das Erlebnis durch unterschiedliche Düfte – Pina Colada war einer davon: Eltern bekamen Lust auf das tropische Getränk, das zauberte ein Lächeln auf deren Gesichter und steckte die Kinder ebenfalls an.

---

[11] Dietz, Doug: Transforming healthcare for children and their families: TEDxSanJoseCA, 20. Mai 2012, https://youtu.be/jajduxPD6H4?feature=shared

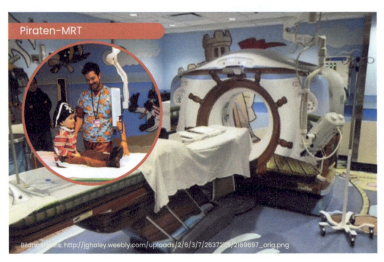

Bild 3.9 Piraten-MRT

Die Kinder bekamen bei ihrer Ankunft einen Hut, der zu ihrem Abenteuer passte, und die Pfleger:innen trugen die passenden Kostüme und führten sie durch ihre Geschichte.

Die Sedierung bei CT-Untersuchungen ging von 80 % auf 3 % zurück. Und Doug Dietz erzählt in seinem TEDx-Talk stolz von einem kleinen Mädchen, das fragte, ob es am nächsten Tag noch einmal vorbeikommen dürfe.

Beobachten ist also ein wichtiges Element, um Informationen über die Probleme und Bedürfnisse Ihrer Nutzer:innen zu erhalten. Interviews sind ein weiteres.

■ 3.8 Phase 3: Sichtweise definieren

Bild 3.10 Sichtweise definieren, Visualisierung von: Konstanze Wilschewski, HEC GmbH

In der dritten Phase des Design-Thinking-Prozesses – Sichtweise definieren (siehe Bild 3.10) – verdichten Sie die gesammelten Informationen, Daten und Erkenntnisse aus den vorangegangenen Phasen Verstehen und Beobachten zu einem „Point of View" und fokussieren sich im Folgeprozess darauf.

Mit einer präzisen „*Wie können wir…*"-Frage, die sich an Problemen und Bedürfnissen Ihrer idealtypischen Nutzer:innengruppe (Persona) orientiert, können Sie ein tiefes Verständnis für die Bedürfnisse, Emotionen und Ziele Ihrer Zielgruppe entwickeln. Ihre auf eine Nutzer:innengruppe zugeschnittene Design Challenge dient als Leitstern für die Ideengenerierung und Lösungsentwicklung in den folgenden Phasen des Design-Thinking-Prozesses.

Beim Formulieren eines zielorientierten „Point of View" reduzieren Sie also komplexe Informationen auf das Wesentliche und Spezifische, um sich im Lösungsraum in die richtige Richtung zu bewegen.

Phase 3 bildet den Übergang von der Analyse über die Generierung von Personas hin zur Ideenentwicklung.

Persona

Ihre Persona gestalten Sie aufgrund Ihrer Erkenntnisse aus den ersten beiden Phasen des Design-Thinking-Prozesses, also durch Recherche, durch Beobachten und durch das Führen von Interviews.

Ihre Persona offenbart, wer Ihre idealtypische Nutzer:innengruppe ist. Sie schenken dieser Figur nicht nur einen Namen, sondern statten sie mit Merkmalen, Bedürfnissen, Verhaltensmustern und Interessen aus, um sie so lebendig wie möglich wirken lassen. Durch demografische Elemente wie Alter, Geschlecht, Bildungshintergrund, berufliche Ausrichtung sowie psychografische Nuancen über ihre Persönlichkeit, ihre Einstellung und ihren Lebensstil schaffen wir eine persönliche und emotionale Bindung.[12]

Dies erlaubt es uns, die tiefen Bedürfnisse, Herausforderungen und Ziele unserer Kund:innen zu verstehen. Auf dieser Grundlage gestalten wir nicht nur Produkte und Dienstleistungen, sondern Erlebnisse, die Bedürfnisse befriedigen und Probleme lösen.

Die Persona wird so zu einer vertrauten Begleitung in unserem AIS, wenn wir einfühlend ihre Perspektive einnehmen.[13]

Aber Achtung! Behalten Sie die Wertschöpfungskette und Ihr Ökosystem im Auge!

In wenigen Sekunden lernen Sie Paula Giegler kennen, eine Persona, die auf Erkenntnissen basiert, die wir durch Recherche und Interviews mit verschiedenen Expert:innen gewonnen haben. Außerdem half uns eine nicht repräsentative Umfrage, die wir anonym und online mit dem Tool Survey Monkey durchgeführt haben.

Sie erinnern sich sicherlich an unsere Design Challenge: *„Wie müssen die Stadtwerke Verden zukünftig aufgestellt werden, um im Sinne der Klimaziele nachhaltig erfolgreich zu sein und eine klimaneutrale Energieversorgung im Stadtgebiet Verden sicherzustellen?"*

Vielleicht fragen Sie sich jetzt, was unsere Persona Paula Giegler (siehe Bild 3.11) mit dieser Frage zu tun haben könnte. Die Frage ist selbstverständlich nicht unberechtigt, aber wir haben eine logische Erklärung parat:

---

[12] *https://de.wikipedia.org/wiki/Psychografie*
[13] Es gibt zahlreiche Generatoren, die Sie dabei unterstützen, idealtypische Nutzer:innen zu entwickeln. Hier werden Sie fündig: *https://geekflare.com/de/best-persona-generators/*

Praxisbeispiel

Persona: Paula Giegler

Paula Giegler, 23
- Junior Graphic Designer
- Dessau

"Ich möchte mehr für unseren Planeten tun und habe bereits begonnen, meine täglichen Aktivitäten, die sich negativ auf unsere Umwelt auswirken, zu ändern."

Hintergrund

Paula hat einen Bachelor-Abschluss in Design und arbeitet seit kurzem als Junior-Grafikdesignerin. Sie ist Single und bewohnt ein Zimmer mit ihrer Katze Mr. Munch. Paula liest gerne Blogs über das Erreichen von Klimazielen und hält sich über Klimaneutralität und Energiequellen auf dem Laufenden. Sie versucht, abfallfrei und umweltfreundlich zu leben, und möchte bei ihren Designprojekten zum Thema Umwelt und Klimawandel beitragen. Sie bezeichnet sich selbst auch als soziale Aktivistin und genießt Waldspaziergänge mit ihren Freunden. Sie möchte etwas verändern, aber Zeit und Geld sind knapp. Sie fühlt sich nicht allein, denn ihre Mitmieter:innen haben ähnliche Gedanken.

Ziele & Bedürfnisse
- Möchte sich über Dienstleistungen und Produkte informieren, die zur Klimaneutralität beitragen.
- Möchte ihren Energieverbrauch kennen, wissen, wie sie ihn reduzieren kann und welche Alternativen es gibt.
- Möchte eine effiziente Kundenbetreuung und Antwort der Stadtwerke auf ihre Anfragen.
- Möchte eine bessere Zukunft für sich selbst mit bezahlbaren öffentlichen Leistungen.
- Möchte, dass ihre Energie lokal ist und den lokalen Gemeinden zugute kommt.

Probleme & Herausforderungen
- Sie ist sich nicht sicher über die ökologischen Folgen ihres hohen Energieverbrauchs.
- Sie weiß nicht, welche ihrer Produkte sich auf die Umwelt auswirken; sie möchte sich über andere Möglichkeiten zur Erreichung der Klimaziele informieren.
- Sie ist frustriert, weil sie wenig Einfluss auf den Klimawandel hat.

Optionen & Alternativen
- Zusammenarbeit mit anderen Bewohner:innen, um gemeinsame Initiativen für grüne Energie zu starten.
- Teilnahme an Wettbewerben und Belohnungssystemen im Stadtteil und Reduzierung des Verbrauchs von Energieversorgern.
- Die Stadtwerke könnten die erste Anlaufstelle für alle Themen der Energiewende sein.
- Eine zentrale Anlaufstelle, um ihren Energieverbrauch und die Klimaauswirkungen ihrer Versorgungsunternehmen zu verfolgen.

Bild 3.11 Persona: Paula Giegler, QLab Think Tank GmbH

Paula ist nur eine der zahlreichen Akteur:innen im Ökosystem eines Energieversorgers. Neben der Stadtverwaltung, Wirtschaftsunternehmen und anderen Organisationen spielen die Bürger:innen eine wichtige Rolle, da sie die Nutzenden der angebotenen Dienstleistungen sind und dafür bezahlen.

Der Energieversorger muss also für seine Kund:innen (die Paula Gieglers) einen Mehrwert schaffen, um in Zukunft wirtschaftlich erfolgreich zu sein – basierend auf Paulas Zielen und Bedürfnissen sowie Problemen und Herausforderungen.

Andernfalls würde Paula Alternativen und Optionen wählen – die Erzeugung von Strom oder Wärme über eine Photovoltaikanlage oder eine Wärmepumpe oder sogar den Wechsel zu einem anderen Anbieter.

Von der Divergenz zur Konvergenz – oder wie Sie aus Qualität Quantität gewinnen

Die „Sichtweise zu definieren", führt uns von einer umfassenden Frage – die nach wie vor unser Leitstern im Design-Thinking-Prozess ist – zu dem besagten „Point of View", der sich auf einen typischen Nutzenden – eine Persona – konzentriert. Das hilft uns, die Erkenntnisse aus den Phasen 1: Verstehen und 2: Beobachten zu synthetisieren.

Und vor allem hilft es uns, uns in eine vermeintlich reale Person hineinzuversetzen; es ermöglicht es uns, eine emotionale Verbindung herzustellen, und das wiederum erleichtert es uns, Lösungen für die Probleme unserer Persona zu finden.

Jede Frage öffnet die Tür zu neuen Welten

Die Suche nach Lösungen für eine Persona wie Paula Giegler führt zu einer Vielzahl von neuen, aber sehr gezielten Fragestellungen, die sich Versorgungsunternehmen stellen könnten:

- Wie können wir Bürgerinitiativen fördern und anregen?
- Wie können wir die Bürger:innen schnell und umfassend beraten?
- Wie können wir unsere Kund:innenbetreuung verbessern, wenn Bürger:innen Anfragen haben?
- Wie können wir Dienstleistungen und Produkte effizient an die Bürger:innen liefern?
- Wie können wir die Zusammenarbeit zwischen den Bürger:innen fördern, um gemeinsame grüne Lösungen zu nutzen?
- Wie können wir die erste Anlaufstelle für Energiethemen werden?

Die tatsächlichen Bedürfnisse unserer Kund:innen oder Nutzer:innen unserer Produkte, Services oder Prozesse lassen sich besser erkennen, wenn wir versuchen, uns in unser Gegenüber hineinzuversetzen.

Zusammenfassung

In der dritten Phase des Design-Thinking-Prozesses verdichten Sie die Erkenntnisse aus den vorherigen Phasen zu einem präzisen „Point of View". Dieser „Wie können wir ..."-Fokus orientiert sich an den Bedürfnissen einer idealtypischen Nutzer:innengruppe (Persona). Diese zielgruppenspezifische Design Challenge leitet die Ideenentwicklung und die Lösungsfindung in den folgenden Schritten. Ein zielorientierter „Point of View" reduziert komplexe Informationen, lenkt uns im Lösungsraum und bildet den Übergang zur Ideenentwicklung.

3.9 Phase 4: Ideen finden

Bild 3.12 Ideen finden, Visualisierung von: Konstanze Wilschewski, HEC GmbH

Mit der vierten Phase des Design-Thinking-Prozesses – Ideen finden (siehe Bild 3.12) – verlassen Sie den Problemraum und betreten den Lösungsraum. Nachdem Sie in den vorherigen Phasen ein tiefes Verständnis für die Nutzer:innen und ihre Bedürfnisse entwickelt haben, richtet sich Ihr Fokus nun darauf, kreative und vielfältige Lösungsideen zu generieren, um die Probleme Ihrer Zielgruppe zu lösen.

Lassen Sie uns zunächst einen genaueren Blick auf die spezifischen Probleme und Bedürfnisse von Paula Giegler werfen. Hierbei geht es um die Anforderungen, die ihr Energieversorger im Idealfall erfüllen sollte, um sie langfristig als Kund:in zu binden. Unsere Aufgabe ist es, uns auf die Fragen und Herausforderungen zu konzentrieren, die direkt auf Paula zugeschnitten sind. Wir möchten so viele Antworten und Ideen wie möglich finden, um ihre Erfahrung zu verbessern.

In dieser Phase setzen wir bewusst auf Quantität und nicht auf Qualität. Das bedeutet, wir ermutigen unser Team dazu, so viele Ideen (siehe Bild 3.13) wie möglich zu generieren, ohne sich von möglichen Einschränkungen oder Bewertungen zurückhalten zu lassen. Unsere Zielsetzung ist es, eine breite Palette an Ideen zu entwickeln, die realistisch, visionär und verrückt sein dürfen.

Indem wir uns erneut in eine Phase der Divergenz begeben, schaffen wir Vielfalt und Raum für innovative Lösungsansätze.

Wir verwenden verschiedene Kreativitätstechniken wie Brainstorming, SCAMPER oder Role-Storming, um das kreative Potenzial unseres Teams zu entfalten. Uns geht es nicht darum, sofort die perfekte Lösung zu finden, sondern darum, eine Vielzahl von Ideen zu generieren, die später weiterentwickelt und verfeinert werden können.

Die Ideenfindungsphase bildet den Nährboden für den weiteren Gestaltungsprozess, in dem aus den vielfältigen Ideen diejenigen ausgewählt und weiterentwickelt werden, die das größte Potenzial haben, die Bedürfnisse von Paula und anderen Nutzer:innen zu erfüllen.

3.9 Phase 4: Ideen finden   37

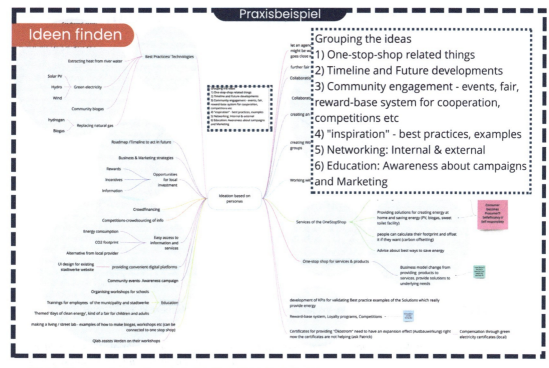

Bild 3.13 Ideen finden: Praxisbeispiel, QLab Think Tank GmbH

 Zusammenfassung

In Phase 4 verlassen Sie den Problemraum und betreten den Lösungsraum.
Sie nutzen die durch den „Point of View" gewonnenen Erkenntnisse und Ihr
Einfühlungsvermögen, um gewünschte Lösungsansätze für die Probleme Ihrer
Nutzer:innen zu entwickeln.

■ 3.10 Phase 5: Prototypen entwickeln

Bild 3.14 Prototypen entwickeln, Visualisierung von Konstanze Wilschewski, HEC GmbH

> „Bilder sagen mehr als tausend Worte. Und ein Prototyp sagt mehr als tausend Bilder."
> (oder: „One Look is Worth a Thousand Words.")
>
> Fred R. Barnard

Die fünfte Phase des Design-Thinking-Prozesses – Prototypen entwickeln (siehe Bild 3.14) – verkörpert den Übergang von abstrakten Ideen zu greifbaren Lösungen. Im Prototyping-Prozess geht es nicht darum, einen perfekten oder vollständigen Entwurf zu generieren, sondern darum, schnell und kostengünstig zu agieren. Sie schaffen eine einfache Version, die die grundlegende Funktionalität widerspiegelt. Dies ermöglicht es Ihnen, frühzeitig mögliche Schwachstellen oder Verbesserungspotenziale zu erkennen.

Der entwickelte Prototyp wird dann Nutzer:innen zur Interaktion und zum Testen vorgelegt. Ihr Feedback ist von unschätzbarem Wert, da es Ihnen hilft, die Lösung weiter zu verbessern und zu verfeinern. Wir können feststellen, ob der Prototyp den Erwartungen Ihrer Nutzer:innen entspricht oder ob Anpassungen notwendig sind, um die bestmögliche Nutzer:innenerfahrung zu gewährleisten.

Der iterative Charakter dieses Prozesses unterstützt Sie dabei, kontinuierlich zu lernen, Ihr Produkt oder Ihren Service anzupassen und zu verbessern, um sicherzustellen, dass Ihre Lösungen den Bedürfnissen Ihrer Nutzer:innen gerecht werden.

3.10.1 Arten von Prototypen

Ein Prototyp ist also ein erstes anfassbares und visuelles Modell eines Produkts, einer Dienstleistung oder eines Prozesses. Ein Prototyp ermöglicht es Ihnen, Funktionalitäten, Design und andere Merkmale zu testen und zu verbessern. Sie können digitale oder analoge Prototypen mit Hilfe von Wireframe oder Mock-ups von Anwendungen erstellen.

Mit Karton und Bastelmaterialien können Sie dreidimensionale Prototypen von physischen Produkten bauen. Das kann von einfachen Boxmodellen bis hin zu komplexeren mechanischen Geräten reichen.

LEGO-Steine sind ein ausgezeichnetes Werkzeug für das Prototyping, da Sie sie schnell und einfach in verschiedenste Formen und Strukturen zusammenfügen können. Sie eignen sich besonders gut zur Darstellung von Räumen oder Gebäuden.

Durch das Nachspielen von Szenarien können Interaktionen zwischen Nutzer:innen und Produkten oder Dienstleistungen nachvollzogen werden. Dieses Vorgehen eignet sich besonders gut für Service-Design oder wenn Sie Nutzer:innen-Erfahrungen verbessern wollen.

Eine der einfachsten und kostengünstigsten Methoden ist das Zeichnen von Skizzen oder Wireframes auf Papier. Diese Methode eignet sich besonders gut für das Prototyping von Benutzeroberflächen, Apps oder Websites.

Bei **Wireframes** handelt es sich in der Regel um schematische Darstellungen, beispielsweise um die analoge oder digitale Zeichnung der grundlegenden Struktur des Aufbaus einer Website, einer App oder anderen digitalen Produkten. Wireframes können einfach Skizzen sein oder detaillierte, interaktive Prototypen, die man als Low-Fidelity Prototypen bezeichnet (siehe Bild 3.15).

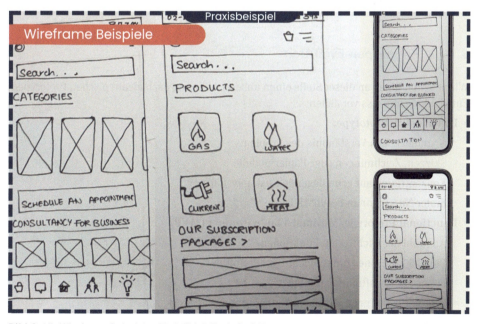

Bild 3.15 Wireframe-Beispiele, QLab Think Tank GmbH

Ein **Mock-up** ist ein visuelles Modell oder eine Simulation eines Designs, das in der Regel detaillierter und realistischer ist als ein Wireframe. Im Gegensatz zu einem Wireframe kann ein Mock-up eine grafische Darstellung des Endprodukts sein, einschließlich Farben, Bilder, Schriftarten und anderen visuellen Elementen. Ein Mock-up kann als statisches Bild oder als interaktiver Prototyp erstellt werden, der Benutzerinteraktionen simuliert. Mock-ups können mit verschiedenen Design-Tools erstellt werden, darunter Photoshop, Sketch, Midjourney, Figma oder Canva.[14] Ein Beispiel für ein Mock-up finden Sie weiter unten.

Sie können Prototypen aus Papier, Knetmasse oder LEGO bauen oder eine Customer Journey entwickeln, um einen Service darzustellen und zu testen. Rollenspiele helfen Ihnen dabei, die Perspektive zu wechseln und sich in potenzielle Nutzer:innen einzufühlen.

3.10.2 Nutzen eines Prototypen

Der Nutzen eines Prototyps ist mannigfaltig. Ein Prototyp ermöglicht es Ihnen, während des Testens Feedback von Nutzer:innen einzuholen und das Produkt, den Service oder den Prozess auf Grundlage dessen zu verbessern und weiterzuentwickeln. Durch das Testen des Prototyps können Sie Probleme identifizieren und Lösungen finden, bevor Sie mit Ihrem Angebot auf den Markt gehen. Ein Prototyp kann auch verwendet werden, um Feedback von Kund:innen zu sammeln und sicherzustellen, dass das endgültige Produkt den Bedürfnissen Ihrer Zielgruppe entspricht oder sogar, ob das, was Sie auf den Markt bringen wollen, überhaupt gewünscht ist. Ein Prototyp hilft Ihnen, Zeit und Geld zu sparen und Risiken zu verringern.

Ein Prototyp hilft Ihnen außerdem, Geschichten zu erzählen, ein wesentliches Element von Design Thinking. Wir werden darauf in Kapitel 4 „Storytelling – warum das Hirn Geschichten liebt", dezidiert eingehen.

3.10.3 Prototypen-Evolution

Wir möchten Ihnen an dieser Stelle einen unserer Meinung nach idealtypischen Prototypen-Entwicklungsprozess vorstellen:

- **Low-Fidelity Prototype:**
  - Grundlegendes Verständnis des Problems
  - Skizzen, Zeichnungen oder Papiermodelle
  - Konzentration auf grundlegende Customer Journey
  - Erster Nutzer:innen-Feedback-Loop
- **Functional Prototype/Minimal Viable Product (MVP):**
  - Auswahl der wichtigsten Funktionen
  - Entwicklung eines funktionsfähigen Prototyps
  - Fokus auf Kernfunktionalitäten
  - Erprobung der grundlegenden Nutzer:innenerfahrung

---

[14] *https://www.canva.com/*

- **High-Fidelity Prototype:**
  - Integration realistischer Inhalte und Grafiken
  - Optimierung der Benutzeroberfläche
  - Erweiterung der Funktionsvielfalt
  - Erhöhte Nähe zur endgültigen Produktversion
- **Final Prototype:**
  - Vollständige Integration von Funktionen
  - Design-Feinschliff in Bezug auf Ästhetik und Nutzer:innenerlebnis
  - Umfassende Nutzer:innen- und Usability-Tests
  - Letzte Iterationen basierend auf Nutzer:innen-Feedback
- **Production:**
  - Vorbereitung für die Massenproduktion
  - Technische Überprüfung und Qualitätssicherung
  - Endgültige Anpassungen basierend auf Tests
  - Bereitstellung für Markteinführung

Für jeden dieser Schritte können Sie einen AIS durchführen, um Ihr Angebot iterativ zu verbessern und Erfahrungen von Nutzer:innen zu optimieren. Wie viele Zyklen durchlaufen werden müssen, hängt von der Komplexität der Aufgabenstellung ab. Im ersten Design-Thinking-Zyklus werden Sie vermutlich einen Low-Fidelity-Prototypen herstellen.

3.10.4 Von der Idee zum Prototyp

Kehren wir zu unserer Persona, Paula Giegler, zurück und konzentrieren wir uns auf ihre spezifischen Bedürfnisse und die Fragen, die ihr Energieversorger lösen muss:

- Wie können wir Bürgerinitiativen fördern und anregen?
- Wie können wir die Bürger:innen schnell und umfassend beraten?
- Wie können wir unsere Kundenbetreuung verbessern, wenn Bürger:innen Anfragen haben?
- Wie können wir Dienstleistungen und Produkte effizient an die Bürger:innen liefern?
- Wie können wir die Zusammenarbeit zwischen den Bürger:innen fördern, um gemeinsame grüne Lösungen zu nutzen?
- Wie können wir die erste Anlaufstelle für Energiethemen werden?

Unser Prototyp eines One-Stop-Shops

Um den Energieversorger dabei zu unterstützen, die Bedürfnisse von Paula zu erfüllen, haben wir einen One-Stop-Shop – eine digitale Plattform (siehe Bild 3.16) – vorgeschlagen, über die die Bürger:innen Zugang zu verschiedenen Produkten und Dienstleistungen des Energieversorgers haben. Diese Plattform kann über eine App oder eine Website genutzt werden.

> **Praxisbeispiel**
>
> **VERsorgt Beispiel**
>
>
>
> Wir schlagen einen One-Stop-Shop als Plattform für den Zugang der Bürger:innen zu verschiedenen Produkten und Dienstleistungen der Stadtwerke vor. Die Entwicklung kann iterativ erfolgen. Diese Plattform kann über eine App oder eine Website genutzt werden. Sie enthält vor allem Instrumente zur Förderung des allgemeinen Bewusstseins und zur Stärkung der sozialen Verantwortung.

Bild 3.16 VERsorgt Beispiel, QLab Think Tank GmbH

Unser One-Stop-Shop enthält u. a. Tools zur Förderung des allgemeinen Bewusstseins und zur Stärkung der sozialen Verantwortung. Dieser One-Stop-Shop zielt darauf ab, die Verbrauchstransparenz zu erhöhen und Ratschläge über die besten Möglichkeiten zum Energiesparen zu geben.

Unser Team brauchte nur wenige Stunden, um dieses Mock-up zu entwickeln. Die Visualisierung half uns, unserem Kunden ein mögliches Design, Funktionalitäten und vor allem Inhalte und Services vorzustellen, mit denen sie ihre Kund:innen – wie beispielsweise eine Paula Giegler – adressieren und zufriedenstellen können.

 Zusammenfassung

Durch die Entwicklung von Prototypen machen Sie Ideen greifbar. Ein Prototyp ermöglicht es Ihnen, frühzeitig Schwachstellen zu erkennen und Nutzer:innen-Feedback einzuholen. Prototypen sind ein wichtiges Element von Storytelling und helfen Ihnen dabei, Risiken zu minimieren.

Gut zu wissen

Wenn wir neue Trainings anbieten, erstellen wir zunächst nur ein grobes Konzept und einen Text, mit dem wir unsere Zielgruppe adressieren. Wir bezeichnen diesen Prototypen als Pretotyp[15]. Erst wenn wir genügend Anmeldungen haben, gehen wir in die Feinplanung der Veranstaltung. Dadurch sparen wir viel Zeit und Geld.

Dieses Vorgehen haben wir uns im Grunde von einer Geschichte abgeguckt, die über McDonalds erzählt wird.[16] Um zu testen, ob die Gäste in bestimmten Branchen auch Spaghetti bestellen würden, wurden die Nudeln mit Fleischklopsen in Tomatensauce auf den Displays angeboten. In Wirklichkeit existierte diese Speise aber gar nicht. Wurde tatsächlich nach McSpaghettis gefragt, waren sie leider aus. Relativ schnell wurde so klar, dass der Appetit nach Pasta bei McDonalds-Kund:innen eher weniger ausgeprägt war. Es blieb bei dem Pretotyp, dem nicht realisierten Produkt, das lediglich dem Erkenntnisgewinn diente – zumindest in den meisten Ländern dieser Welt.[17]

Ein weiteres Beispiel für einen erfolgreichen Prototyp ist die Geschichte, die man sich über die Gründung von Zalando erzählt. Die Reise begann im Jahr 2008, als die beiden Studienfreunde Robert Gentz und David Schneider den Einfall hatten, Schuhe über das Internet zu verkaufen. Der Prototyp war ein einfacher Online-Shop, der in einer umgewandelten Wohnung in der Berliner Torstraße ins Leben gerufen wurde. Die Wohnung diente dem kleinen Team sowohl als Büro als auch als Warenlager.[18]

Angeblich verwendeten die beiden Gründer auf ihrer Website Bilder von Schuhen aus dem Katalog eines Schuhherstellers. Wenn also ein Kunde oder eine Kundin ein Paar Schuhe von der Zalando-Website bestellte, gingen sie zu einem lokalen Schuhgeschäft, kauften die Schuhe und versendeten sie an die Kund:innen. Wenn wir annehmen, dass diese Geschichte tatsächlich wahr ist, war das ein sehr kluger Schachzug: Ohne eigenes kostspieliges Warenlager konnten die beiden Gründer testen, ob Nachfrage für Schuhe besteht, die vorher nicht anprobiert werden konnten.

---

[15] Savoia, Alberto. Why So Many Ideas Fail and How to Make Sure Yours Succeed, *https://www.albertosavoia.com/therightit.html*

[16] Blindwerk. 13.01.2022. Was ist Pretotyping? Erklärung, Methoden und Case Study. *https://www.blindwerk.de/magazin/was-ist-pretotyping-erklaerung-methoden-case-study/*

[17] McDonalds Wiki. *https://mcdonalds.fandom.com/wiki/McSpaghetti*

[18] Zalando: Unsere Geschichte. Von der WG zu SE. *https://corporate.zalando.com/de/ueber-uns/unsere-geschichte-von-der-wg-zur-se*

3.11 Phase 6: Testen

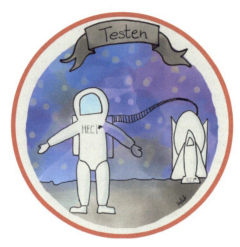

Bild 3.17 Testen, Visualisierung von: Konstanze Wilschewski

„Probieren geht über Studieren."

Die Testphase (siehe Bild 3.17) im Design Thinking ist ein zentraler Bestandteil des iterativen Design-Thinking-Prozesses. Das Testen erfolgt in der Regel nach der Ideenfindungs- und Prototyping-Phase. In dieser Phase setzen Sie die entwickelten Prototypen und Lösungskonzepte einem realen Umfeld aus, um Feedback von den Nutzer:innen Ihrer Produkte, Services oder Prozesse zu erhalten. Das Hauptziel der Testphase besteht darin, die Wirksamkeit Ihrer Ideen und Prototypen zu überprüfen, mögliche Probleme aufzudecken und iterative Verbesserungen vorzunehmen.

Die Testphase kann verschiedene Methoden und Techniken umfassen, abhängig von der Art des Designs und der spezifischen Problemstellung. Im Allgemeinen beinhaltet sie jedoch den direkten Kontakt mit den jeweiligen Nutzer:innen oder Kund:innen, um ihre Reaktionen, Bedürfnisse und Meinungen zu erfahren.

Dies kann, wie Sie in den Abschnitt 3.6 „Verstehen" und Abschnitt 3.7 „Beobachten" erfahren haben, durch Beobachtung, Interviews, Umfragen oder andere Formen der Datenerhebung geschehen.

Die Testphase ist aus mehreren Gründen essenziell:

Feedback und Validierung: Durch das Einholen von Feedback von Nutzer:innen und Kund:innen erhalten Sie wertvolle Einblicke in die Wirkung der Ideen und Konzepte. Das Testen ermöglicht die Überprüfung Ihrer Annahmen und die Validierung Ihrer Lösungsansätze. Dieses Feedback ist entscheidend, um sicherzustellen, dass das grundsätzliche Design den Bedürfnissen Ihrer Nutzer:innen und Kund:innen entspricht.

Fehlererkennung und Iteration: Die Testphase hilft dabei, mögliche Probleme, Schwachstellen oder Fehler im Design frühzeitig zu erkennen. Durch die direkte Interaktion mit den Kund:innen und Nutzer:innen können Sie Verbesserungsmöglichen identifizieren, die Sie bei der Modifikation des Prototypen implementieren.

Risikominimierung: Durch das Testen reduzieren Sie das Risiko von Fehlinvestitionen, da Sie Probleme frühzeitig erkennen und lösen können. Durch das Testen der Prototypen in einem realen Umfeld können Sie potenzielle Schwierigkeiten oder unvorhergesehene Auswirkungen identifizieren, ohne Ressourcen zu verschwenden.

Nutzer:innenzentrierter Ansatz: Wie Sie wissen, ist Design Thinking nutzer:innenorientiert. Durch das Testen berücksichtigen Sie die Perspektive der Nutzer:innen und stellen sicher, dass das Design zukünftig deren Anforderungen erfüllt und das Produkt oder der Service gewünscht ist.

Nach dem Testen ist vor dem Testen

Jetzt ist es an der Zeit, das Feedback auszuwerten, zu iterieren und Ihren Prototyp entsprechend zu ändern, was mehrere Schleifen erfordern kann, bevor Ihr Produkt marktreif ist. Wie das funktioniert, erläutern wir in Abschnitt 7.7 „Testen".

Zusammenfassung

Die Testphase im Design Thinking ist entscheidend. Hier überprüfen Sie Ideen und Prototypen im echten Umfeld, um Feedback von Nutzer:innen zu erhalten. Dies ermöglicht es Ihnen, Probleme zu erkennen, Annahmen zu validieren und iterative Verbesserungen vorzunehmen.

Bevor wir in Kürze beschreiben, was Sie für die Planung und Durchführung des AIS in der Praxis benötigen, möchten wir Ihnen Storytelling als wesentliches Element von Design Thinking vorstellen.

4 Storytelling – warum das Hirn Geschichten liebt

„Bilder sagen mehr als 1.000 Worte."

Sex, Crime and Rock'n'Roll, das ist der Stoff, aus dem gute Geschichten sind! Was braucht es neben Leben und Tod, Liebe und Hass, Gut und Böse noch, um Sie in den Bann zu ziehen? Was lässt Bilder in Ihrem Kopf entstehen, die vergangenen Momente wieder zum Leben erwecken? Was kitzelt Erinnerungen wach, die Sie sogar die Erdbeeren schmecken lassen, die Sie damals im Garten Ihrer Großeltern stibitzt haben?

Egal, ob Sie Kund:innen oder Nutzer:innen für Ihr Produkt oder Ihre Dienstleistung begeistern wollen, Bewerber:innen Ihr Unternehmen schmackhaft machen oder Ihrem Publikum während Ihres Vortrags näherkommen wollen – Storytelling unterstützt Sie dabei, denn die Fähigkeit, Geschichten zu erzählen, ist uns seit Menschengedenken in die Wiege gelegt!

Storytelling ist ein wesentliches Element von Design Thinking. Gemeinsames Geschichtenerzählen kann Teams zusammenbringen und Barrieren abbauen. Es fördert das Verständnis für verschiedene Perspektiven und erleichtert die Kommunikation zwischen Fachabteilungen. Wenn Sie Ihrer Zielgruppe aufmerksam zuhören, gelingt es Ihnen, Verständnis und Empathie zu entwickeln. Geschichten ermöglichen es, tiefe menschliche Emotionen, Bedürfnisse und Wünsche zu vermitteln. Sie wiederum können durch das Erzählen Ihrer Geschichte Nähe herstellen, Ideen vermitteln und innovative Lösungen gestalten.

Gute Geschichten vereinfachen komplexe Sachverhalte und machen sie greifbar. Durch Storytelling können Ideen, Prototypen und Lösungen in einen Kontext gesetzt werden, der für alle Beteiligten leicht verständlich und nachvollziehbar ist. Geschichten helfen, eine klare Vision des Endprodukts oder der Lösung zu vermitteln. Sie illustrieren nicht nur die Funktionalität, sondern auch die potenzielle Wirkung und den Wert für Nutzer:innen.

Im Design Thinking ist Feedback essenziell. Eine gut erzählte Geschichte über einen Prototypen oder eine Idee kann es Nutzer:innen erleichtern, konstruktives Feedback zu geben, da sie die Anwendung und den Kontext besser verstehen.

Unser Gehirn ist von Natur aus darauf ausgerichtet, Geschichten zu lieben. Es gibt eine Vielzahl von Gründen, warum Geschichten eine so starke Wirkung auf unser Gehirn haben und warum wir sie so gerne hören, lesen oder sehen.

Wenn wir Fakten hören, werden zwei Hirnregionen (s. Bild 4.1) aktiviert, und zwar die Areale, die für Sprachverstehen, Sprachverarbeitung und Verstehen zuständig sind. Hören, sehen oder lesen wir eine Geschichte, werden mehrere Hirnareale adressiert, und zwar die, die das Emotionsentstehen und die Emotionskontrolle, unseren Motorkortex, sowie die Verarbeitung unserer visuellen Eindrücke und Gerüche steuern. Eigene Erinnerungen helfen uns dabei, uns durch die Aktivierung von Spiegelneuronen mit den Akteur:innen zu identifizieren und Empathie aufzubauen.

Aktivierte Hirnregionen

... wenn wir Fakten hören

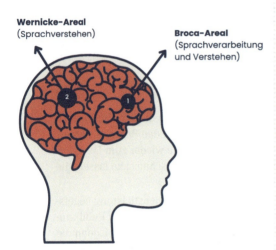

...(und zusätzlich) wenn wir Geschichten hören

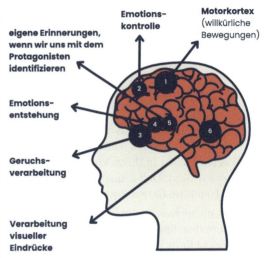

Bild 4.1 Aktivierte Hirnregionen, Visualisierung inspiriert von: IMW Institut

Das Gehirn ist darauf programmiert, Muster zu erkennen und Bedeutung zu suchen. Geschichten helfen, Inhalte nicht zu vergessen, und können uns beim Sortieren unseres Gedächtnisses helfen. Wenn das Gehirn Dinge emotional erfasst, fällt es ihm leichter, Sachverhalte im nächsten Schritt zu rationalisieren. Das Gehirn funktioniert hier quasi als Datenspeicher.

Geschichten aktivieren unser Gehirn umfassend und unseren Denkorganen gelingt es, Bilder 60.000-mal schneller zu verarbeiten als Texte und Fakten.

Geschichten werden von unseren Gehirnen so verarbeitet, als würden wir die Dinge, die wir lesen, hören oder sehen, direkt erleben. Geschichten helfen, Werte und Haltungen zu transportieren, und können Empathie und Emotionen auslösen. Emotionen wiederum können Verhaltensveränderungen hervorrufen.[1]

Genauso, wie wir uns mit den Charakteren identifizieren können und ihre Emotionen miterleben, können wir uns in die Nutzer:innen unserer Produkte und Services einfühlen. Das hilft uns, deren Probleme zu lösen und Bedürfnisse zu befriedigen.

Die Zutaten für eine gute Geschichte

Mit Storytelling gelingt es Ihnen, Menschen auf der emotionalen Ebene zu erreichen und mit ihnen in den Dialog zu treten. Wenn Sie Ihre Zielgruppe nachhaltig an Ihr Unternehmen erinnern wollen, ist es wesentlich, dass Sie wichtige Inhalte auf unvergleichliche Weise und durch entsprechende Medien vermitteln.

---

[1] Speakture. Darum liebt unser Gehirn Bilder. *https://speakture.ch/deshalb-liebt-unser-gehirn-bilder/*

Beispiele

Hier sind einige bekannte Beispiele von Unternehmen, die vielleicht auch Sie mit ihren Geschichten beeindruckt haben und die Werte, Visionen und den emotionalen Kern ihrer Marken kommunizieren. Gutes Storytelling schafft im Idealfall eine tiefe Verbindung zwischen Marke und Konsument:in, die weit über den Kauf hinausgeht.

Apple erzählt seit Firmengründung Geschichten, die sich auf Individualität, Kreativität und Umbruch konzentrieren. Der berühmte Werbespot „1984", der den Macintosh vorstellte, ist ein klassisches Beispiel. In neueren Kampagnen fokussiert sich Apple auf die Geschichten von Menschen, die durch ihre Produkte beeinflusst wurden.*

Statt sich nur auf Produkte zu konzentrieren, erzählt Nike in seiner „Just Do It"-Kampagne inspirierende Geschichten über Durchhaltevermögen und Triumph.**

Coca-Cola will über seine Werbespots den Geist von Freude und Gemeinschaft vermitteln. Das „Share a Coke"-Konzept, bei dem die Namen von Menschen auf den Flaschen stehen, ist ein Beispiel dafür, wie das Unternehmen seine Kunden in die Geschichte einbindet. Star Bucks personalisiert die Take-Away-Becher seiner Kund:innen ebenfalls.***

Durch ihre „Belong Anywhere"-Kampagne teilt Airbnb nicht nur Geschichten von Gastgeber:innen und Reisenden, die über ihre Erlebnisse berichten, sondern unterstützt in diesem Kontext Geflüchtete über das UN-Flüchtlingskommissariat UNHCR mit Spenden.****

Seit 2004 erzählt Dove mit der „Real Beauty"-Kampagne Geschichten „echter" Frauen aus aller Welt, stellt damit klassische Schönheitskonzepte auf den Kopf mit dem Ziel, Selbstvertrauen und Selbstbewusstsein schon bei jungen Mädchen aufzubauen.*****

---
* Wikipedia. *https://de.wikipedia.org/wiki/1984_(Werbespot)*
** Wikipedia. *https://en.wikipedia.org/wiki/Just_Do_It*
*** Wikipedia. *https://en.wikipedia.org/wiki/Share_a_Coke*
**** Airbnb. Airbnb.org announces $2 million sponsorship initiative to support refugees, 20. Juni 2023, *https://news.airbnb.com/airbnb-org-world-refugee-day-2023/*
***** Wikipedia: *https://en.wikipedia.org/wiki/Dove_Campaign_for_Real_Beauty*

Die Storymap, die wir Ihnen im Rahmen dieses Kapitels vorstellen wollen, bietet Ihnen eine gute Basis für die Geschichte, die Sie Ihrer Zielgruppe erzählen wollen. Die Grundlage für die Storymap wiederum ist unsere Persona, die wir Ihnen in Abschnitt 3.8 vorgestellt haben.

An dieser Stelle wollen wir Ihnen aber zunächst einen kurzen Einblick in die Komponenten einer guten Geschichte geben. Gute Geschichten brauchen eine Struktur, einen Spannungsbogen, Urthemen, einen Plot und Protagonist:innen, mit denen sich die Rezipient:innen identifizieren können.[2]

---
[2] Vgl. Fuchs, Werner T. Warum das Gehirn Geschichten liebt, Haufe-Lexware, 2009

Die Struktur und der Spannungsbogen

Gute Geschichten weisen idealerweise einen Spannungsbogen (siehe Bild 4.2) auf. Der Spannungsbogen im Storytelling ist ein essenzielles Element, um eine Geschichte interessant und fesselnd zu erzählen. Er leitet uns durch verschiedene Phasen einer Geschichte und hilft dabei, unsere Emotionen und unser Interesse aufrechtzuerhalten.

Bild 4.2 Spannungsbogen, Visualisierung inspiriert von: Storybaukasten

Geschichten beginnen in der Regel mit einer Einführung, in der die Hauptfiguren, die Umgebung und die Grundkonstellation vorgestellt werden. Hier legen die Erzähler:innen das Fundament und geben uns als ihrem Publikum alle notwendigen Informationen, um die Geschichte zu verstehen. Diese Phase setzt den Ton für die gesamte Erzählung.

Nach dem Anfang folgt der Anstieg, in dem die Handlung an Fahrt aufnimmt. Konflikte werden eingeführt oder verschärfen sich und die Hauptfigur(en) sehen sich mit Herausforderungen und Hindernissen konfrontiert. Der Anstieg ist der Weg zur Spitze des Spannungsbogens und soll unser Einfühlungsvermögen und unsere Anteilnahme steigern.

Der Höhepunkt bezeichnet den Wendepunkt der Geschichte, an dem die Spannung ihr Maximum erreicht. Hier trifft die Hauptfigur oft eine wichtige Entscheidung oder wird mit dem größten Konflikt oder Problem konfrontiert. Es ist der Moment, in dem unsere Emotionen am stärksten getriggert werden und der Ausgang der Geschichte oft noch ungewiss ist.

Nach dem Höhepunkt folgt der Abfall der Spannung. Die Ereignisse, die sich aus dem Höhepunkt ergeben, werden abgearbeitet und die Konflikte beginnen sich aufzulösen. Diese Phase bereitet den Weg zur Auflösung und führt uns zum Abschluss der Geschichte.

Das Ende bietet häufig, aber nicht immer, die Auflösung aller Konflikte und offenen Fragen. Es liefert ein abschließendes Gefühl für die Charaktere und die Geschehnisse und lässt uns mit einem Gefühl der Zufriedenheit, des Nachdenkens oder einer anderen starken Emotion zurück.

Ein guter Spannungsbogen im Storytelling ist der rote Faden, der eine Geschichte von Anfang bis Ende trägt und sicherstellt, dass sie das Publikum fesselt und berührt.

Urthemen und Plots

Geschichten erzählen über Leben und Tod, Ankunft und Abschied, Liebe und Hass, Gut und Böse, Geborgenheit und Furcht, Wahrheit und Lüge, Stärke und Schwäche, Treue und Betrug, Weisheit und Dummheit, Hoffnung und Verzweiflung. Diese Urthemen in Geschichten offenbaren universelle Wahrheiten über unsere Existenz, sie sind zeitlos und kulturübergreifend, sie prägen unsere Literatur, unser Kino und unser kulturelles Erbe, wie wir auch den oben gezeigten Werbebeispielen entnehmen können. Urthemen können in einer Vielzahl von Kontexten und kulturellen Hintergründen variieren, aber ihre Kernthemen sind universell und sprechen uns an, weil sie grundlegende menschliche Erfahrungen und Emotionen repräsentieren.

Handlungen werden durch Plots wie Suche, Abenteuer, Verfolgung, Rettung, Flucht, Rache, Rätsel, Rivalität, Verlierer, Versuchung, Verwandlung, Reifung, Liebe, verbotene Liebe, Opfer, Entdeckung, Maßlosigkeit, Aufstieg und Fall geprägt.[3]

Plots sind vielfältige Werkzeuge, um Emotionen und Konflikte zum Ausdruck zu bringen. Sie schaffen eine Struktur und einen Kontext, in dem die Charaktere sich entwickeln, kämpfen und wachsen können. Egal, ob es sich um die heroische Suche einer Heldin, das tragische Schicksal eines Verlierers oder die tiefgreifende Verwandlung eines Protagonisten handelt – diese Plots lassen uns mitfiebern, weil sie, ebenso wie Urthemen, universelle Situationen und Emotionen adressieren.

Darüber hinaus erlauben uns diese Geschichten, uns mit den Charakteren zu identifizieren und unsere eigenen Erfahrungen, Ängste und Hoffnungen in ihnen zu spiegeln. Sie bieten uns Trost in dem Wissen, dass wir nicht allein sind in unseren Kämpfen und Träumen. Diese Mittel des Storytelling unterhalten uns und bieten uns gleichzeitig die Möglichkeit, uns selbst zu reflektieren und die Welt um uns herum zu verstehen.

Archetypen

Ebenso wichtig wie Urthemen und Plots, sind die Protagonist:innen aus Geschichten, mit denen wir uns identifizieren können, oder Antagonisten, die den Counterpart zu unseren jeweiligen Held:innen bilden und jeweils bestimmte Archetypen[4] verkörpern (siehe Bild 4.3). Held:innen sind zentrale Charaktere, die sich Herausforderungen stellen und über sich hinauswachsen, wie beispielsweise Harry Potter aus der gleichnamigen Erzählung, Katniss Everdeen aus Tribute für Panem oder Luke Skywalker aus Star Wars. Held:innen werden häufig durch Weise unterstützt. Harry wird von Dumbledore flankiert und Luke von Yoda.

Um sich als Mensch mit den Held:innen identifizieren zu können, wird selbigen häufig eine helfende Person zur Seite gestellt. So hat Batman Robin an seiner Seite und Wonder Woman Cassie Sandsmarks aka Wonder Girl, Katniss kann sich auf Prim und Rue beziehen und Hermine Granger begleitet Harry Potter durch das gemeinsame Abenteuer.

Solche Figuren und ihre Beziehungen zueinander vermitteln uns, dass Heldentum nicht isoliert existiert, sondern durch Zusammenarbeit, Vertrauen und Freundschaft erreicht wird. Sie zeigen die Vielfalt und Tiefe unserer menschlicher Beziehungen und wie diese Beziehungen die Reise des Helden oder der Heldin beeinflussen und bereichern.

---

[3] Vgl. Fuchs, Werner T. Warum das Gehirn Geschichten liebt, Haufe-Lexware, 2009, S. 264
[4] Wikipedia: *https://de.wikipedia.org/wiki/Archetyp_(Psychologie)*

Bild 4.3 Archetypen

Der obere Graph zeigt weitere Archetypen, wie beispielsweise Beschützer:in, Herrscher:in, Schöpfer:in, die Strukturen schaffen, Unschuldige, Weise, Entdecker:in, die uns mit auf eine (spirituelle) Reise mitnehmen, die als Rebell:in, Zauberer:in und Held:in Zeichen setzen und uns als Liebende, Närr:in oder als Jedermann mit anderen in Verbindung bringen. Jeder dieser Archetypen verkörpert andere Werte, die wesentlich sind, um die Abenteuer des Lebens zu bestehen

Wie wir mit Storytelling Vertrauen schaffen

Storytelling ist also ein wirkungsvolles Instrument, um innovative Ideen zum Leben zu erwecken und sie greifbar, einprägsam und emotional ansprechend zu machen. Storytelling ermöglicht es uns, eine gemeinsame Vision davon zu entwickeln, wie die Zukunft aussehen könnte, Empathie zu Menschen aufzubauen, die wir erreichen wollen, und andere zum Handeln zu inspirieren. Geschichten helfen uns, Probleme und Herausforderungen, mit denen Menschen konfrontiert sind, zu veranschaulichen und darüber Empathie und den Willen zu unterstützen zu entwickeln.

Storytelling hilft uns, Vertrauen im Team und auch zwischen uns und unseren Kund:innen aufzubauen. Pecha Kuchas, Personas und Storymappings unterstützen uns dabei, Geschichten zu erzählen und erlebbar zu machen. Auf den folgenden Seiten stellen wir Ihnen kurz die Hintergründe vor.

Exkurs: Pecha Kucha – Vertrauen durch Storytelling aufbauen

„Viele glauben, dass sich echtes Vertrauen nicht innerhalb einer Stunde aufbauen lässt. Aber wenn jeder seine Einstellungen und Überzeugungen offen mitteilt, ist es durchaus möglich. Denn Vertrauen ist keine Frage der Verlässlichkeit, sondern der gemeinsamen Werte und Überzeugungen. Wenn Sie sich mit anderen verbinden und Teil einer Gemeinschaft sein wollen, müssen Sie über sich selbst, Ihre Interessen und das, was Sie einzigartig macht, sprechen. Wir nennen diesen Prozess „Community Building First" und „Decision Making Second".

Ohne Vertrauen, d. h. ohne eine Gemeinschaft, die auf ein gemeinsames Ziel hinarbeitet, kann es kein Ergebnis geben. Vertrauen ist ein Katalysator, der die Zusammenarbeit so sehr beschleunigt, dass wir regelmäßig gefragt werden, wie wir in so kurzer Zeit solche Ergebnisse erzielen können.

Die Antwort ist einfach: Ko-Kreation!

Menschen, die einander vertrauen, bauen aufeinander auf. Sie sagen, wie in einem Improvisationstheater: „Ja, UND..." statt „Nein" oder „Ja, aber...". Die Zusammenarbeit wird nicht durch Widerstände behindert, sondern zu einem gemeinsamen Spiel. Vertrauensvolle Integration entsteht, wenn man akzeptiert, was ist, anstatt sich dagegen zu wehren.

Weil aber Integration in der heutigen Arbeitswelt viel zu konventionell klingt, heißt es im New-Work-Jargon Co-Creation. Wir schaffen Neues, indem wir auf dem aufbauen, was unsere Teammitglieder beitragen. So springen wir zwischen verschiedenen Assoziationen hin und her und sehen besser das große Ganze. So entstehen effektive, integrierende Konzepte, die wir nicht vorhersehen können (und wollen)."*

---

* Vgl. Gloger, Boris: *https://q-lab-thinking.com/vertrauen-durch-pecha-kucha/*

Zusammenfassung

Storytelling ist ein kraftvolles Instrument, um Menschen auf emotionaler Ebene anzusprechen und zu berühren. Unsere Gehirne lieben Geschichten und reagieren darauf. Geschichten werden intensiver verarbeitet als Fakten, da sie in direktem Bezug zu unseren Werten stehen. Durch Storytelling können Sie sich in die Nutzer:innen Ihrer Produkte oder Dienstleistungen einfühlen, ihre Probleme besser verstehen und wünschenswerte Lösungen für sie finden.

4.1 Persona und Sichtweise definieren – über Metaphern und Storymaps eine emotionale Bindung zu Kund:innen und Nutzer:innen aufbauen

In Phase 3 des Design-Thinking-Prozesses – Sichtweise definieren (siehe Abschnitt 7.4) – setzen wir wichtige Werkzeuge ein, um eine tiefere Verbindung zu unseren Kund:innen und Nutzer:innen herzustellen und ihre Bedürfnisse besser zu verstehen. Dies geschieht durch die Kreation einer **Persona** (siehe Kapitel 3 und Abschnitt 7.4.1), die uns als idealtypische Repräsentation unserer Zielgruppe dient. Die Persona basiert auf den Erkenntnissen aus den vorherigen Phasen und ermöglicht es, uns in die Lage und Perspektive der Nutzer:innen hineinzuversetzen und Lösungen für ihre Probleme zu generieren.

Auf Grundlage der klar definierten Probleme und Bedürfnisse unserer Persona entwickeln wir dann einen **Point of View** in Form einer „Wie können wir...-Frage", der Design Challenge, die explizit auf eine Nutzer:innengruppe zugeschnitten ist. Dies hilft uns, den Fokus zu schärfen und uns auf relevante Aspekte zu konzentrieren. Dieser Schritt schafft eine präzise Ausgangslage für die Ideenfindung und Lösungsentwicklung.

Die Verwendung von **Metaphern** in Phase 3 bietet uns die Möglichkeit, die Herausforderungen und Ziele der Persona auf eine kreative und bildhafte Weise zu kommunizieren. Metaphern erlauben es uns, komplexe Situationen zu vereinfachen und emotional ansprechende Bilder zu schaffen. Dadurch wird unsere Empathie gestärkt und wir können innovative Lösungen entwickeln, die auf tieferem Verständnis basieren.

Die **Storymap** (siehe Abschnitt 7.4.2 und Bild 4.4) baut schließlich auf den vorgenannten Elementen auf und ermöglicht es uns, die gesamte Reise unserer Persona in einer narrativen Form festzuhalten. Hierbei werden nicht nur die Probleme und Bedürfnisse dargestellt, sondern auch konkrete Schritte und wie wir diese adressieren können. Die Storymap gibt uns eine klare Richtung vor und hilft, unsere Ideen und Lösungen in einen sinnvollen Kontext zu setzen.

In Abschnitt 7.4.2 werden wir Ihnen vorstellen, wie Sie die beschriebenen Storytelling-Elemente nutzen können, um Ihre innovativen Ideen zum Leben zu erwecken.

Storymap

Schlüsselbotschaft	Die Story	Kommunikation
Welche Kernbotschaften will ich mit meiner Geschichte vermitteln?	Welche Art von Geschichte willst Du erzählen? Was soll passieren? Welche Konflikte, Herausforderungen, Probleme gibt es? Auf welche Reise geht Deine Persona? Hilf Deiner Zielgruppe, durch die Augen Deiner Persona zu schauen! (stichwortartige, chronologische Aufzählung der Ereignisse = Plot)	Über welche Kanäle erreichst Du Deine Zielgruppe?
Zielgruppe	**Wirkung**	**Sinn und Zweck**
Wen will ich mit meiner Geschichte erreichen?	Welches Ambiente will ich erzeugen? Welche Gefühle will ich bei meiner Zielgruppe auslösen?	Was will ich mit meiner Geschichte erreichen?
Leute & Orte	**Stil**	**Call for Action**
Das ist mein Setting/meine Szenerien, Zeit, Hintergründe	Wie erreiche ich die erwünschte Wirkung?	Wie soll meine Zielgruppe mit mir interagieren?

Mein Ziel
Was willst Du mit Deinem Vorhaben erreichen, welche Träume willst Du Dir erfüllen?

Meilenstein
Was sind die nächsten Schritte?

Bild 4.4 Storymap, Visualisierung inspiriert von: FILESTAGE

5 Vorbereitung, Formalitäten und operativer Ablauf des Agile Innovation Sprints

Die essenziellen Hintergründe unseres AIS sind beschrieben. Nun wird es Zeit, Ihnen den operativen Ablauf vorzustellen. Wir orientieren uns dabei an den einzelnen Phasen, die auf dem Miro-Board dargestellt sind, damit Sie sich leicht zurechtfinden können. Die hier im Buch beschriebenen Texte finden sich auch auf dem Board wieder, damit Sie und Ihr Team alle Informationen jederzeit zur Hand haben. Wir wünschen Ihnen viel Vergnügen bei der Durchführung Ihres AIS!

■ 5.1 Sprintvorbereitung

Das Arbeitsumfeld

Da der AIS digital stattfindet, sollten Sie bereits vor Beginn des AIS ein entsprechendes Umfeld schaffen und dafür sorgen, dass Ihre Teammitglieder nicht nur mit einem Laptop oder Computer ausgestattet sind, sondern Zugang zu allen Plattformen und Tools haben, die eine reibungslose kollaborative, virtuelle Zusammenarbeit von Anfang an ermöglichen.

Tipp
Nutzen Sie vorrangig Tools, mit denen Sie bereits arbeiten und mit denen Sie vertraut sind, um die Arbeit nicht zu verkomplizieren. Sollte spezielle Software benötigt werden, sorgen Sie dafür, dass das Team darüber verfügen kann.

Beispiel
- MS Teams und Outlook (Videokonferenzen, Kalender, E-Mails, Aufzeichnen von Meetings, Dokumentation),
- WhatsApp-Gruppe (alles, was dringend ist, läuft über diesen Kanal, der auch als Desktop-Anwendung zur Verfügung steht),
- Miro (unser virtueller, kreativer Team-Space),
- Canva (unser Gestaltungs- und Präsentationsprogramm, mit dem auch Nicht-Designer:innen gestalten können; in den Dokumenten können mehrere Menschen gleichzeitig arbeiten),
- Die Übersetzungsprogramme Deepl und Grammerly, wenn wir mit englischsprachigen Teams arbeiten,

- Survey Monkey (Umfrageprogramm),
- ChatGPT.

Exkurs

Die Sprintvorbereitung in der analogen Welt

Selbstverständlich ist es auch möglich, den Sprint in der analogen Welt durchzuführen. Vielleicht haben Sie bereits einen Raum und Ausstattung, die es Ihnen und Ihrem Team ermöglicht, kreativ und experimentell miteinander zu arbeiten.

Wir möchten Ihnen an dieser Stelle einen kurzen Überblick verschaffen, welche Komponenten Sie bei der Durchführung des AIS in Ihrem Unternehmen unterstützen:

Gestaltung des Arbeitsumfelds

Raumgestaltung: Wählen Sie einen gut beleuchteten Raum mit Fenstern und der Möglichkeit zu lüften. Der Raum sollte genügend Platz für Teaminteraktionen und kollaborative Aktivitäten bietet. An großen Tischen oder mehreren Tischen in Gruppenformation können Sie gut gemeinsam arbeiten. Ideal sind Stehtische und Stehhocker oder Möbel, die sich leicht bewegen lassen, damit unterschiedliche Gruppen den Raum für unterschiedliche Zwecke nutzen können.

Wenn möglich, richten Sie inspirierende Ecken im Raum ein, in denen Teammitglieder Bücher, Zeitschriften, visuelle Referenzen oder Artefakte finden, die Ideen und Denkanstöße liefern können.

Eine kleine Küchenzeile mit Kühlschrank für kalte Getränke und einer Kaffeemaschine machen den Raum perfekt – vor allem, wenn Sie Gäste empfangen.

Materialien:

- **Whiteboards und Flipcharts:** Diese dienen dazu, Ideen visuell festzuhalten, Prozesse zu skizzieren und Konzepte zu erklären.
- **Post-its:** Die Sticky Notes ermöglichen das einfache Umherschieben von Ideen und das Gruppieren von Gedanken. Post-its haften auch an glatten, sauberen Flächen, sollten keine Whiteboards zur Verfügung stehen.
- **Papier und Stifte:** Traditionelle Stift-und-Papier-Notizen sind unverzichtbar, um spontane Gedanken festzuhalten. Marker in verschiedenen Farben erleichtern die Visualisierung.
- **Klebeband und Plakate:** Klebeband ermöglicht das Anbringen von Papieren an Wänden. Große Plakate können als Leinwände für Ideenskizzen dienen.
- **Materialien zum Bau von Prototypen:** Halten Sie Scheren, Klebstoff, Schablonen, Werkzeuge und Materialien für den Bau von Prototypen bereit. LEGO und Bastelmaterialien wie Pfeifenputzer, Pappe, Knete u. a. sollten ebenfalls vorhanden sein. Ihrer Fantasie sind hier keine Grenzen gesetzt. Auch Dinge, die im Müll landen sollen, weil sie nicht mehr gebraucht werden, sind gut verwendbar.
- Ein Bildschirm zum Präsentieren mit Kamerafunktion und W-LAN sollte Ihnen und Ihrem Team ebenfalls zur Verfügung stehen.

5.2 Die Design Challenge formulieren

Am Anfang steht die Design Challenge (siehe Bild 5.1), also das Problem, das Sie lösen wollen. Wie bereits erwähnt, ist die Design Challenge nicht nur die kompakte Version des Kund:innen-Briefings, sondern die Basis für ein gemeinsames Vorgehen und der Leitstern während des fünfwöchigen AIS.

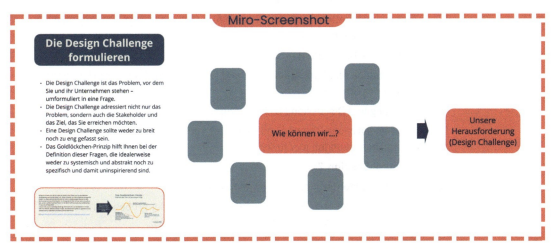

Bild 5.1 Die Design Challenge formulieren, Miro-Screenshot, QLab Think Tank GmbH

Wie anfangs erwähnt, finden Sie alle Templates, die ab jetzt beschrieben werden, sowie die interaktive Miro-Umgebung, aus der die Screenshots stammen, unter

https://plus.hanser-fachbuch.de/

mit dem Code

```
plus-s34mP-w45hr
```

Die Durchführung eines Workshops mit unterschiedlichen Stakeholdern ist essenziell, um eine klare und präzise Design Challenge zu formulieren, die im Sinne des Goldilock-Prinzips (siehe Abschnitt 3.3) weder zu weit noch zu eng gefasst ist. Die richtige Fragestellung ist der Leitstern für Ihr Team.

 Methode: Charetting

Durchführung

Einführung und Kontext:

Stellen Sie kurz den Design-Thinking-Prozess vor und erläutern Sie das Ziel der Design Challenge-Definition. Stellen Sie den Kontext der Aufgabe vor, um sicherzustellen, dass alle Teilnehmenden das Problemumfeld verstehen.

Besprechen Sie das Goldilock-Prinzip – die Idee, dass die Design Challenge weder zu einfach noch zu komplex sein sollte. Erklären Sie, dass die Herausforderung motivierend sein sollte, aber dennoch genügend Raum für kreative Lösungen bieten muss.

Erklären Sie die Charetting-Methode, bei der die Teilnehmer in kurzen und intensiven Sitzungen Ideen generieren und diskutieren. Betonen Sie die Zusammenarbeit und die schnelle Abfolge von Ideen, um die Kreativität anzuregen.

Brainstorming-Session 1:

Grobe Herausforderungen (15-20 Minuten):

Die Teilnehmenden notieren individuell Ideen für mögliche Design Challenges, die das Problemumfeld abdecken.

Konsolidierung (5-10 Minuten):

Jeder Teilnehmende teilt kurz seine Ideen und Gedanken zur Breite der Herausforderungen mit der Gruppe.

Gruppenbildung und Diskussion (10 Minuten):

Die Teilnehmenden bilden Gruppen und wählen eine oder mehrere Herausforderungen aus, die sie näher erkunden möchten.

Brainstorming-Session 2:

Fokussierte Herausforderungen (15-20 Minuten):

Die Teilnehmenden generieren in Gruppen und auf Basis der groben Herausforderungen Ideen für konkretere, fokussierte Design Challenges.

Charetting-Runden (20 Minuten):

Führen Sie zwei Charetting-Runden durch, in denen die Gruppen ihre fokussierten Herausforderungen abwechselnd diskutieren und verfeinern. Die Ideen sollten schnell ausgetauscht werden, um die Energie und den Ideenfluss aufrechtzuerhalten.

Auswahl der Design Challenge (15 Minuten):

Jede Gruppe präsentiert ihre finalen fokussierten Herausforderungen. Die Gesamtgruppe wählt gemeinsam die Design Challenge aus, die am besten das Goldilock-Prinzip erfüllt und das größte kreative Potenzial bietet.

Materialien (digital und analog):

Whiteboards oder Flipcharts für Gruppenarbeit und Präsentationen

Klebezettel oder digitale Tools für das Sammeln von Ideen

Stifte, Marker und Post-its für die Charetting-Aktivitäten

Präsentationsmaterialien für die Vorstellung der Design Challenges

Dauer: Der Workshop kann je nach Gruppengröße und Komplexität des Themas zwischen 1,5 und 2,5 Stunden dauern. Die Zeiten für die einzelnen Aktivitäten können je nach Bedarf angepasst werden, um sicherzustellen, dass ausreichend Zeit für kreative Ideenfindung und Diskussionen vorhanden ist.

Indem Sie das Goldilock-Prinzip und die Charetting-Methode kombinieren, schaffen Sie eine strukturierte, aber dennoch kreative Umgebung, um eine optimale Design Challenge zu definieren, die den Design-Thinking-Prozess erfolgreich einleitet.

■ 5.3 Die Rollen im Agile Innovation Sprint

In unserem fünfwöchigen AIS vereinen wir zu zweit verschiedene Rollen, um den Prozess effektiv zu leiten und zu unterstützen. Das ist je nach Aufgabenstellung, Dynamik im Team oder mit Blick auf die Projektpartner:innen recht anspruchsvoll, weshalb es sich empfiehlt, den AIS mit einer weiteren Person durchzuführen, die den Prozess ebenfalls flankiert und als Vertretung fungieren kann, wenn notwendig.

Als **Prozessbegleitende** sind Sie verantwortlich für die Gestaltung und Organisation des gesamten AIS-Prozesses. Sie sorgen dafür, dass der Zeitplan eingehalten wird, die richtigen Methoden angewendet werden und alle Beteiligten effizient zusammenarbeiten. Sie stehen auch als Ansprechpartner:in für Entscheidungsträger:innen im Unternehmen oder Ihre Kund:innen zur Verfügung. Sie halten dem Team den Rücken frei und stellen sicher, dass der Sprint ergebnisorientiert verläuft und das Team einer gemeinsamen Vision folgt.

Als **Mentor:innen** unterstützen Sie das Team durch das Teilen von Erfahrungen und Wissen. Sie sind in der Lage, Herausforderungen zu identifizieren und dem Team mit Rat und Tat zur Seite zu stehen. Es gelingt Ihnen, das Team zu inspirieren und auf Kurs zu halten, während es innovative Lösungen entwickelt.

Als **Facilitator:innen** gelingt es Ihnen, ein offenes und einladendes Umfeld für Interaktionen und Diskussionen im Team zu schaffen, in dem sich alle Mitglieder wohl dabei fühlen, ihr Wissen und ihre Ideen zu teilen. Falls notwendig, lenken Sie die Gruppendynamik, fördern Sie die Zusammenarbeit und moderieren Sie die verschiedenen Phasen des Sprints.

Als **Unternehmer:in** behalten Sie die Marktanforderungen im Blick und achten darauf, dass die zu entwickelnden Lösungsansätze realistisch, wirtschaftlich, nachhaltig und vor allem gewünscht sind und so einen Mehrwert für unterschiedliche Stakeholder bieten. Sie unterstützen das Team dabei, die Balance zwischen Kreativität und Machbarkeit zu finden.

■ 5.4 Das Sprint-Team formen

Die Kandidat:innen

Im nächsten Schritt stellen Sie Ihr Team (siehe Bild 5.2) auf, das die Kompetenzen hat, Lösungen für das als Design Challenge formulierte Problem zu finden. Wir gehen an dieser Stelle davon aus, dass Sie die Sprint-Teams mit internen Kolleg:innen besetzen, die fokussiert fünf Wochen an einer Aufgabenstellung arbeiten können. Idealerweise arbeiten Sie mit fünf fachlich versierten Personen aus unterschiedlichen Abteilungen oder auch mit Menschen aus unterschiedlichen Standorten, um Multidisziplinarität und schnittstellenübergreifendes Arbeiten zu gewährleisten.

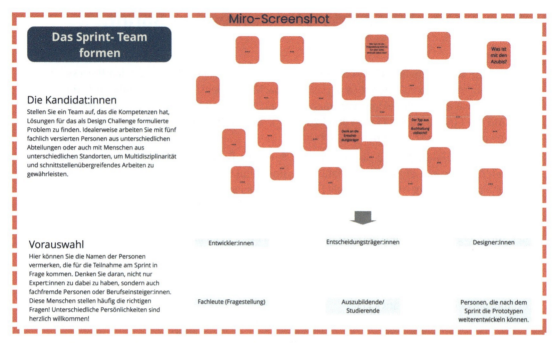

Bild 5.2 Das Sprint-Team formen, Miro-Screenshot, QLab Think Tank GmbH

Vorauswahl

Ihr fünfköpfiges Team sollte aus Entscheidungsträger:innen, Expert:innen und beispielsweise Auszubildenden oder Werkstudierenden bestehen. Je nach Größe Ihres Unternehmens kommen die Personen aus unterschiedlichen Abteilungen (z. B. Kommunikation, Marketing, IT, Design), um schnittstellenübergreifendes Arbeiten zu gewährleisten. Das Team besteht idealerweise aus unterschiedlichen Persönlichkeiten – kreative und analytische Personen, aber auch kritisch denkende Menschen sind herzlich willkommen, um den vielseitigen Blick auf das zu lösende Problem zu haben. Je diverser Ihr Sprint-Team aufgestellt ist, desto besser!

Wichtig: Klären Sie bereits bei der Sprint-Vorbereitung, wer nach Sprint-Abschluss für die Weiterentwicklung der Prototypen und Maßnahmen verantwortlich sein möchte. Eine innovative Idee ist nur dann innovativ, wenn sie umgesetzt wird.

Externe Teilnehmer:innen

Wie Sie wissen, arbeiten wir mit externen Nachwuchs- und Fachkräften aus aller Welt zusammen, die wir speziell für die jeweiligen Sprints rekrutieren. Sollten Sie ebenso vorgehen wollen, finden Sie auf dem Miro-Board unter der Überschrift „Externe Teilnehmer:innen" (siehe Bild 5.3) unser Beispiel für eine Ausschreibung, den Ablauf des Bewerbungsvorgangs sowie eine Excel-Tabelle zur Organisation der Informationen zu Bewerber:innen.

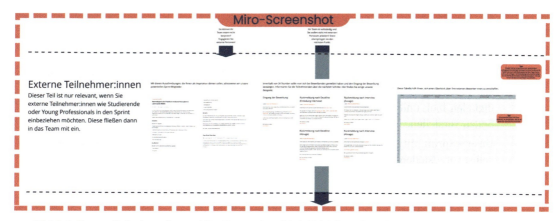

Bild 5.3 Externe Teilnehmer:innen, Miro-Screenshot, QLab Think Tank GmbH

Die Meetings planen

Strukturieren Sie den Sprint durch verschiedene Meetingarten aus der agilen Arbeitswelt, zu denen Sie vor dem Projektstart alle Beteiligten einladen. Die Meetings finden via MS Teams statt.

Die nachfolgende Tabelle (siehe Bild 5.4) verschafft Ihnen einen ersten Überblick; die Events selbst erläutern wir in Abschnitt 5.7 „Meetings & Veranstaltungen in der Praxis".

Die Meetings planen

	Kick-Off	Check-In	Daily	Weekly	Retro
Info	Start in den Sprint mit Input von Kund:innen/Partner:innen und externen Expert:innen	Start in den Tag mit persönlichen Einblicken zu verschiedensten Themen	Folgt nach dem Check-In und schafft Übersicht über Aufgaben	Vorstellung der bisherigen Ergebnisse und Besprechung nächster Schritte	Reflektion der Teamarbeit
Wann/ Dauer	Erster Tag des Sprints. Teammitglieder den ganzen Tag, Partner:innen/Klient:innen und externe Expertinnen jeweils für 60 Minuten	Erstes Meeting eines jeden Tages. 15 Minuten	Zweites Meeting eines jeden Tages. 15 Minuten	Einmal wöchentlich. 90 Minuten	Einmal wöchentlich. Findet nach Weekly stattfinden. 60 Minuten
Wer	Teammitglieder Klient:innen/Partner:innen Externe Expert:in	Teammitglieder	Teammitglieder	Teammitglieder Kund:innen/Partner:innen	Teammitglieder

Bild 5.4 Die Meetings planen, Miro-Screenshot, QLab Think Tank GmbH

5.5 Das Kick-off planen

Der AIS startet mit dem Kick-off und gewährleistet den erfolgreichen Start des Projektes. Wie in Abschnitt 5.1 bemerkt, werden unsere Teams im Vorfeld mit allen Zugängen zu den digitalen Tools und weiterführenden Informationen versorgt, die wir Ihnen auf den folgenden Seiten vorstellen.

Unsere Sprint-Mitglieder bereiten sich mit einem Pecha Kucha auf den Kick-off vor, um sich selbst vorzustellen.

5.5.1 Pecha Kucha

Sie erinnern sich? In Kapitel 4 haben wir die Wirksamkeit des Pecha Kucha (siehe Bild 5.5) als Storytelling-Element beschrieben und nun wollen wir Ihnen zeigen, wie Sie dieses Tool in Ihrem AIS zum Einsatz bringen.

Bild 5.5 Pecha Kucha, Miro-Screenshot, QLab Think Tank GmbH

Die Pecha-Kucha-Methode ist eine Präsentationstechnik, bei der die vortragende Person Bilder oder Folien verwendet, um seine oder ihre Ideen zu vermitteln. Der Name „Pecha Kucha" stammt aus dem Japanischen und bedeutet „Geplauder". Die Methode wurde von den Architekten Astrid Klein und Mark Dytham entwickelt und erstmals 2003 in Tokio vorgestellt.[1]

Es werden genau 20 Bilder oder Folien präsentiert und für jedes Bild stehen exakt 20 Sekunden zur Präsentation zur Verfügung. Insgesamt dauert eine Pecha-Kucha-Präsentation also nur 6 Minuten und 40 Sekunden. Diese strenge Zeitbegrenzung zwingt die Vortragenden dazu, die Präsentation auf das Wesentliche zu konzentrieren und die Informationen prägnant und effektiv zu vermitteln.

Das Pecha Kucha ist in Kombination mit den entsprechenden Fragestellungen eine hervorragende Methode, um persönliche Geschichten zu erzählen und eine emotionale und vertrauensvolle Bindung zwischen den Zuhörenden zu schaffen.

Wichtig

Stellen Sie Ihrem Sprint-Team folgende Fragestellungen spätestens 14 Tage vor dem Kick-off mit folgender Anleitung zur Verfügung:

Wer bist Du?

Bitte bereite ein Pecha Kucha vor, um Dich vorzustellen.

Ein Pecha Kucha ist eine Präsentationsform mit 20 Bildern, die jeweils für 20 Sekunden angezeigt werden. Bitte verwende lediglich Bilder, keine Wörter!

Hier findest Du einige Beispiele:

https://www.pechakucha.com/communities/pechakucha-of-the-day

Dein Pecha Kucha sollte Bilder zu den folgenden Themen enthalten und die Geschichten, hinter den Bildern, die Du uns erzählen möchtest:
(Bitte achte darauf, dass die Folien alle 20 Sekunden wechseln!)

Und hier unsere Fragen:

1. Du als Baby
2. Du als Teenager
3. Die Heldin oder der Held Deiner Jugend (siehe Bild 5.6)
4. Deine Familie (Haustiere eingeschlossen!)
5. Deine Freunde (Haustiere eingeschlossen!)
6. Du im Hier und Jetzt
7. Dein Lieblingstier (neben Deinem Haustier!)
8. Was ist Deine aktuelle Herausforderung?
9. Was ist die Vision für Dein Leben?
10. Warum ist das Deine Vision?
11. Was hilft Dir, Deine Vision zu erreichen?

---

[1] Klein, Astrid und Mark Dytham. „PechaKucha Night." *https://www.pechakucha.com/*

12. Welche Probleme würdest Du gerne auf diesem Planeten lösen?
13. Was sind Deine Werte?
14. Wie lebst und zeigst Du Deine Werte?
15. Deine aktuelle Heldin/Dein aktueller Held
16. Deine besonderen Kompetenzen
17. Deine Leidenschaft
18. Was brauchst Du nicht in Deinem Leben?
19. Was würdest Du gerne verändern?
20. Als was für einen Menschen soll Dich Dein Umfeld in Erinnerung behalten?

Wir freuen uns darauf, Dich kennenzulernen!

Bild 5.6 Pecha Kucha: Held:in meiner Kindheit, QLab Think Tank GmbH

Ein solches Pecha Kucha können Sie selbstverständlich mit Menschen durchführen, die sich noch nicht kennen oder auch mit Teams, die bereits länger zusammenarbeiten. Es ist spannend, wie schnell diese Methode Menschen positiv verbindet!

5.5.2 Expert:innen einladen

Sobald Ihre Design Challenge formuliert ist, sollten Sie sich auf die Suche nach einer Expertin oder einem Experten machen, die oder der Ihrem Team und Ihnen beim Kick-off an Tag 1 des AIS in einem 30- bis 45-minütigen Impulsvortrag einen Überblick über das Thema verschafft. Im Anschluss an den Talk sollte es noch Raum für Fragen und Antworten geben. Dieses Board (siehe Bild 5.7), wie Sie es auch auf Miro finden, kann Ihnen bei der Organisation helfen:

Bild 5.7 Expert:innen einladen, Miro-Screenshot, QLab Think Tank GmbH

 Tipp
Sie sollten nicht mehr als drei bis fünf Personen anschreiben. Wir fragen immer nach, ob der Vortrag auch pro bono erfolgen kann. Im Rahmen von sechs Sprints hat lediglich eine Person ein Honorar verlangt.

5.5.3 Organisation der Formalitäten

Welche Themen müssen Sie an Tag 1 mit Ihrem Sprint-Team besprechen? Legen Sie eine To-do-Liste an, damit Sie nichts Wichtiges vergessen. Auch hier hilft ein entsprechendes Board, das Sie auf Miro wiederfinden und Ihren Ansprüchen gemäß modifizieren können.

Bild 5.8 Organisation der Formalitäten, Miro-Screenshot, QLab Think Tank GmbH

◼ 5.6 Weitere Vorbereitungen

Notizen, Learnings und Tools

Sobald die Design Challenge definiert ist, beginnen Sie mit der Recherche zu Ihrem Themenschwerpunkt und sammeln Links, Mitschriften von Meetings, Dokumente zu Hintergründen etc. und auch die Namen potenzieller Expert:innen, die Sie im Laufe des Sprints interviewen wollen, auf Ihrem Miro-Board im Bereich Notizen, Learnings & Tools (siehe Bild 5.9).

Dem Sprint-Team stehen dann bereits zu Beginn des Sprints wichtige Informationen zur Verfügung, die über die Laufzeit des Sprints immer vielfältiger werden.

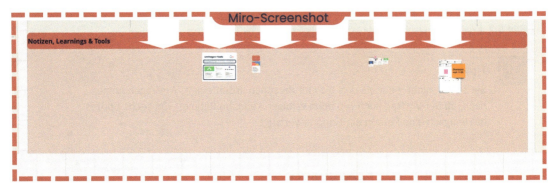

Bild 5.9 Notizen, Learnings & Tools, Miro-Screenshot, Qlab Think Tank GmbH

Kalender

Nutzen Sie den Kalender (siehe Bild 5.10), um Termine auf einen Blick sichtbar zu machen, wie beispielsweise Abwesenheiten von Teammitgliedern oder wichtige Meetings. Die Kalender finden Sie unter den Templates auf Miro.

Events

Die unterschiedlichen Events (siehe Bild 5.11) sind Bausteine für Ihre Zusammenarbeit. Die Events finden zu Beginn (Kick-off), zum Projektende (Abschlusspräsentation und Party), täglich (Check-in, Daily, Wrap-up) oder wöchentlich (Planning, Retro) jeweils zur gleichen Zeit statt.

Durch die Art und Weise, wie die Meetings – vor allem Check-in, Daily, Wrap-up und Retro – durchgeführt werden, kommen stets alle Teammitglieder zu Wort. Das heißt, dass auch ruhigere Vertreter:innen einen Raum haben, sich mitzuteilen.

Alle Sprintmitglieder erhalten im Vorfeld Outlook-Einladungen zu den jeweiligen Terminen. Ihre Projektpartner:innen erhalten ebenfalls Einladungen zum Kick-off (Tag 2) und zu den Weeklys, die immer donnerstags stattfinden.

Die Events unterstützen bei einem erfolgreichen Onboarding-Prozess für eine multidisziplinäre Gruppe, die schnell zu einem Team werden muss. Sie bilden die Basis dafür, eine gemeinsame Vision zu entwickeln und fokussiert kund:innen- und nutzerorientierte Lösungen für Probleme zu finden.

Bild 5.10 Kalender, Miro-Screenshot, QLab Think Tank GmbH

Bild 5.11 Events, Miro-Screenshot, QLab Think Tank GmbH

Außerdem erhält das Team die Möglichkeit, agile Arbeitsmethoden zielorientiert zu erleben, anzuwenden und zu verinnerlichen. Durch den Kick-off und das tägliche Check-in, entwickeln die Menschen schnell Vertrauen und ein Gefühl der Zugehörigkeit – das funktioniert sogar über Tausende von Kilometern hinweg.

Alle Meetings werden stets zur selben Zeit (und am gleichen Ort) abgehalten. Das vereinfacht die Organisation und schafft Verlässlichkeit. Achten Sie darauf, die Meetings nicht zu überziehen, und beenden Sie die Meetings auch vor der vorgesehenen Zeit, wenn alles gesagt und geklärt ist. Ein sogenannter TimeTimer, mit dem Sie für alle sichtbar visualisieren können, wie viel Zeit noch ist, schafft die nötige Transparenz. Miro hat einen solchen TimeTimer im Board integriert. Wir benutzen die TimeBox-App von IT Agile, die für iPad und iPhones erhältlich ist.[2]

Und nicht vergessen: Leadership ist gefragt – das ganze Vorhaben steht und fällt mit einer verbindlichen und versierten Prozessmoderation und Rahmenbedingungen, in denen sich das Team entfalten kann.

Mit der Abschlusspräsentation und der Party schließen Sie den AIS wertschätzend für alle Teilnehmenden ab.

■ 5.7 Meetings und Veranstaltungen in der Praxis

5.7.1 Kick-off

Das Kick-off findet an zwei Tagen statt – der erste Tag ist dem Kernteam gewidmet, am zweiten Tag treffen wir unsere Auftraggeber:innen zum Kennenlernen und Erwartungsabgleich. Wie das Kick-off im Detail abläuft, finden Sie unter den Abschnitten 6.1 und 6.2 – Kick-off.

5.7.2 Check-in

Moderieren Sie das erste Check-in Ihres AIS und geben Sie die Moderation des Check-in dann an Ihre Teammitglieder ab. Ab Tag 2 führen dann die Teammitglieder abwechselnd durch ein 15-minütiges Check-in, bei dem Sie sich über Persönliches austauschen, um sich emotional näher zu kommen und ein Gefühl des Vertrauens und der Zugehörigkeit zu entwickeln.

---

[2] *https://apps.apple.com/us/developer/it-agile-gmbh/id365316196*

Wir starten unser erstes Check-in mit der Frage: Was ist Dein Lieblingsgericht? Unsere Teammitglieder laden dann nicht nur ein Foto ihrer Leibspeise auf Miro (siehe Bild 5.12), sondern setzen auch einen Link zum Rezept. Was sie zu diesem Zeitpunkt nicht wissen, ist, dass jeder zur Abschiedsparty das Gericht einer anderen Person nachkochen muss.

- Was steht ganz oben auf Deiner Bucket List?
- Was ist Dein Lieblingsfilm?
- Was ist Dein Lieblingskunstwerk?
- Was ist Dein Lieblingsort?
- …

… können weitere Fragen sein, zu denen Ihre Teammitglieder in den Folgetagen jeweils ein Foto oder eine Abbildung auf das Miro-Board laden und diese mit einem Post-it in ihrer gewählten Farbe und mit ihrem Namen versehen. Dann teilen die Teammitglieder nacheinander mit, warum sie das entsprechende Bild ausgewählt haben. Die Kolleg:innen haben die Möglichkeit, Rückfragen zu stellen. Wenn ein Beitrag beendet ist, reicht die Person das Wort weiter an die nächste Person.

Es ist bemerkenswert, wie persönliche Fragen die Erinnerungen, Ziele oder Wünsche adressieren, die Stimmung am frühen Morgen steigern und die Menschen mit Leidenschaft darüber berichten lassen, was ihnen wichtig ist. Sie kennen das doch sicher auch, wenn Sie sich an schöne Momente erinnern und dabei lächeln, nicht wahr?

Das Bild 5.12 zeigt die bildhaften Antworten auf die Frage, welche Figuren aus einem Film oder einer Serie eigene Charakterzüge am besten widerspiegeln.

Bild 5.12 Check-in, Miro-Screenshot, QLab Think Tank GmbH

Gut zu wissen

Und natürlich verbinden auch Gemeinsamkeiten. Wenn wir jemanden kennenlernen und feststellen, dass das Gegenüber schon einmal am selben Ort Urlaub gemacht hat, dieselbe Musik hört oder wie im Fall von unseren Sprint-Teilnehmenden Gabi und Rahul Fans der Fernsehserie Friends sind, fühlt man sich ein Stück weit verbunden.

Das Check-in ist außerdem ein wesentliches Element des Storytellings, und das tägliche Praktizieren unterstützt uns, unsere Fähigkeit auszubauen, mit Bildern Geschichten zu erzählen, mit denen wir andere Menschen emotional berühren können. Die Wirksamkeit erleben wir jeden Morgen aufs Neue. Es ist tatsächlich schon das ein oder andere Tränchen dabei geflossen!

5.7.3 Daily und Wrap-up

Während das Check-in dazu beiträgt, persönliche Beziehungen zu stärken, hilft das ebenfalls 15-minütige Daily Ihrem Team dabei, die anderen darüber zu informieren, was getan wurde und zu tun ist, um das Sprint-Ziel der Woche zu erreichen.

Das Daily bietet Ihren Teammitgliedern die tägliche Gelegenheit, sich auszutauschen, den Fortschritt zu überprüfen und Hindernisse zu beseitigen.

Um diesen Prozess effektiv zu gestalten und das Team in seiner Selbstorganisation zu unterstützen, können Sie das Sprint-Board mit den drei Spalten und Überschriften *To do – In Progress – Done* nutzen. Diese Spalten repräsentieren den Lebenszyklus der Aufgaben während des Sprints (siehe Bild 5.13).

Bild 5.13 Sprint-Board, QLab Think Tank GmbH

Die To-do-Spalte zeigt alle Aufgaben an, die noch nicht begonnen wurden. Sobald ein Teammitglied mit der Arbeit an einer Aufgabe beginnt, wird sie in die Spalte *In Progress* verschoben. Dies vermittelt Transparenz darüber, was sich derzeit in Arbeit befindet.

Während des Standup-Meetings können Teammitglieder den aktuellen Status ihrer Aufgaben teilen und so den Fortschritt des gesamten Teams verstehen. Sobald eine Aufgabe abgeschlossen ist, wird sie in die Spalte *Done* verschoben.

Das **Daily** folgt mit Blick auf das Sprint-Board einem strukturierten Ablauf, bei dem jedes Teammitglied nacheinander die folgenden drei Fragen beantwortet:

Was habe ich seit gestern geschafft?

Diese Frage fördert Transparenz über abgeschlossene Aufgaben und schafft Klarheit darüber, welche Fortschritte erzielt wurden.

Was werde ich bis morgen tun?

Die Antwort auf diese Frage ermöglicht es dem Team, sich auf bevorstehende Aufgaben zu fokussieren und sicherzustellen, dass der Sprint weiterhin in die richtige Richtung geht.

Wo brauche ich Unterstützung?

Diese Frage ist von zentraler Bedeutung. Sie hilft Teammitgliedern, Hindernisse zu identifizieren und Unterstützung anzufordern, um diese zu überwinden. Indem Sie diese Frage ins Daily integrieren, machen Sie deutlich, dass das Team gemeinsam für den Erfolg verantwortlich ist.

Das Daily hilft Ihrem Team in Kombination mit der Timebox von 15 Minuten, den Fokus zu halten und die Selbstorganisation zu fördern, es unterstützt die schnelle Entscheidungsfindung und reduziert die Notwendigkeit anderer Meetings.

Der **Wrap-up** findet in der Arbeitswoche täglich am Nachmittag statt. Diese kurze Zusammenkunft unterstützt dabei, die letzten Stunden zu rekapitulieren, schafft nochmals Raum, sich über aktuelle Herausforderungen oder sich über strategische und organisatorische Themen auszutauschen. Das Wrap-up folgt keiner Systematik und findet je nach Terminlage zwischen 15 und 17 Uhr statt.

Tipp

Bis zum Wrap-up gibt es über den Arbeitstag theoretisch keine festen Treffen mehr. Trotzdem empfehlen wir, sich zwischendurch im virtuellen Raum zu treffen. Patrick, der Teilnehmer im ersten Sprint war, erinnert sich, wie das Team im Call zusammenblieb, jeder sein Mikrofon und manchmal auch seine Kamera ausschaltete, aber immer erreichbar war und man zwischendurch auch über Gott und die Welt reden konnte.

Gerade, wenn man es nicht gewohnt ist, remote zu arbeiten, ist das Wrap-up eine gute Möglichkeit, sich nach getaner Arbeit noch einmal mit den anderen Teammitgliedern auszutauschen.

5.7.4 Weekly

Das wöchentliche Meeting, das an einem Donnerstag stattfindet, ist Ihren Kund:innen gewidmet und dauert max. 90 Minuten. Wenn Sie den AIS im Unternehmen durchführen, sollten Sie die internen Kund:innen, Entscheidungsträger:innen und Projektpartner:innen zum Weekly einladen.

Das Sprint-Team stellt die Arbeitsergebnisse der vergangenen Woche im Rahmen einer Präsentation vor, erhält Feedback und die Teilnehmenden diskutieren, welches die Schritte für die kommende Sprintwoche sind. Die Konsolidierung der Erkenntnisse im Kernteam bildet den Abschluss des Weekly.

Die Struktur der Weekly-Präsentation
- Vorstellung der Design Challenge
- Überblick über den Design-Thinking-Prozess
- Einblick in die jeweilige Phase des Design-Thinking-Prozesses, in der Sie sich gerade befinden
- Learnings aus Desktop Research, Lektüre und Interviews – hier bieten sich Ihnen unterschiedliche Module und Templates, die wir Ihnen auf den kommenden Seiten dezidiert vorstellen, eine gute Struktur, um Inhalte festzuhalten und zu präsentieren.
- Ableitungen für die nächsten Schritte
- To dos für die kommende Sprint-Woche

 Tipp

Planen Sie genügend Zeit ein, um die Präsentation vorzubereiten. Das Sprint-Team muss unzählige Informationen so auswerten und aufbereiten, dass Menschen, die Sie einmal in der Woche im Weekly sehen, umfassend informiert werden, um so entsprechendes Feedback einzuholen. Wir empfehlen, mit der Vorbereitung der Präsentation bereits am Dienstag zu starten, um am Donnerstag, dem Tag des Weekly nicht mehr viel vorbereiten zu müssen. Laden Sie das Team ein, vor dem Weekly einen Probedurchlauf mit Ihnen gemeinsam zu machen. Ein Blick von außen ist sehr wertvoll.

5.7.5 Retrospektive

Die Retrospektive, die im Rahmen eines einwöchigen Sprints nicht länger als 1,5 Stunden dauern sollte, ist darauf ausgerichtet, sowohl positive als auch negative Aspekte des Sprints zu beleuchten und eine Atmosphäre des offenen Feedbacks und des Lernens zu schaffen. Sie dient dazu, kontinuierliche Verbesserungen im Team zu ermöglichen und eine Grundlage für ein effektives und adaptives Arbeiten zu schaffen. Das Team ist dafür verantwortlich, Lösungen für Probleme zu finden, mit denen es konfrontiert ist. Auf diese Weise erfahren und üben die Teammitglieder Selbstverantwortung und Selbstwirksamkeit.

Die Orientierung an den in Abschnitt 2.2.1 beschriebenen Werten Fokus, Respekt, Offenheit, Mut und Selbstverpflichtung fördert einen respektvollen und konstruktiven Dialog im Team. Indem Sie diese Werte in den Diskussionsprozess integrieren, wird das gemeinsame Verständnis für Erfolge und Herausforderungen gestärkt. Die Fokussierung auf diese Werte kann ein Umfeld schaffen, in dem Teammitglieder sich sicher fühlen und so den Mut haben, ihre Meinung offen und respektvoll zu äußern. Gleichzeitig ermöglicht dieses wertebasierte Arbeiten ein Gefühl der Selbstverpflichtung, Hindernisse gemeinschaftlich zu überwinden, um die Zusammenarbeit mit Blick auf das Sprintziel zu verbessern.

Die Durchführung einer Retro folgt diesen Schritten:

- **Erfassen:** Das Team sammelt Informationen über den abgeschlossenen Sprint, einschließlich der erreichten Ziele, der Zusammenarbeit im Team und möglicher Herausforderungen oder Probleme.
- **Analysieren:** Die gesammelten Informationen werden gemeinsam analysiert und diskutiert. Das Team identifiziert dabei, was gut gelaufen ist, was verbessert werden kann, und findet potenzielle Lösungsansätze für festgestellte Problem.
- **Maßnahmenplanung:** Abschließend definiert das Team konkrete Maßnahmen und Verbesserungen, die im nächsten Sprint umgesetzt werden sollen. Diese werden dokumentiert und den Teammitgliedern zugewiesen, um sicherzustellen, dass die Maßnahmen umgesetzt werden.

Hinweis

Alle Methoden sind sowohl analog als auch digital durchführbar. Die digitalen Tools finden Sie auf Miro. Sollten Sie analog arbeiten, zeichnen Sie die jeweiligen Elemente einfach nach und platzieren Sie diese auf einer Oberfläche, wie beispielsweise einer Metaplanwand, auf der genug Platz ist, um zahlreiche Post-its zu platzieren.

Retro 1: Potenzialanalyse

Die Potenzialanalyse (siehe Bild 5.14) ermöglicht es Ihren Teammitgliedern, ihre Erfahrungen und Einschätzungen zu teilen, Erfolge und Bereiche mit Verbesserungspotenzial zu identifizieren und daraus Maßnahmen abzuleiten, um Arbeitsweisen weiter zu verbessern.

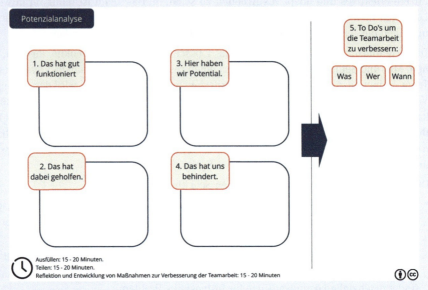

Bild 5.14 Retrospektive: Potenzialanalyse, QLab Think Tank GmbH

Im Rahmen der Potenzialanalyse beantwortet Ihr Sprint-Team zunächst einzeln und in Stillarbeit von ca. 15 und 20 Minuten folgende Fragen auf Post-its.
Pro Gedanke wird ein Post-it verwendet.

- **Das hat gut funktioniert:**

    In diesem Quadranten werden alle Aspekte, Aktivitäten oder Entscheidungen aufgeführt, die während des betrachteten Zeitraums gut funktioniert haben. Ermutigen Sie Ihre Teammitglieder, positive Erfahrungen zu teilen, die zur Effektivität und zum Erfolg des Teams beigetragen haben. Genannt werden können beispielsweise gut umgesetzte Prozesse, eine effiziente Zusammenarbeit oder positive Ergebnisse.

- **Das hat uns dabei geholfen:**

    Hier führt das Team alle Faktoren auf, die ihm geholfen haben, erfolgreich zu sein. Dies können Ressourcen, Werkzeuge, externe Unterstützung oder bestimmte Fähigkeiten und Kompetenzen innerhalb des Teams sein. Das Ziel ist es, diejenigen Elemente zu identifizieren, die besonders wertvoll waren und weiterhin genutzt werden sollten.

- **Hier haben wir Potenziale:**

    In diesem Quadranten identifiziert das Team Bereiche, in denen es Verbesserungspotenzial sieht. Dies können beispielsweise ineffiziente Prozesse, Hindernisse oder Probleme sein, die die Produktivität oder Zusammenarbeit beeinträchtigen. Idealerweise diskutiert das Team offen und ehrlich über diese Potenziale, um gemeinsam Lösungen zu finden und mögliche Maßnahmen zur Verbesserung zu erarbeiten.

- **Das hat uns behindert:**

    Hier werden alle Faktoren aufgeführt, die das Team in der Vergangenheit behindert haben. Es können Hindernisse, Schwierigkeiten oder Fehlentscheidungen sein, die die Kommunikation oder die Zielerreichung erschwert haben. Durch die Identifizierung und offene Diskussion dieser Hindernisse entwickelt das Team eigenständig Maßnahmen, um ähnliche Probleme in Zukunft zu vermeiden.

Nachdem die Teammitglieder ihre Einschätzungen in jedem Quadranten schriftlich auf Post-its festgehalten haben, werden diese im Anschluss gemeinsam besprochen. Ziel ist es, ein umfassendes Bild der Erfahrungen und des Feedbacks des Teams zu erhalten und gemeinsam Verbesserungspotenziale zu identifizieren. Basierend auf den Ergebnissen der Analyse können dann konkrete Maßnahmen und Aktionspläne entwickelt werden, um die Zusammenarbeit des Teams kontinuierlich zu verbessern.[3]

Dauer:

Ausfüllen: 15–20 Minuten

Teilen: 15–20 Minuten

Reflektion und Entwicklung von Maßnahmen zur Verbesserung der Teamarbeit: 15–20 Minuten

---

[3] Wer mehr über die Potenzialanalyse wissen möchte, wird in dieser Podcast-Episode fündig: *https://kurswechsel.podigee.io/53-potenzialanalyse*

Retro 2: Seestern

Der Seestern (siehe Bild 5.15) ermöglicht es den Teams ebenfalls, sowohl positive Aspekte zu identifizieren als auch Bereiche für Verbesserungen zu finden. Die Methode ist einfach und strukturiert und fördert die aktive Beteiligung aller Teammitglieder.

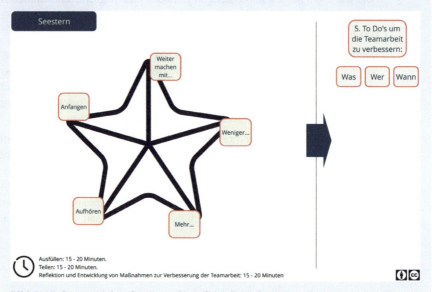

Bild 5.15 Retrospektive: Seestern, QLab Think Tank GmbH

Und so funktioniert die Methode:

Jeder Zacken des Sterns wird mit einer Kategorie beschriftet, die als Grundlage für das Feedback und die Diskussion dient. Die Teammitglieder bekommen 15–20 Minuten Zeit, um ihre Gedanken und Einsichten zu jeder der fünf Kategorien in Stillarbeit aufzuschreiben. Auch hier gilt ein Post-it, ein Gedanke.

- **Aufhören:**

  Dinge, die Ihr Team nicht mehr tun oder vermeiden sollte. Dies können beispielsweise ineffiziente Prozesse oder störende Verhaltensweisen sein.

- **Anfangen:**

  Neue Ideen, Praktiken oder Vorgehensweisen, die das Team einführen sollte. Dies können intensivere Diskussionen oder die Anwendung neuer Tools sein.

- **Weitermachen:**

  Aspekte oder Praktiken, die bereits gut funktionieren und beibehalten werden sollten. Dies können bewährte Verfahren, die offene Kommunikation oder die Art und Weise der Präsentation vor Stakeholdern sein.

- **Weniger:**

  Dinge, die reduziert werden sollten, da sie möglicherweise die Teamleistung beeinträchtigen. Dies können beispielsweise Zuspätkommen, Dazwischenreden oder ineffektive Gewohnheiten sein.

- **Mehr:**

  Dinge, die bereits vorhanden sind und verstärkt werden sollten. Hier können positive Aspekte oder Aktivitäten aufgeführt werden, von denen das Team glaubt, dass sie noch stärker genutzt werden sollten.

Im Anschluss teilen die Teammitglieder jeweils für eine Kategorie nacheinander ihre Notizen und erläutern diese innerhalb von 15-20 Minuten. Stellen Sie sicher, dass alle Ideen gehört werden, und fördern Sie eine offene Diskussion.

Nachdem alle Kategorien besprochen wurden, überlegt das Team, welches die wichtigsten Punkte sind und welche Maßnahmen ergriffen werden sollten. Identifizieren Sie diejenigen Punkte, die das größte Potenzial für Verbesserungen haben oder am dringlichsten sind. Vereinbaren Sie auch hier klare Maßnahmen, Verantwortlichkeiten und Zeitfenster, um sicherzustellen, dass das Feedback tatsächlich umgesetzt wird.

Dauer:

Ausfüllen: 15-20 Minuten

Teilen: 15-20 Minuten

Reflektion und Entwicklung von Maßnahmen zur Verbesserung der Teamarbeit: 15-20 Minuten

Retro 3: Heißluftballon

Die Methode „Hot Air Balloon" (siehe Bild 5.16) unterstützt ebenfalls dabei, sowohl positive als auch negative Aspekte zu identifizieren. Der Heißluftballon wird als Metapher verwendet, um die Teamdynamik zu visualisieren. Das Aufsteigen oder Absinken des Ballons stellt die positiven oder behindernden Aspekte der Teamarbeit dar.

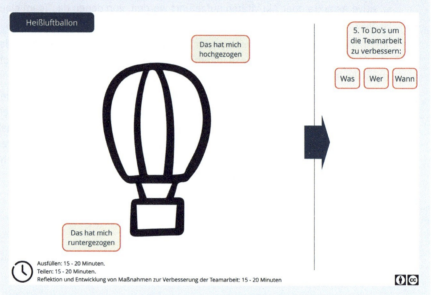

Bild 5.16 Retrospektive: Heißluftballon, QLab Think Tank GmbH

Um die Methode „Hot Air Balloon"" anzuwenden, folgen Sie diesen Schritten:

- Erklären Sie den Teilnehmer:innen das Konzept des Heißluftballons als Metapher für die Teamarbeit. Beschreiben Sie, dass der Ballon aufsteigt, wenn bestimmte Aspekte gut funktionieren und das Team voranbringen, während er absinkt, wenn bestimmte Aspekte behindernd wirken und das Team aufhalten.
- **Positives Feedback – das hat mich hochgezogen:**

  Bitten Sie die Teilnehmenden, in Stillarbeit Aspekte der Teamarbeit auf Post-its zu notieren, die gut funktioniert haben und den Ballon aufsteigen lassen. Das können erfolgreiche Zusammenarbeit, effektive Kommunikation, gute Planung, Leistungsergebnisse oder andere positive Aspekte sein.
- **Negatives Feedback – das hat mich runtergezogen:**

  Die Teilnehmenden notieren ebenfalls in Stillarbeit die Aspekte der Teamarbeit auf Post-its, die behindernd waren und den Ballon sinken lassen. Dies können Kommunikationsprobleme, Konflikte, ineffektive Prozesse oder andere negative Aspekte sein.

- Die Teilnehmenden präsentieren nach Abschluss der Stillarbeit zunächst alle positiven und dann die negativen Aspekte. Bitten Sie darum, Aussagen mit konkreten Beispielen zu belegen. Raum für Klarstellungen oder Nachfragen sollte ebenfalls gegeben werden.
- Identifizieren Sie gemeinsam die wichtigsten Erkenntnisse aus der Diskussion. Erarbeiten Sie gemeinsam, welche Maßnahmen ergriffen werden können, um die positiven Aspekte weiter zu fördern und die behindernden Aspekte anzugehen. Formulieren Sie konkrete Aktionsschritte und Verantwortlichkeiten, um sicherzustellen, dass die Erkenntnisse in die Praxis umgesetzt werden.

Dauer:

Ausfüllen: 15–20 Minuten

Teilen: 15–20 Minuten

Reflektion und Entwicklung von Maßnahmen zur Verbesserung der Teamarbeit: 15–20 Minuten

Retro 4: Produktbeschreibung

Die Methode der „Produktbeschreibung" (siehe Bild 5.17) basiert auf dem Konzept der Bewertungen von Produkten, wie sie beispielsweise auf Online-Plattformen wie Amazon zu finden sind. Diese Methode ermöglicht es den Teammitgliedern, ihre Erfahrungen, Meinungen und Verbesserungsvorschläge in Form von Produktbewertungen auszudrücken.

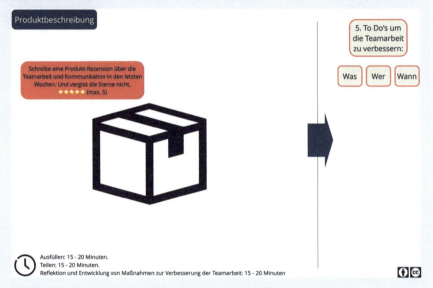

Bild 5.17 Retrospektive: Produktbeschreibung, QLab Think Tank GmbH

- Erklären Sie den Teilnehmenden das Konzept der Produktrezensionen auf Plattformen wie Amazon. Betonen Sie, dass sie die Teamarbeit als „Produkt" betrachten sollen, das bewertet und verbessert werden kann.
- Identifizieren Sie gemeinsam mit dem Team die Bewertungskriterien, anhand derer die Teamarbeit bewertet werden soll. Diese Kriterien können beispielsweise Effektivität, Kommunikation, Zusammenarbeit, Innovationsfähigkeit oder andere relevante Faktoren sein. Halten Sie die Kriterien für alle sichtbar auf einem Board fest.
- Bitten Sie jedes Teammitglied, eine individuelle Produktrezension der Teamarbeit zu schreiben. Jedes Teammitglied sollte auf einer Skala von beispielsweise 1 bis 5 Sterne bewerten, wobei 1 die niedrigste Bewertung und 5 die höchste Bewertung darstellt. Jeder Teilnehmer kann seine Bewertung auch mit einem kurzen Kommentar oder einer Begründung ergänzen.
- Im Anschluss daran teilt jedes Teammitglied seine Bewertung und die zugehörigen Kommentare mit den anderen. Fragen sind selbstverständlich erwünscht!

- „Was hat gut funktioniert?" oder „Was können wir verbessern?" Basierend auf den Bewertungen und der Diskussion können Sie nun gemeinsam mit dem Team konkrete Maßnahmen zur Verbesserung der Teamarbeit entwickeln. Identifizieren Sie die wichtigsten Bereiche, in denen Modifikationen erforderlich sind, und vereinbaren Sie klare Maßnahmen und Verantwortlichkeiten.

Dauer:

Ausfüllen: 15–20 Minuten

Teilen: 15–20 Minuten

Reflektion und Entwicklung von Maßnahmen zur Verbesserung der Teamarbeit: 15–20 Minuten

Retro 5: Teampersona

Die Methode „Teampersona" (siehe Bild 5.18) ist angelehnt an das Konzept der Persona, um idealtypische Nutzer:innen zu repräsentieren. Bei der Teampersona werden verschiedene Aspekte der Teamarbeit unter den Rubriken „Probleme und Herausforderungen", „Wünsche und Bedürfnisse" und „Optionen und Alternativen" betrachtet.

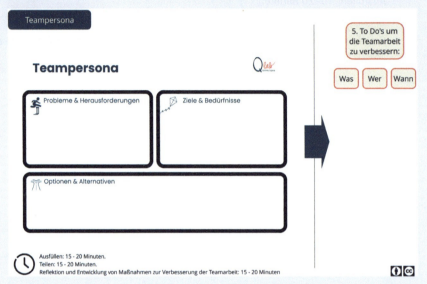

Bild 5.18 Retrospektive: Teampersona, QLab Think Tank GmbH

- Halten Sie das Persona-Template bereit.
- Erklären Sie das Konzept der Teampersona und bitten Sie die Teilnehmenden, sich vorzustellen, dass sie eine fiktive Person repräsentieren, die das Team verkörpert. Jede Teampersona soll ihre individuellen Probleme, Bedürfnisse und mögliche Lösungsoptionen darstellen.
- Bitten Sie die Teilnehmenden, auf Post-its oder direkt auf die Blätter Papier die Probleme und Herausforderungen zu notieren, mit denen sie in Bezug auf die Teamarbeit konfrontiert waren. Jeder Teilnehmende sollte seine persönlichen Erfahrungen und Perspektiven einbringen.
- Im zweiten Schritt beschreiben die Teilnehmenden ihre Wünsche und Bedürfnisse. Dabei sollten sie sich darauf konzentrieren, was sie sich von der Zusammenarbeit im Team erhoffen oder was sie benötigen, um gut arbeiten zu können.
- Unter Optionen und Alternativen können die Teilnehmenden bereits erste Verbesserungsvorschläge für die identifizierten Probleme oder Möglichkeiten zur Erfüllung von Bedürfnissen und Wünschen visualisieren.

- Die Teammitglieder stellen ihre Teampersonas nacheinander vor. Identifizieren Sie die wichtigsten Probleme, Bedürfnisse und Lösungsoptionen, die im Team auftreten und erarbeiten Sie gemeinsam konkrete Schritte, um die drängendsten Probleme der Personas zu lösen und Bedürfnisse zu befriedigen.

Dauer:

Ausfüllen: 20–30 Minuten

Teilen: 15–20 Minuten

Reflektion und Entwicklung von Maßnahmen zur Verbesserung der Teamarbeit: 15–20 Minuten

Zusammenfassung

In diesem Kapitel finden Sie praktische Anleitungen und Methoden, um Ihr Design-Thinking-Projekt erfolgreich durchzuführen und Ihr Team effektiv durch die Anwendung agiler Prinzipien durch den Innovation Sprint zu leiten. Sie erfahren, welche Wirksamkeit die Pecha-Kucha-Methode hat, die Ihnen beim Aufbau vertrauensvoller Bindungen hilft. Sie erhalten außerdem Einblicke in die Struktur und die Inhalte unserer Meetings, die ebenfalls agilen Prinzipien folgen.

6 Die Phasen und Inhalte des Agile Innovation Sprint

Wir geleiten Sie jetzt Schritt für Schritt durch die einzelnen Phasen des AIS (siehe Bild 6.1). Abbildungen, die auch auf dem Miro-Board sind, sind entsprechend als „Miro-Screenshot" gekennzeichnet.

Die Timeline

Bild 6.1 Timeline, Miro-Screenshot, QLab Think Tank GmbH

Die Timeline unseres Agile Innovation Sprint

Time flies when you are having fun!

Aus dem Englischen um 1800 (*https://www.idioms.online*)

Die Timeline hilft Ihnen, den Ablauf des fünfwöchigen AIS mit insgesamt 25 Arbeitstagen grob zu strukturieren. Erfahrungsgemäß vergehen die fünf Wochen rasend schnell. Die nachfolgende Timeline bietet Ihnen eine Übersicht über die Dauer der Phasen im Problem- und im Lösungsraum. Wir empfehlen, nicht länger als sieben bis zehn Tage im Problemraum zu verweilen und auch dort schon mögliche Lösungsansätze zu sammeln, die innerhalb von zwei Tagen verifiziert werden. Für die Arbeit im Lösungsraum empfehlen wir insgesamt elf Tage. Darin enthalten ist auch die Vorbereitung der Abschlusspräsentation und die Entwicklung der Case Study. Sollten Sie am Ende des Sprints auch eine Case Study anfertigen wollen, beginnt das Sammeln der Inhalte für die Case Study ebenfalls zehn Tage vor Sprintende. Die ersten beiden Tage sind dem Kick-off gewidmet.

Übersicht über die Events

Auf Ihrem Miro-Board finden Sie eine Übersicht über die Events (siehe Bild 6.2), die im Abschnitt 5.7 „Meetings und Veranstaltungen in der Praxis" unter der entsprechenden Überschrift detailliert beschrieben sind. Wir möchten Ihnen empfehlen, den Sprint an einem Dienstag zu beginnen, damit Sie am Montag noch Zeit haben, letzte Vorbereitungen zu treffen. Der Start morgens um 9 Uhr und der Tagesabschluss um 17 Uhr haben sich bewährt. Pausen sollten Sie natürlich auch einplanen.

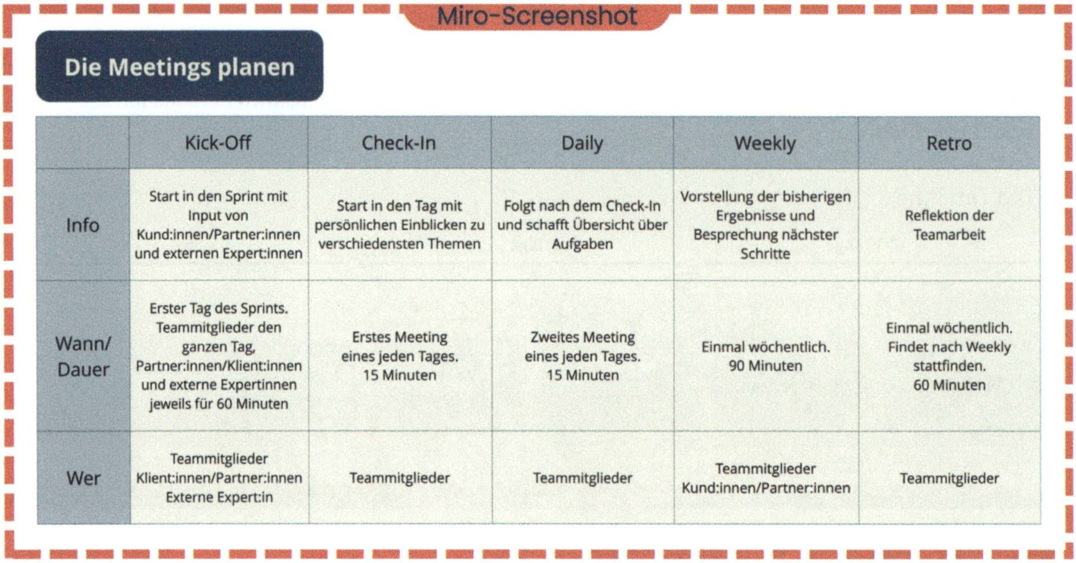

Die Meetings planen

	Kick-Off	Check-In	Daily	Weekly	Retro
Info	Start in den Sprint mit Input von Kund:innen/Partner:innen und externen Expert:innen	Start in den Tag mit persönlichen Einblicken zu verschiedensten Themen	Folgt nach dem Check-In und schafft Übersicht über Aufgaben	Vorstellung der bisherigen Ergebnisse und Besprechung nächster Schritte	Reflektion der Teamarbeit
Wann/ Dauer	Erster Tag des Sprints. Teammitglieder den ganzen Tag, Partner:innen/Klient:innen und externe Expertinnen jeweils für 60 Minuten	Erstes Meeting eines jeden Tages. 15 Minuten	Zweites Meeting eines jeden Tages. 15 Minuten	Einmal wöchentlich. 90 Minuten	Einmal wöchentlich. Findet nach Weekly statt finden. 60 Minuten
Wer	Teammitglieder Klient:innen/Partner:innen Externe Expert:in	Teammitglieder	Teammitglieder	Teammitglieder Kund:innen/Partner:innen	Teammitglieder

Bild 6.2 Übersicht über die Events, Miro-Screenshot, QLab Think Tank GmbH

■ 6.1 Der Kick-off – Tag 1

Pünktlich um 9 Uhr finden Sie sich also mit Ihrem Sprint-Team im MS-Teams-Meeting oder einem anderen digitalen Raum ein und starten nach einem kurzen Willkommensgruß direkt mit der Vorstellungsrunde der einzelnen Personen, die sich mit ihren Pecha Kuchas präsentieren.

Nach einer kurzen Pause empfangen Sie dann gegen 10:30 Uhr einen Impulsgebenden, der das Team fachlich im Rahmen eines 30–45-minütigen Vortrags plus anschließender Diskussion auf den Sprint vorbereitet. Wissen von Expert:innen ist von unschätzbarem Wert für einen erfolgreichen Start des Design-Thinking-Prozesses!

Sie stellen dadurch sicher, dass das Team einen Überblick über neueste Entwicklungen und Erkenntnisse auf dem jeweiligen Gebiet erhält. Fragen Sie höflich nach, ob Sie bei weiteren Fragen zu einem späteren Zeitpunkt noch einmal auf die vortragende Person zurückkommen können.

Formalitäten und Fragen

Es ist wichtig, dass das Sprint-Team am ersten Tag einen Überblick (siehe Bild 6.3) über die Formalitäten erhält. Dazu gehören Arbeitszeiten und Urlaub, Dokumentation, ggf. eine Einführung in die Nutzung des Miro-Boards und andere Themen. Nehmen Sie sich Zeit, um diese Dinge zu besprechen und sicherzustellen, dass alle Teilnehmenden auf dem gleichen Stand sind.

Bild 6.3 Kick-off, Miro-Screenshot, QLab Think Tank GmbH

Arbeitszeiten

Wie oben bereits bemerkt, liegt die Kernarbeitszeit während des AIS zwischen 9 und 17 Uhr.

Dokumentation des Sprints

Bitten Sie das Team, auch gerne mehrfach, alle gewonnenen Erkenntnisse auf dem Miro-Board festzuhalten. Das hilft nicht nur bei der Vorbereitung der Weeklys, bei denen Sie Ihren Kund:innen präsentieren, was Sie in der vergangenen Arbeitswoche entwickelt haben, sondern auch beim Verfassen von Blogbeiträgen oder Social-Media-Posts, um intern und extern auf Ihr Vorhaben aufmerksam zu machen. Sollten Sie am Ende des AIS eine Case Study verfassen wollen, ist die Dokumentation auf Miro ebenfalls Gold wert.

Urlaub

Orientieren Sie sich an der gesetzlichen Urlaubsregelung. Im Rahmen von fünf Wochen haben die Sprintteilnehmenden Anspruch auf drei Urlaubstage, die sie sich in Absprache mit dem Team nehmen können.

 Tipp
Wir empfehlen, den Urlaub nicht in den letzten zehn Projekttagen zu nehmen, da dies erfahrungsgemäß die stressreichste Zeit ist.

Miro erklären und ausprobieren

Klären Sie, ob das Team noch Informationen zur Nutzung von Miro benötigt, und machen Sie einen entsprechenden Rundgang über das Board, um einen Überblick zu geben. Miro ist sehr intuitiv und bedarf daher wenig Einweisung.

Design-Thinking-Vortrag 1

Ein wesentlicher Bestandteil des Kick-offs ist der erste Design-Thinking-Vortrag (siehe Bild 6.4). Die Teilnehmenden erhalten einen Überblick über die Grundlagen der Methodik und gehen nach der Vorstellung der Phase 1 „Verstehen" gleich in das praktische Arbeiten auf dem Miro-Board.

Die Design-Thinking-Präsentation finden Sie zum Download auf dem Board.

Bild 6.4 Design-Thinking-Vortrag, Miro-Screenshot, QLab Think Tank GmbH

Zeitungsartikel

Wir bitten das Team darum, einen Artikel zu verfassen, den Sie zum Abschluss des AIS in der Zeitung lesen wollen.

Das Schreiben eines Zeitungsartikels (siehe Bild 6.5), ebenfalls ein wichtiges Instrument zum Storytelling, der in der Zukunft liegt, ist eine kreative und effektive Möglichkeit, um Informationen zu strukturieren und auf den Punkt zu bringen. Es hilft Ihren Teammitgliedern von Anfang an, eine Vision zu entwickeln, was gemeinsam erreicht werden soll, zeigt, ob bezüglich der Design Challenge Konsens besteht und schärft den Fokus.

Hier ist ein Beispiel für eine Erfolgsmeldung über den Abschluss des AIS:

Miro-Screenshot

C/O CASINO FUTUR UG | THE DAILY AGILE | q-lab-thinking.com

BUSINESS REVIEW

ERFOLGREICHER ABSCHLUSS DES AGILE INNOVATION SPRINTS: TEAM ERREICHT BAHNBRECHENDE ERGEBNISSE – AGILES PROJEKTMANAGEMENT FÜHRT ZU SCHNELLERER INNOVATION UND OPTIMIERTEN PROZESSEN

Bremen, 24. Juni 2023
Das Team des (Unternehmen/Projektname) feiert den erfolgreichen Abschluss des Agile Innovation Sprints. Durch die Anwendung agiler Methoden und einer starken Teamarbeit konnten bemerkenswerte Fortschritte erzielt werden, die das Potenzial haben, die Art und Weise, wie das Unternehmen Innovationen vorantreibt, zu revolutionieren. Während des nur fünfwöchigen Agile Innovation Sprints arbeitete das engagierte Team fokussiert daran, nutzer:innenorientierte Lösungen zu (Fragestellung) entwickeln. Es gelang dem multidisziplinär aufgestellten Team, abteilungsgreifen zu arbeiten und ein Umfeld zu schaffen, das Kreativität und Experimentieren fördert.
Ein wesentlicher Erfolgsfaktor war die Verwendung agiler Prinzipien und Methoden – allen voran Design Thinking. Durch kurze Entwicklungszyklen, kontinuierliche Überprüfungen und schnelle Anpassungen konnte das Team flexibel auf Kund:innenfeedback reagieren und die Entwicklung von (Lösungen um…) kontinuierlich verbessern. Diese iterative Vorgehensweise schuf von Anfang an einen effizienten Prozess und einen beschleunigten Innovationszyklus.
Die Ergebnisse des Agile Innovation Sprints sind beeindruckend. Das Team entwickelte eine Reihe von innovativen Produkten und Dienstleistungen, die auf dem Markt einzigartig sind. Diese Errungenschaft zeigt das Engagement und die Fähigkeit des Teams, neue Wege zu gehen und echten Mehrwert für unsere Kunden zu schaffen.
Der erfolgreiche Abschluss des Agile Innovation Sprints markiert einen Meilenstein für (Unternehmen).
Das Team hat bewiesen, dass agile Methoden nicht nur den Innovationsprozess beschleunigen, sondern auch zu hochwertigen Ergebnissen führen können.
Das Team blickt mit Spannung in die Zukunft und ist bereit, die gewonnenen Erkenntnisse und Erfahrungen in zukünftige Projekte einzubringen.

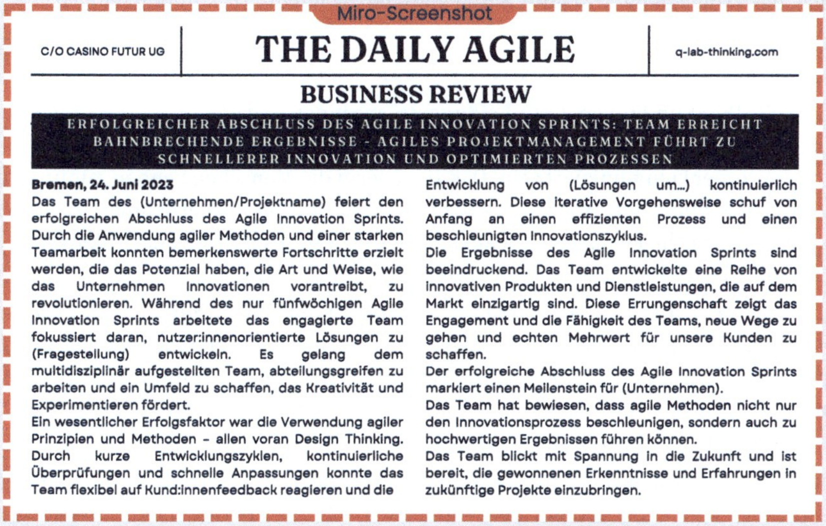

Bild 6.5 Zeitungsartikel, Miro-Screenshot, QLab Think Tank GmbH

Zusammenfassung

Die Timeline strukturiert den fünfwöchigen Ablauf mit 25 Arbeitstagen. Sie zeigt die Zeit für jede Phase, vom Kick-off bis zur Case Study am Ende. Der Kick-off beginnt mit einer Vorstellung des Teams und einem Expert:innenvortrag. Wir besprechen wichtige Formalitäten, starten mit dem Design-Thinking-Prozess und schließen den Tag mit der Klärung und einer Hausaufgabe, die uns hilft, unsere Vision zu schärfen.

6.2 Der Kick-off – Tag 2

Starten Sie den zweiten Tag Ihres AIS mit dem 15-minütigen Check-in, das in Abschnitt 5.7.2 beschrieben ist. Check-ins sind Bestandteil von agilen Meetings und schaffen ein Gefühl der Verbundenheit und des Vertrauens.

Jedes Teammitglied stellt in diesem Kontext eine Frage, die dann jeder für sich mit lediglich einem Bild beantwortet, auf dem Miro-Board platziert und den Kolleg:innen im Anschluss vorstellt.

Auch hier üben Sie sich wieder im Storytelling und erfahren einmal mehr, dass Bilder mehr sagen als 1.000 Worte. Im Anschluss an das Check-in findet, wie in den folgenden Wochen auch, das Daily (siehe Abschnitt 5.6.3) statt, das ebenfalls 15 Minuten dauert.

Input von Kund:innen/Entscheidungsträger:innen

Laden Sie Ihre Kund:innen, Entscheidungsträger:innen und andere für das Projekt relevante Stakeholder für ca. 10 Uhr an Tag 2 Ihres AIS zu einem Meeting ein. Der Termin sollte bereits Wochen vorher kommuniziert sein. Das Team lernt die Menschen kennen, für und mit denen Sie in den kommenden Wochen arbeiten werden. In Ihrem Unternehmen ist das vielleicht die verantwortliche Person des Fachbereichs, die Geschäftsführung oder Menschen aus dem Vorstand oder vielleicht sogar Kund:innen.

Es ist essenziell, Entscheidungsträger:innen und Projektpartner:innen in das Kick-off-Event einzubeziehen, um sicherzustellen, dass alle eine klare Vorstellung von den Erwartungen und Zielen des Projekts haben. Das Team erhält bei Bedarf an dieser Stelle noch weitere Informationen über die Rahmenbedingungen oder den Unternehmenskontext, sammelt also an dieser Stelle bereits relevante Informationen.

Die Design Challenge haben Sie im Vorfeld idealerweise mit den Entscheidungsträger:innen besprochen oder sogar gemeinsam erarbeitet. Wichtig ist in diesem Kontext auch, dass Sie deutlich gemacht haben, dass der Prozess des AIS ergebnisorientiert, aber ergebnisoffen ist, um die Entwicklung neuartiger Lösungen zu gewährleisten.

Zeitungsartikel besprechen

Im Anschluss an das Meeting mit Kund:innen, Entscheidungsträger:innen oder anderen Projektbeteiligten, stellen sich die Mitglieder des Sprint-Teams gegenseitig ihre Zeitungsartikel (siehe Bild 6.5) vor, die ebenfalls auf das Miro-Board geladen werden. Sie gewinnen so Klarheit darüber, ob die Design Challenge verstanden wurde und ob alle Teammitglieder eine ähnliche Vision davon haben, was am Ende des AIS erreicht sein sollte.

Falls es Diskrepanzen gibt, machen Sie sich keine Sorgen – nicht nur der Input von den Projektbeteiligten zuvor, sondern vor allem die erste Phase des Design-Thinking-Prozesses, wird bei allen für Fokus sorgen. Außerdem sind unterschiedliche Vorstellungen nicht kontraproduktiv, um eine gemeinsame Vision zu schaffen, sondern sie helfen, unterschiedliche Perspektiven und Verständnis füreinander zu entwickeln.

Beenden Sie auch diesen Arbeitstag mit einem Wrap-up, welches in Abschnitt 3.5.7 beschrieben ist.

Zusammenfassung
An Tag 2 unseres AIS erfahren Sie, wie wir Teaminteraktionen gestalten, Kund:innen einbinden, eine klare Vision formen und gemeinsam den Design-Thinking-Prozess vorantreiben.

7 Der Design-Thinking-Prozess

Nutzen Sie die auf dem Miro-Board zur Verfügung auf gestellte Design-Thinking-Präsentation zur Einführung in das Thema und in die einzelnen Phasen des Design-Thinking-Prozesses. Unter jeder Slide finden Sie Erläuterungen zu den einzelnen Folien und Hinweise darauf, wo Sie weiterführende Informationen in diesem Buch finden. In der Präsentation beziehen wir uns wieder beispielhaft den AIS, den wir für die Stadt und die Stadtwerke Verden durchgeführt haben.

■ 7.1 Phase 1 – Verstehen

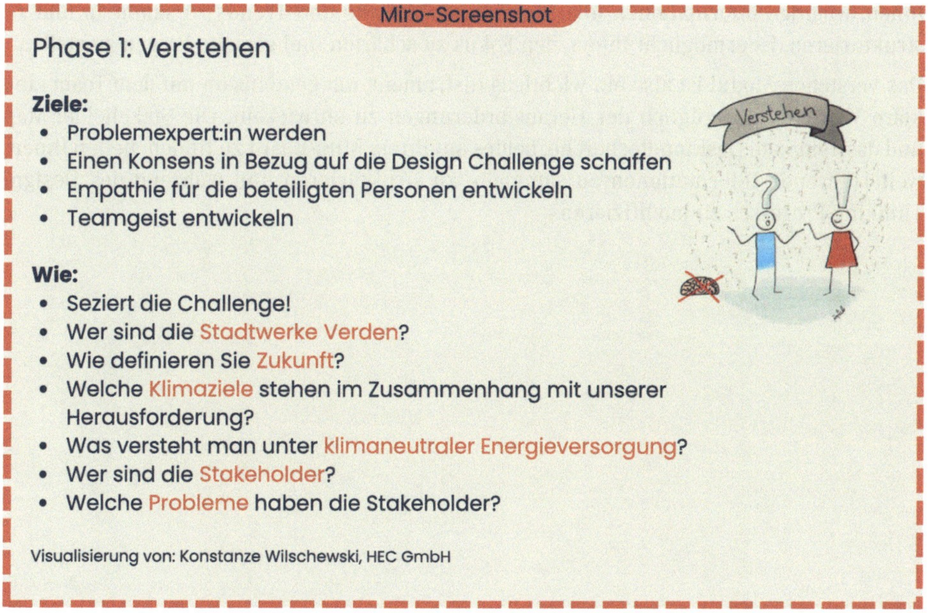

Bild 7.1 Phase 1: Verstehen, Miro-Screenshot

Bereits am Kick-off Tag 1 steigen Sie mit Ihrem Team in die Phase 1 des Design-Thinking-Prozesses ein.

Die erste Phase, Verstehen (siehe Bild 7.1), bildet neben der Design Challenge, die Sie Ihrem Team zum Auftakt noch einmal vorstellen, das Fundament für den gesamten Design-Thinking-Prozess.

In Phase 1 steht nicht bloß die oberflächliche Informationsbeschaffung im Fokus, sondern vielmehr ein erstes Eindringen in die Tiefe, um das Wesentliche der gemeinsamen Herausforderung zu erfassen und eine gemeinsame Vision zu entwickeln.

Es gilt, unterschiedliche Perspektiven und Erfahrungen der Teammitglieder zusammenzuführen und individuelle Standpunkte zu integrieren, um möglichst zügig ein ganzheitliches Verständnis bezüglich Ihrer gemeinsamen Herausforderung zu entwickeln.

Empathie ist bereits in dieser Phase von entscheidender Bedeutung. Sie hören Ihren Kolleg:innen aufmerksam zu und hinterfragen. Sie versuchen, unterschiedliche Motive und Emotionen nachzuvollziehen und zu verstehen. Dabei lernen Sie nicht nur voneinander, sondern Sie wachsen auch als Team zusammen.

Der erste Tag Ihres AIS lässt sich mit dem ersten Kapitel eines Buchs vergleichen. Hier legen Sie die Grundlagen für die Geschichte, die Sie gemeinsam schreiben werden. Sie analysieren die Design Challenge, um ihre Bestandteile, Verbindungen und unterschiedlichen Dimensionen zu verstehen.

Um diese Ziele zu erreichen, können Sie verschiedene Ansätze und Methoden anwenden.

Zunächst zerlegen Sie die Fragestellung mithilfe des Verstehen-Moduls (siehe Bild 7.2), um alle Aspekte des Problems zu erfassen und zu analysieren. Das Ausfüllen des Templates hilft Ihnen, wichtige Informationen über Kund:innen, Märkte und Trends zu sammeln und zu strukturieren. Es ermöglicht Ihnen, den Fokus zu schärfen und gezielte Fragen zu stellen.

Das Verstehen-Modul ist also ein wichtiges Instrument, um gemeinsam mit dem Team eine klare Vorstellung bezüglich der Herausforderungen zu entwickeln. Die Stakeholder-Map und das Template Desktop-Recherche, beides auf Ihrem Miro-Board zu finden, helfen Ihnen, weiterführende Informationen zu sammeln, zu strukturieren und während des Design-Thinking-Prozesses zu modifizieren.

7.2 Verstehen-Modul

Verstehen-Modul

Zerlegen Sie die Fragestellung, um alle Aspekte des Problems zu erfassen und zu analysieren. Dies ermöglicht Ihnen, den Fokus zu schärfen und gezielte, weiterführende Fragen zu stellen.

? Wie können wir...
...?

Stakeholder
Beschreiben Sie hier alle Stakeholder - also Projektbetroffene - im Rahmen der Design Challenge.

Problem
Beschreiben Sie hier die Probleme, die die unterschiedlichen Stakeholder haben.

Was ist...?
Sezieren Sie die Design Challenge, und beschreiben Sie die Bestandteile der Fragestellung.

Stakeholder	Problem
Was bedeutet...............................?	Was bedeutet...............................?
Was bedeutet...............................?	Was bedeutet...............................?

Bild 7.2 Verstehen-Modul, Visualisierung inspiriert von: Dark Horse Innovation

Da wir Ihnen unser Projekt, das wir für die Stadt Verden durchgeführt haben, auf den vorangegangenen Seiten bereits vorgestellt haben, sezieren wir jetzt zur Veranschaulichung die damalige Design Challenge *„Wie müssen die Stadtwerke Verden zukünftig aufgestellt werden, um im Sinne der Klimaziele nachhaltig erfolgreich zu sein und eine klimaneutrale Energieversorgung im Stadtgebiet Verden sicherzustellen?"*

Wer sind die Stadtwerke Verden? Welche Klimaziele stehen im Zusammenhang mit unserer Herausforderung? Hier liefert eine Internetrecherche schnell Antworten. Wir erhalten u. a. einen Überblick über den aktuellen Stand der Organisation, aber auch über den aktuellen Diskurs, über politische Rahmenbedingungen und andere relevante Informationen.

Auch bei der Beantwortung der Fragestellung *Was verstehen Sie unter klimaneutraler Energieversorgung?* kann das World Wide Web behilflich sein, aber auch die eigene Meinung ist interessant. Wenn es darum geht zu definieren, was man unter Zukunft versteht, wird es schon persönlicher. Über die *Stakeholder* (siehe Abschnitt 7.2.1) und deren Probleme können wir in dieser Phase erste individuelle Annahmen treffen, die wir im Laufe des Prozesses durch weitere Recherchen und Interviews überprüfen und validieren werden.

Semantische Analyse

Ziel:

Durch die semantische Analyse der Design Challenge analysieren Sie die Bedeutung und den Kontext der in der Fragestellung verwendeten Wörter und Phrasen. Das ermöglicht es, im Team ein tieferes Verständnis für die Problemstellung zu erlangen und versteckte Annahmen oder Implikationen aufzudecken.

Durchführung:

Die Design Challenge wird zerlegt. Jeder untersucht zunächst in Stillarbeit die Bedeutung jedes Begriffs und seine Beziehung zu den anderen Begriffen. Synonyme, Antonyme und sich ähnelnde Konzepte werden sichtbar. Im Anschluss diskutiert das Team die Ergebnisse, um verschiedene Interpretationen und Sichtweisen zu sammeln und sich zu synchronisieren. Identische Post its werden entfernt – das hilft, die Übersicht zu bewahren. Neue Ideen oder Fragen, die bei der Diskussion aufkommen, werden ebenfalls auf dem Miro-Board notiert.

Materialien:

Miro-Board, Whiteboard oder Flipchart, Marker

Dauer:

Je nach Komplexität der Design Challenge 1 bis 2 Stunden

7.2.1 Stakeholder-Map und Stakeholder-Analyse

Im nächsten Schritt übertragen Sie die bislang definierten Stakeholder im Stakeholder-Modul (siehe Bild 7.3) in die **Stakeholder-Map**. Hierbei handelt es sich um eine visuelle Darstellung, die die verschiedenen Interessengruppen oder Akteur:innen in einem bestimmten Projekt, Unternehmen oder einer Organisation identifiziert und ihre Beziehungen, Interessen und Einflussbereiche zeigt.

Stakeholder-Modul

Die Stakeholder-Map ist eine visuelle Darstellung der Interessengruppen eines Projekts oder einer Organisation, die deren Beziehungen, Interessen und Einflussbereiche zeigt und dabei hilft, ein umfassendes Verständnis für ihre Bedürfnisse und Erwartungen zu entwickeln, Konflikte zu identifizieren und effektive Strategien zur Stakeholder-Engagement zu entwickeln.

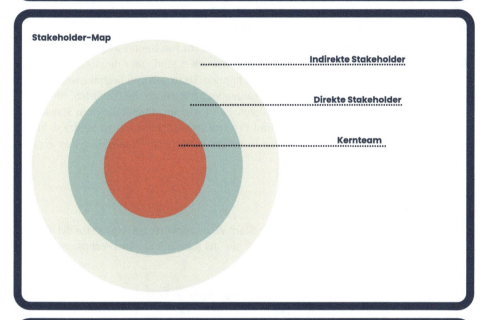

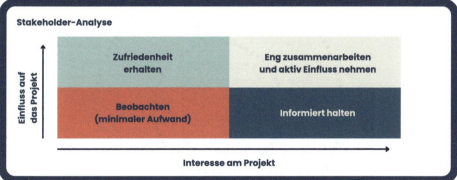

Bild 7.3 Stakeholder-Modul, Visualisierung inspiriert von: Whale Design

Die anschließende **Stakeholder-Analyse** dient dazu, ein umfassendes Verständnis für die beteiligten Parteien zu entwickeln und deren Bedürfnisse, Erwartungen und den Grad der Einflussmaßnahme zu berücksichtigen. Beide Tools unterstützen Sie neben der Visualisierung des Ökosystems u. a. dabei, mögliche Konflikte zu identifizieren und effektive Strategien zum Stakeholder-Engagement zu entwickeln und damit die Kommunikation und Zusammenarbeit zu verbessern.

Das **Kernteam** besteht aus den unmittelbar beteiligten Mitgliedern eines Projekts oder einer Organisation, die direkt für die Planung, Durchführung und Umsetzung verantwortlich sind. Es umfasst in der Regel die Schlüsselakteur:innen, Projektmanager:innen und Fachexpert:innen, die eng zusammenarbeiten, um die Ziele des Projekts zu erreichen.

Das **direkte Projektumfeld** bezieht sich auf die engsten Interessengruppen, die direkten Einfluss auf das Projekt haben. Dazu gehören typischerweise Auftraggeber:innen, Kund:innen, Lieferant:innen und andere wichtige Stakeholder, die unmittelbar von den Ergebnissen des Projekts betroffen sind oder einen wesentlichen Beitrag leisten.

Das **indirekte Projektumfeld** umfasst eine größere Zahl von Interessengruppen, die zwar nicht direkt in die Durchführung des Projekts involviert sind, aber dennoch von den Ergebnissen oder Auswirkungen betroffen sein können. Dazu gehören beispielsweise andere Abteilungen oder Teams innerhalb der Organisation, regulatorische Behörden, die Öffentlichkeit oder sogar die Gesellschaft als Ganzes. Es ist wichtig, diese indirekten Stakeholder zu identifizieren und ihre Bedürfnisse und Erwartungen angemessen zu berücksichtigen, um potenzielle Konflikte zu minimieren und eine erfolgreiche Umsetzung des Projekts sicherzustellen.

Beispiel:

In unserer Zusammenarbeit mit der Stadt Verden gehörte beispielsweise die Klimaschutzmanagerin zum Kernteam, weil sie uns jederzeit als Ansprechpartnerin zur Verfügung stand.

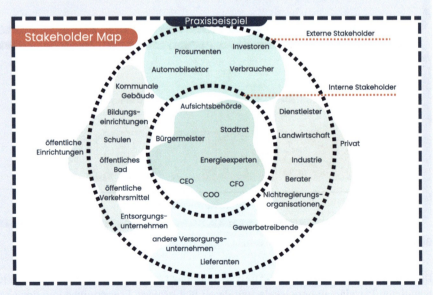

Bild 7.4 Stakeholder Map, Praxisbeispiel, QLab Think Tank GmbH

Im direkten Projektumfeld haben wir den Bürgermeister sowie den Kämmerer der Stadt Verden sowie die Geschäftsführenden der Stadtwerke adressiert. Ebenso wie die Klimaschutzmanagerin waren die angegebenen Personen beim Kick-off, bei den Weeklys und bei der Abschlusspräsentation anwesend.

Zum indirekten Projektumfeld gehörten beispielsweise Bürger:innen, Gesetzgebende auf EU-, Bundes- oder kommunaler Ebene, der Rat der Stadt Verden, der sich aus den Vertretenden politischer Parteien zusammensetzt.

Stakeholder-Analyse

Ziel: Mit der Stakeholder-Analyse identifizieren und bewerten Sie alle Parteien, die von der Lösung beeinflusst werden oder diese beeinflussen könnten. Das hilft Ihnen, die Bedürfnisse und Anforderungen der verschiedenen Gruppen zu verstehen und potenzielle Konflikte oder Synergien zu erkennen.

Durchführung:

1. Listen Sie alle Stakeholder auf, die Ihnen in Bezug auf Ihre Fragestellung in den Sinn kommen.
2. Wir bewerten deren Einfluss und Interesse an unserer Fragestellung.
3. Wir priorisieren die Stakeholder basierend auf ihrer Bedeutung für das Projekt.
4. Wir erkennen mögliche Chancen oder Konfliktpunkte zwischen den Stakeholdern.
5. Wir leiten Schlüsse daraus ab und entwickeln Maßnahmen.

Materialien:

Digital: Miro-Board

Analog: Flipchart oder Whiteboard, Post-Its, Stifte oder Marker

Dauer:

Je nach Anzahl und Komplexität der Stakeholder 2 bis 4 Stunden

Nachdem Sie sich in der Stakeholder-Map einen Überblick über unterschiedliche Akteur:innen verschafft haben, beleuchten Sie nun, welche Stakeholder wie stark von Ihrem Projekt betroffen sind und welchen Einfluss sie auf den Verlauf und den Erfolg Ihres Vorhabens haben könnten.

Die Bewertung der Stakeholder basiert auf ihrem Grad an Macht (Einflussnahme) und ihrem Interesse an dem Projekt. Abhängig von ihrer Position in der Matrix können Sie unterschiedliche Engagementstrategien festlegen.

1. Geringe Macht, geringes Interesse (Beobachten): Diese Stakeholder haben weder viel Macht noch ein hohes Interesse. Es genügt, sie auf einem minimalen Niveau zu betreuen und sicherzustellen, dass keine größeren Bedenken oder Probleme auftreten.

2. Geringe Macht, hohes Interesse (Informieren): Diese Gruppe hat ein hohes Interesse am Projekt, aber begrenzte Macht. Es ist wichtig, diese Gruppe gut informiert zu halten und ihre Meinungen und Feedback zu berücksichtigen.

3. Hohe Macht, geringes Interesse (Befriedigen): Diese Stakeholder besitzen zwar die Macht, das Projekt zu beeinflussen, aber sie haben ein begrenztes Interesse daran. Hier geht es darum, sicherzustellen, dass sie informiert und zufrieden sind, ohne sie jedoch mit zu vielen Details zu belasten.

4. Hohe Macht, hohes Interesse (Beteiligen): Stakeholder in dieser Kategorie können das Projekt erheblich beeinflussen und sind auch stark davon betroffen. Sie müssen aktiv in Entscheidungsprozesse eingebunden werden.

Die Stakeholder-Analyse ermöglicht es Ihnen, durch Kenntnis über Bedürfnisse und Erwartungen Konflikte zu antizipieren und zielgruppenorientierte Entscheidungen zu treffen. Bedenken von Projektakteur:innen können Sie so frühzeitig erkennen und ausräumen. Außerdem binden Sie relevante Stakeholder von Anfang an in Ihr Projekt ein und erhöhen dadurch das Engagement beispielsweise von Entscheidungsträger:innen.

7.2.2 Desktop-Recherche

Dieses Template (siehe Bild 7.5) hilft Ihnen und Ihrem Team dabei, von Anfang an alle Informationen zu sammeln, die Relevanz für Ihr Projekt haben. Unter Themen/Quellen können Sie Links zu Dokumenten, Aufsätzen, Unterlagen, die Ihr Unternehmen zur Verfügung stellt, Videos, Podcasts etc. vermerken. Die Teammitglieder ziehen sich dann die Aufgaben, die sie eigenverantwortlich im Rahmen eines bestimmten Zeitfensters erledigen, zusammenfassend dokumentieren und den anderen Teammitgliedern vorstellen.

Die wichtigsten Erkenntnisse aus der Desktop-Recherche werden auf dem Board „Notizen, Learnings und Tools" dokumentiert.

 Zusammenfassung

In Phase 1 – Verstehen legen Sie ein weiteres wichtiges Fundament für den gesamten Prozess. Sie analysieren die Design Challenge, um ihre Elemente und Verbindungen zu verstehen. Empathie spielt eine entscheidende Rolle, indem die Teammitgliedern einander aufmerksam zuhören und ihre Perspektiven nachvollziehen. Sie nutzen das Verstehen-Modul, die Stakeholder-Map und die Desktop-Recherche, um relevante Informationen zu sammeln und zu strukturieren. Die Stakeholder-Analyse hilft, Engagementstrategien festzulegen. Diese Phase bildet die Grundlage für den gesamten Prozess, fördert eine klare Vorstellung der Herausforderung, integriert Perspektiven und formt eine gemeinsame Vision. Empathie und Einbindung der Stakeholder sind Schlüsselkomponenten für den erfolgreichen kreativen Prozess.

Recherche-Template

Dieses Template unterstützt das Team dabei, die Recherche zu strukturieren und Aufgaben zu verteilen (Wer schaut sich welche Themen, Seiten, Videos, Dokumente, Aufsätze, etc. an).

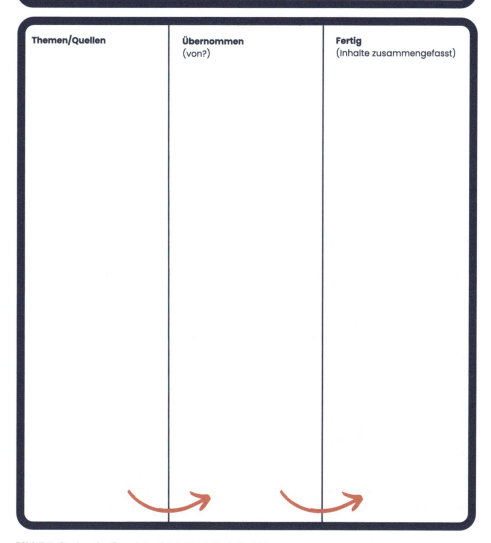

Bild 7.5 Recherche-Template, QLab Think Tank GmbH

7.3 Phase 2 – Beobachten

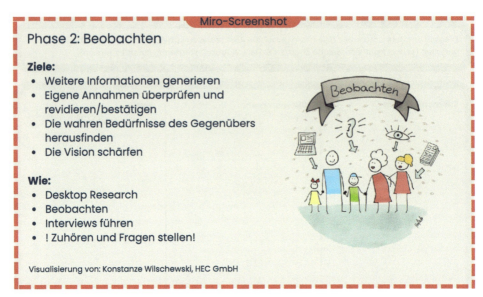

Bild 7.6 Phase 2: Beobachten, Miro-Screenshot

In der Phase 2 des Design-Thinking-Prozesses – Beobachten (siehe Bild 7.6) – stehen die Nutzer:innen und ihre tatsächlichen Bedürfnisse im Mittelpunkt. In dieser Phase geht es darum, die in Phase 1 – Verstehen gesammelten Erkenntnisse zu erweitern, Annahmen zu überprüfen und gegebenenfalls zu revidieren. Phase 2 unterstützt Sie ebenfalls dabei, die Teamvision zu schärfen, um eine gemeinsame Ausrichtung zu gewährleisten.

Das Team setzt die Desktop-Recherche fort, um weitere Erkenntnisse zu gewinnen. Auch in dieser Phase zählt Quantität statt Qualität. Je mehr Erkenntnisse generiert werden, desto mehr Zusammenhänge lassen sich erkennen.

Ein weiterer wichtiger Aspekt der zweiten Phase ist das direkte Beobachten Ihrer Kund:innen/Nutzer:innen beim Gebrauch Ihrer Services, Produkte oder Prozesse. Durch die genauen Beobachtungen ihrer Handlungen, Verhaltensweisen und Reaktionen können Sie wertvolle Erkenntnisse über Bedürfnisse und Anforderungen gewinnen.

Es empfiehlt sich, in dieser Phase außerdem anonymisierte Umfragen via Survey Monkey durchzuführen, um weitere Informationen direkt von bestimmten Zielgruppen zu erhalten. Dies ermöglicht es, sowohl qualitative als auch quantitative Daten zu sammeln und ein umfassendes Verständnis hinsichtlich der Bedürfnisse zu entwickeln.

Den Fokus sollten Sie allerdings auf strukturierte Interviews setzen, weil es darüber am besten gelingt, die Perspektive, die Probleme und Bedürfnisse Ihrer Nutzer:innen zu verstehen.

Vorbereitung und Durchführung von Interviews mit Expert:innen, Kund:innen und Nutzer:innen

Wir empfehlen bereits im Vorfeld des AIS, aber spätestens an Tag 1 mit der Vorbereitung der Durchführung von Interviews (siehe Bild 7.7) zu beginnen. Dazu gehört, über Ihre Netzwerke oder über Internetrecherche potenzielle Interviewpartner:innen zu lokalisieren und per E-Mail oder telefonisch zu adressieren. Bei diesen Personen handelt es sich in der Regel um Expert:innen im Rahmen der Design Challenge. Sie können aber auch andere Stakeholder sowie interne und externe Kund:innen und Nutzer:innen ansprechen. In der Regel ist es nicht notwendig, mehr als 20 Gespräche zu führen, um Informationen, die wir in Phase 1 gesammelt haben, zu überprüfen oder um weitere Erkenntnisse zu sammeln.[1]

Das auf Miro befindliche Interviews-vorbereiten-Template hilft Ihnen bei der Organisation Ihrer Gespräche.

Bei unserer Design Challenge „Wie müssen die Stadtwerke Verden zukünftig aufgestellt werden, um im Sinne der Klimaziele nachhaltig erfolgreich zu sein und eine klimaneutrale Energieversorgung im Stadtgebiet Verden sicherzustellen?" haben wir natürlich nicht nur mit unseren Kund:innen – dem Bürgermeister der Stadt Verden, der Klimaschutzmanagerin, Mitgliedern des Aufsichtsrats und der Geschäftsführung der Stadtwerke Verden – gesprochen, sondern auch Personen aus dem Bereich Nachhaltigkeit und Erneuerbare Energie in Energieversorgungsunternehmen, in Stadtwerken, dem Bundesverband für Erneuerbare Energie (BEE) e. V. und Technologie-Start-ups adressiert. Wir achten grundsätzlich darauf, Informationen von Akteur:innen aus Politik, Wirtschaft, Wissenschaft und Zivilgesellschaft zu erhalten.

Je mehr Informationen wir erhalten, desto besser können wir unterschiedliche Aspekte miteinander verknüpfen, wir erhalten neue, auch widersprüchliche Impulse, die wir diskutieren und überprüfen müssen. Eine wertvolle Nebenwirkung ist, dass unsere Gesprächspartner:innen uns mit ihrem Netzwerk in Kontakt bringen und wir so unser Netzwerk konstant ausbauen können.

---

[1] Vgl. Dark Horse Innovation, Digital Innovation Playbook, S. 89

Interviews organisieren

In der zweiten Phase, Beobachten, die auch Interviews umfasst, lenken Sie Ihren Blick auf die Verifizierung des Verständnisses für das Problem oder die Herausforderung. Sie beginnen mit der Organisation der Interviews.

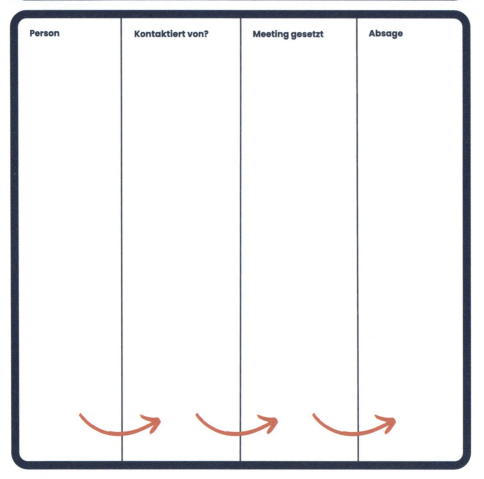

Bild 7.7 Interviews organisieren, QLab Think Tank GmbH

Wie wir Interviews vorbereiten und durchführen

 Beispiel:

1. Nachdem wir sondiert haben, mit wem wir sprechen wollen, schreiben wir unsere potenziellen Gesprächspartner:innen in einer E-Mail (siehe Bild 7.8) an, in der wir uns zunächst kurz vorstellen, den Kontext klären und um ein Interview bitten. Es empfiehlt sich, einen konkreten Terminvorschlag zu machen und um einen Alternativtermin oder um den Kontakt zu Kolleg:innen zu bitten, sollten Ihre Wunschkandidat:innen keine Zeit haben.

Ein Interview sollte nicht länger als 45 bis maximal 60 Minuten dauern.

Mit einem solchen Anschreiben adressieren wir unsere Interview-Partner:innen:

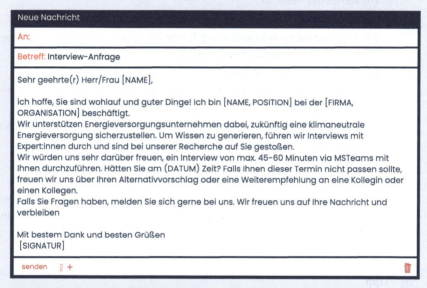

Bild 7.8 Anschreiben Interviewpartner:innen, QLab Think Tank GmbH

2. Nach Erhalt einer Bestätigung oder eines Alternativtermins stellen wir unseren Interviewpartner:innen einen Link zu einem MS-Teams-Meeting zur Verfügung.

3. Wir bereiten Fragen für ein Leitfadeninterview vor. Bei der Beantwortung der Fragen folgen wir diesen Prinzipen:

- Wir stellen kurze und präzise Fragen.
- Wir stellen offene Fragen, die nicht nur mit Ja oder Nein beantwortet werden können.
- Wir stellen keine Suggestivfragen.
- Wir beurteilen nicht.
- Wir hören aufmerksam zu, weil wir lernen wollen.

4. Rollen während des Interviews

Wir führen Interviews mit mehreren Teammitgliedern durch, die unterschiedliche Rollen übernehmen: Moderation und Timekeeping, Fragen stellen, Zuhören, Notizen aufnehmen, Beobachten und Festhalten von Mimik und Gestik. Das hilft uns, einen umfassenden Blick auf unsere Interviewpartner:innen zu erhalten und uns auf unsere Rollen zu fokussieren.

5. Bei der Durchführung des Interviews hat sich folgendes Vorgehen bewährt:

- Wir begrüßen unsere Gesprächspartner:innen.
- Wir fragen, ob wir das Gespräch für interne Zwecke aufzeichnen können. Falls dies möglich ist, drücken wir direkt nach der Frage auf den Aufnahmebutton.
- Wir stellen das Projekt und das Ziel des Gesprächs vor.
- Wir stellen das Team vor.
- Wir bitten unsere Gesprächspartner:innen, sich selbst vorzustellen.
- Wir beginnen mit dem Interview und fragen nach, wenn wir das Gefühl haben, etwas nicht richtig verstanden zu haben.
- Wir achten auf Mimik und Gestik.
- Wir halten – unseren Rollen entsprechend – alle Informationen auf unserem Miro-Board fest, auch hinsichtlich Mimik und Gestik.
- Wir machen 10 Minuten vor Ende der Interviewzeit auf diesen Fakt aufmerksam und laden ein, noch zwei bis drei Fragen zu stellen.
- Wir fassen die Erkenntnisse kurz zusammen.
- Wir danken für das Interview und verabschieden unseren Gast.
- Wir fragen nach, ob wir zu einem späteren Zeitpunkt noch einmal auf die Person zukommen dürfen und ob sie ggf. bereit ist, uns als Testperson zur Verfügung zu stehen.

Tipp

Bei der Anfrage nach Interviewpartner:innen ist hin und wieder auch Ihr Durchhaltevermögen gefragt. Unser Motto in diesem Zusammenhang lautet: Drei Mal ist Bremer Recht, d. h., dass wir, sollten wir nicht ad-hoc eine Antwort erhalten, innerhalb von wenigen Tagen zweimal per E-Mail oder telefonisch, falls die Telefonnummer vorhanden ist, nachhaken. Sollten Sie nach dem dritten Anlauf keine Rückmeldung erhalten, lassen Sie die Person fliegen und nehmen Sie es vor allem nicht persönlich.

Der Interview-Leitfaden

Dieses Template (siehe Bild 7.9), das auch auf dem Miro-Board zu finden ist, hilft Ihnen bei der Strukturierung Ihres sogenannten Needfinding-Interviews. Das Ziel des Needfinding-Interviews ist es, in Gesprächen mit Expert:innen weiterführende Antworten auf Ihre Fragestellung zu gewinnen, aber auch die Bedürfnisse, Wünsche und Herausforderungen Ihrer Kund:innen oder Nutzer:innen noch besser zu verstehen.

Beobachten-Modul

Bild 7.9 Beobachten-Modul, QLab Think Tank GmbH

Wir möchten Ihnen hier einen allgemeinen Überblick über die vier Fragen verschaffen. In den leeren Feldern können Sie dann die Antworten Ihrer Interviewpartner:innen sammeln. Benutzen Sie für jede:n Interviewpartner:in ein eigenes Fragen-Cluster.

Allgemeine Fragen

Diese Fragen helfen dabei, einen Überblick über die Hintergrundinformationen und den Kontext der Gesprächspartner:innen zu erhalten. Sie könnten Folgendes abdecken: demografische Informationen wie Alter, Geschlecht, Beruf, Bildungsstand usw. oder Fragen zum sozialen Umfeld, Interessen und Hobbys oder allgemeine Fragen zur Nutzung bestimmter Produkte oder Dienstleistungen, um ein grundlegendes Verständnis der Gewohnheiten und Bedürfnisse zu erlangen.

Faktfragen

Diese Fragen zielen darauf ab, spezifische Informationen über den Nutzer:innenkontext zu generieren, so z. B. Fragen nach dem technologischen Hintergrund und der Vertrautheit mit bestimmten Technologien oder Plattformen, Fragen zur bisherigen Nutzung ähnlicher Produkte oder Dienstleistungen und den dabei aufgetretenen Herausforderungen oder Fragen zur Verfügbarkeit oder Zugänglichkeit von Ressourcen im Zusammenhang mit dem Problem oder der Herausforderung.

Fragen nach positiven und negativen Erlebnissen

Diese Fragen unterstützen Sie dabei, Einblicke in die Erfahrungen Ihrer Gesprächspartner:innen in Bezug auf das Problem oder die Herausforderung zu erhalten. Neben der Märchenfrage sind die Fragen nach positiven und negativen Erlebnissen sehr kraftvoll, weil sie in der Regel auch Emotionen evozieren.

Fragen Sie beispielsweise nach positiven Erfahrungen und Momenten, in denen ein spezifisches Problem erfolgreich bewältigt wurde, fragen Sie nach negativen Erfahrungen, Frustrationen oder Hindernissen, die bei der Bewältigung des Problems auftraten. Fragen Sie nach Wünschen und Verbesserungsvorschlägen, um negative Erfahrungen zu vermeiden und positive Erlebnisse zu verstärken.

In den Antworten, die Sie erhalten werden, sind schon viele Lösungsmöglichkeiten versteckt!

Märchenfragen

Wenn ich eine gute Fee wäre, was würden Sie sich von mir wünschen, um Ihr Problem zu lösen? Diese Frage zaubert nicht nur ein Lächeln auf das Gesicht Ihres Gegenübers, sondern hilft Ihren Gesprächspartner:innen auch, über die Realität hinauszudenken und verborgene Bedürfnisse zu formulieren.

Stellen Sie sich vor, es gibt keine technologischen Einschränkungen. Wie sähe die ideale Lösung für Ihr Problem aus? Wenn Sie in einer perfekten Welt leben würden, welche Fähigkeiten oder Unterstützung hätten Sie, um das Problem zu lösen? Das sind zwei weitere Fragen, die spannende Antworten erwarten lassen.

Neben der Frage nach den Erfahrungen ist die Märchenfrage, wie bereits bemerkt, eine der wirkungsvollsten Fragen, die Sie stellen können – Sie werden viel über die Bedürfnisse hinter den Bedürfnissen erfahren!

Das Needfinding-Gespräch

Um die Gesprächspartner:innen noch besser zu verstehen und um die Bedürfnisse hinter den Bedürfnissen zu erkunden, bietet sich ein sogenanntes Needfinding-Gespräch an.

Ein Needfinding-Gespräch ist ein exploratives Gespräch zwischen dem Sprint-Team und den potenziellen Nutzer:innen, Kund:innen, Expert:innen oder anderen relevanten Stakeholdern.

Der Zweck dieses Gesprächs ist es, Einblicke in die Welt der Interviewpartner:innen zu gewinnen und Informationen zu sammeln, die über oberflächliche Beobachtungen hinausgehen.

Sie lernen ihre Perspektiven, Bedürfnisse, Emotionen und Motivationen kennen. Dies ist essenziell, um später Lösungen zu entwickeln, die auf Bedürfnisse zugeschnitten sind. Sie erhalten außerdem Einblicke in den Alltag oder die Einstellungen unserer Gesprächspartner:innen. Durch geschickte Fragestellungen und aktives Zuhören können Sie außerdem verborgene Bedürfnisse aufdecken, die ebenfalls zur Entwicklung innovativer Lösungen führen können. Needfinding-Gespräche dienen außerdem dazu, Ihre Annahmen zu überprüfen und zu validieren und ggf. zu korrigieren.

Auch Ihre Interviewpartner:innen betreiben Storytelling: Ihre Geschichten und Perspektiven können Ihnen als Inspiration für die Entwicklung von Ideen zur individuellen Lösung ihrer Probleme dienen. Aufmerksames Zuhören ist hier wesentlich.

Ein Interview können Sie auch im Rahmen der 5-Why-Methode durchführen:

Methode 5 Why (Die 5 Warum)

Die Methode ermöglicht es Ihnen, einem ursächlichen Bedürfnis noch intensiver auf den Grund zu gehen, die tieferen Ursachen von Problemen oder Unzufriedenheiten zu identifizieren und somit fundierte Lösungen zu entwickeln. Stellen Sie sich bei der Anwendung der 5 Why einfach vor, dass Sie ein fünfjähriges Kind sind, das versucht, die Welt zu verstehen, und erklären Sie das ggf. auch Ihren Gesprächspartner:innen, um Irritationen zu vermeiden.

Ziel:

Mit der 5-Why-Methode können Sie die zugrundeliegenden Ursachen eines Problems identifizieren. Durch das mehrmalige Fragen von „Warum?" wird die Problemursache oft auf systemischer Ebene entdeckt.

Durchführung:

Beginnen Sie mit der ersten Frage, die das offensichtliche Problem adressiert:

„Warum ist das passiert?"

Auf jede Antwort folgt erneut die Frage „Warum?", bis man dies insgesamt fünfmal gemacht hat. Die endgültige Antwort auf das letzte „Warum?" weist oft auf die Wurzel des Problems hin.

Materialien:

Digital: Miro-Board

Analog: Notizbuch oder Notizpapier, Stifte

Dauer:

30 Minuten

> **Beispiel**
>
> Als Beispiel verwenden wir gerne eine Fragestellung aus dem Bereich Ernährung. Essen und Trinken tun wir schließlich alle. Nicht nur Sie, sondern auch Ihre Gesprächspartner:innen werden erstaunt sein, herauszufinden, warum wir Dinge tatsächlich tun.
>
> Wir haben als Person A eine Person B nach ihren Ernährungsgewohnheiten gefragt und herausgefunden, dass sie lieber Salat als Brot isst. Jetzt wollen wir wissen, warum das so ist.
>
> Person A: Warum isst du denn lieber Salat als Brot?
>
> Person B: Salat ist gesünder und enthält mehr Nährstoffe.
>
> Person A: Warum ist es dir wichtig, gesunde Lebensmittel zu essen und mehr Nährstoffe aufzunehmen?
>
> Person B: Ich möchte sicherstellen, dass mein Körper die richtigen Nährstoffe erhält, um gesund zu bleiben und meine Energie zu maximieren.
>
> Person A: Warum ist es dir wichtig, gesund zu bleiben und maximale Energie zu haben?
>
> Person B: Ich habe in der Vergangenheit schlechte Essgewohnheiten gehabt und meinen Körper vernachlässigt. Jetzt versuche ich, mich besser um mich selbst zu kümmern und die negativen Auswirkungen früherer Entscheidungen umzukehren.
>
> Person A: Warum möchtest du die negativen Auswirkungen deiner früheren Entscheidungen umkehren und dich besser um dich selbst kümmern?
>
> Person B: Meine Gesundheit und mein Wohlbefinden sind grundlegende Elemente meines Lebens. Ich möchte eine gute Lebensqualität haben, mich körperlich und geistig stark fühlen und meine Ziele erreichen.
>
> Person A: Das ist eine großartige Erkenntnis. Dir sind eine gute Lebensqualität und das Erreichen deiner Ziele wichtig. Vielen Dank für deine Gedanken!
>
> (Hier haben übrigens bereits 4 Why gereicht, um die eigentlichen Bedürfnisse von Person B herauszufinden!)

Dokumentation

Nach den geführten Interviews in Phase 2 setzen Sie die gewonnenen Erkenntnisse in konkrete Aktionen um, um die wertvollen Einblicke zu nutzen, die Sie von Expert:innen, Kund:innen, Nutzer:innen und anderen Stakeholdern erhalten haben. Die Notizen werden auf dem Miro-Board festgehalten, das als zentrale Plattform für Ihre Zusammenarbeit dient.

Im Anschluss an die Gespräche kommen Sie zusammen und tauschen die unterschiedlichen Ansichten und Beobachtungen aus. Diese Diskussionen sind von zentraler Bedeutung, da sie es Ihnen und Ihrem Team ermöglichen, ein gemeinsames Verständnis über die gesammelten Informationen zu entwickeln.

Während dieser Analysephase lenken Sie Ihre Aufmerksamkeit besonders auf die Erkenntnisse, die herausragend, überraschend, beunruhigend oder auch kurios sind. Diese interessanten Aspekte sind oft der Schlüssel zur Identifizierung von Innovationsmöglichkeiten.

Indem Sie diese Erkenntnisse im Team diskutieren, können Sie unterschiedliche Perspektiven miteinander verknüpfen und tiefergehende Einblicke gewinnen. Dieser Prozess unterstützt uns dabei, verborgene Muster, Bedürfnisse und Möglichkeiten zu erkennen, die als Grundlage für die Ideengenerierung und Konzeptentwicklung dienen.

Letztendlich dient die Analyse der gesammelten Erkenntnisse nicht nur der Identifizierung von Problemen und Bedürfnissen, sondern auch der Inspiration für kreative Lösungsansätze. Der Diskussionsprozess ermöglicht es Ihnen, gemeinsam Ideen zu entwickeln, die auf den tatsächlichen Anliegen unserer Zielgruppen aufbauen und einen echten Mehrwert bieten. So schaffen Sie die Grundlagen für die nächsten Phasen des Design-Thinking-Prozesses.

Umfragen

Wie bereits erwähnt, können Sie neben den Interviews mit Kund:innen/Nutzer:innen auch anonymisierte Umfragen (siehe Bild 7.10), beispielsweise via Survey Monkey[2], durchführen.

Umfragen ermöglichen Folgendes:

- **Sie erweitern Ihre Perspektiven:** Durch anonymisierte Umfragen können Sie eine größere Anzahl von Personen einbeziehen, auch solche, die möglicherweise nicht für Interviews verfügbar sind. Dies ermöglicht eine breitere Vielfalt an Meinungen, Erfahrungen und Standpunkten, was Ihnen zu einer Datenbasis verhilft.
- **Sie erfassen quantitative Daten:** Während Interviews hauptsächlich qualitative Informationen liefern, ermöglichen Umfragen die Erfassung quantitativer Daten. Diese können dazu beitragen, bestimmte Muster, Trends oder Präferenzen zu identifizieren, die in den Interviews möglicherweise nicht so deutlich zum Vorschein kommen.

Bild 7.10 Umfragen-Tools, Miro-Screenshot, QLab Think Tank GmbH

---

[2] Neben Google bietet auch Microsoft Umfrage-Tools an. Ansonsten sind hier noch LimeSurvey oder QuestionPro zu nennen.

- **Sie können skalieren und effizienter arbeiten:** Umfragen können an eine große Anzahl von Personen gleichzeitig versendet werden, was den Prozess effizienter macht. Dies ist besonders nützlich, wenn Sie Feedback von einer breiten Zielgruppe oder Nutzerbasis sammeln möchten.
- **Sie schaffen ein diskretes Umfeld:** Teilnehmende können sich durch die Anonymität der Umfragen freier fühlen, ehrliche Antworten zu geben. Sie können ihre Meinungen und Erfahrungen ohne Zurückhaltung teilen, was zu einer umfassenderen und unvoreingenommenen Datenquelle führt.
- **Sie ermöglichen zeitliche Flexibilität:** Umfragen ermöglichen es den Teilnehmenden, ihre Antworten im eigenen Tempo zu geben und die Umfrage in einem bestimmten Zeitraum durchzuführen. Wir empfehlen eine Deadline von maximal drei bis fünf Tagen.

Interviews und anonymisierte Umfragen ergänzen sich und bieten unterschiedliche Vorteile. Interviews sind tiefergehender und ermöglichen eine direkte Interaktion mit den Teilnehmenden, um detaillierte Einblicke zu gewinnen. Umfragen hingegen ermöglichen es uns, eine größere Menge an Daten zu sammeln und quantitative Informationen zu erfassen. Durch die Kombination beider Methoden können wir ein umfassenderes Bild erhalten und eine solide Grundlage für die kommenden Phasen des Design-Thinking-Prozesses schaffen.

Konsolidierung der Design-Thinking-Phasen 1 und 2

Nun wird es Zeit, alle Informationen, die Sie in den Phasen 1 – Verstehen und Phase 2 – Beobachten gesammelt haben, zu konsolidieren. Auf dem Explore-Modul (siehe Bild 7.11) können Sie Ihre wichtigsten Rechercheergebnisse und Erkenntnisse aus den Interviews strukturiert festhalten. Das schafft Ordnung und unterstützt Sie bei der Vorbereitung der Phase 3 – Sichtweise definieren, in der Sie Personas als idealtypische Nutzer:innen unserer Produkte, Services oder Prozesse entwickeln werden und ins Storytelling einsteigen.

Die Design Challenge ist auch im Explore-Modul Ihr Leitstern. Halten Sie diese zur Erinnerung gerne noch einmal unter **Fragestellung** fest.

Unter **Trends & Technologien** sammeln Sie alle Informationen zum Status quo und zur Zukunftsfähigkeit für Ihr Projekt relevanter Anwendungen. Die Identifikation potenzieller **Partner:innen und Mitbewerber:innen** verschafft Ihnen einen Überblick darüber, mit wem Sie zukünftig kooperieren könnten und welche Mitbewerber:innen es gibt.

Unter der Überschrift **Fakten** sammeln Sie alle Daten, die Ihnen bei der Entwicklung Ihres Projekts nützen könnten. Dies könnte Marktforschungsdaten, Feedback von Nutzer:innen, Verkaufsdaten usw. umfassen. Im Bereich der potenziellen Disruption identifizieren Sie Bereiche, die wir mit Ihrem Produkt oder Ihrem Service empfindlich stören könnten.

Im Abschnitt **Nutzer:in** benennen Sie potenzielle Zielgruppen, die Sie adressieren könnten, um deren Bedürfnisse zu befriedigen, die hier ebenfalls beschrieben werden.

Welche **Erkenntnisse** ergeben sich nun aus den oben gesammelten Informationen vor allem mit Blick auf die Nutzer:innen und deren Bedürfnisse? Gibt es Ähnlichkeiten oder Unterschiedlichkeiten? Wie können Sie Trends und Technologien oder Partnerschaften nutzen, um ähnliche Bedürfnisse zu befriedigen? Berühren Sie Bereiche, die bekannte Geschäftsmodelle disruptieren können?

Welche **Touchpoints** gibt es, mit denen potenzielle Nutzer:innen mit Ihrem Produkt, Ihrem Service oder den von Ihnen angebotenen Prozess in Kontakt kommen? Touchpoints können physischer oder digitaler Natur sein, wie z. B. Verpackungen, Websites oder Kundendienstschalter.

Touchpoints spielen eine wichtige Rolle im Design Thinking, da Sie mit ihnen das Nutzer:innenerlebnis gestalten und verbessern können. Idealerweise betrachten Sie die gesamte Customer Journey, also den Weg, den Kund:innen von Anfang bis Ende während der Interaktion mit Ihrem Unternehmen, Ihren Produkten oder Ihren Dienstleistungen zurücklegen. Durch die Identifikation der Touchpoints, eine Analyse und eine Optimierung können Sie das Gesamterlebnis verbessern und eine positive Kund:innenerfahrung schaffen.

Explore-Modul

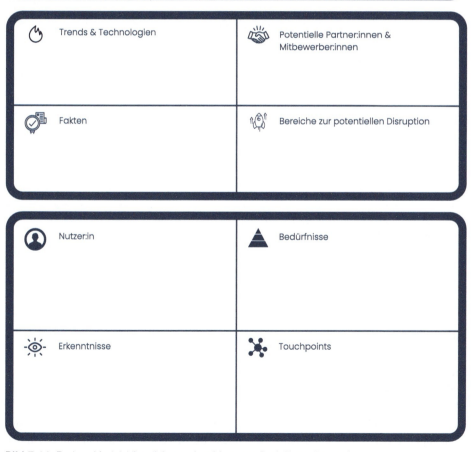

Bild 7.11 Explore-Modul, Visualisierung inspiriert von: Dark Horse Innovation

> **Zusammenfassung**
>
> In Phase 2 des Design Thinking widmen Sie sich intensiv Ihren Nutzer:innen. Sie erweitern Ihre Kenntnisse durch weitere Recherche und überprüfen Ihre Annahmen durch das Beobachten Ihrer Zielgruppe und durch strukturierte, qualitative und quantitative Interviews. Über anonymisierte Umfragen beispielsweise via Survey Monkey, schaffen Sie Reichweite und vertiefen Ihre Erkenntnisse.

7.4 Phase 3 – Sichtweise definieren

Die Informationen, die Sie im Explore-Modul Template gesammelt haben, sind die perfekte Grundlage, um die Phase 3 -Sichtweise definieren (siehe Bild 7.12) – zu starten.

```
Miro-Screenshot
Phase 3: Sichtweise definieren

Ziele:                                          Wie:
• Wir erkennen Muster in den Bedürfnissen       • Wir bündeln die Erkenntnisse
  der Nutzer:innen.                               der Phasen Verstehen und
• Wir sehen Chancen, wo andere Probleme           Beobachten.
  sehen.                                        • Wir finden einen Konsens über
• Wir verstehen die Kund:innenbedürfnisse         die wichtigsten Erkenntnisse.
  auf allen Ebenen.                             • Wir entwickeln aus diesen
• Wir schaffen Klarheit über Annahmen und         Erkenntnissen eine Persona,
  Hypothesen.                                     deren Problem wir lösen
• Wir tauchen in Systeme und machen sie           wollen.
  erfahrbar.                                    • Wir entwickeln eine Metapher
• Wir bringen Informationen zusammen              für das Problem und dessen
  und interpretieren sie.                         Lösung.
• Wir verstehen Erkenntnisse und heben die
  wichtigsten Insights hervor.
• Wir rücken emotional ganz nahe an
  unsere Kund:innen heran.
Visualisierung von: Konstanze Wilschewski, HEC GmbH
```

Bild 7.12 Phase 3: Sichtweise definieren

Die dritte Phase des Design-Thinking-Prozesses beinhaltet den zentralen Schritt, um die Bedürfnisse und Erwartungen der Kund:innen auf emotionaler Ebene zu verstehen. Es gilt, Empathie aufzubauen, um sich in Ihre Zielgruppe einfühlen zu können.

Die im Explore-Modul Template (siehe Bild 7.11) festgehaltenen Erkenntnisse machen Muster sichtbar, die Ihnen weiteren Aufschluss über die Bedürfnisse Ihrer Nutzer:innen geben und Chancen aufzeigen, wie Sie deren Probleme lösen können.

Phase 3 ermöglicht es Ihnen, Klarheit über Ihre Annahmen zu gewinnen, indem Sie tief in Systeme eintauchen und diese in Form einer Persona (siehe Abschnitt 7.4.1) und durch Storytelling (siehe Kapitel 4) erlebbar machen.

In Abschnitt 3.8. haben wir Ihnen bereits Paula Giegler vorgestellt, die wir im Rahmen unserer Zusammenarbeit mit der Stadt Verden und den Stadtwerken Verden entwickelt haben. Paula ist nur eine von drei Personas gewesen, denn die Informationen, die wir in den Phasen 1 und 2 gesammelt haben, sind so vielfältig, dass deutlich wird, dass es mehrere potenzielle Gruppen von Nutzer:innen/Kund:innen gibt.

7.4.1 Persona

Während des fünfwöchigen AIS empfehlen wir, nicht mehr als drei bis maximal vier Personas zu entwickeln.

Das folgende Persona-Modul (siehe Bild 7.13) können Sie nutzen, um eine Persona auf Grundlage der Phasen 1 und 2 zu entwickeln.[3]

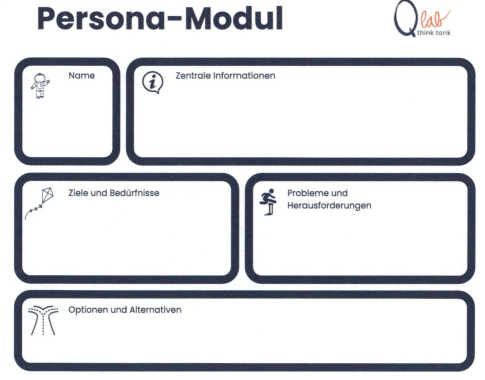

Bild 7.13 Persona-Modul, QLab Think Tank GmbH

---

[3] Es gibt verschiedene digitale Tools, mit denen man im Design Thinking Personas generieren kann. Hier sei der Persona-Generator von HubSpot erwähnt. Dieser ermöglicht es, professionelle und anpassbare Buyer-Personas zu erstellen. Das Tool basiert auf Marktanalysen und Daten der existierenden Kundschaft.

Wir bitten unsere Sprint-Teams immer, eine Persona so lebendig zu beschreiben, dass sie förmlich vor uns im Raum erscheint und für uns greifbar wird. Je greifbarer wir unsere Persona durch bestimmte Attribute gestalten, desto besser gelingt es uns, eine emotionale Bindung zu ihr aufzubauen. Je größer die emotionale Bindung, desto mehr sind wir gewillt, ihre Probleme zu lösen und ihre Bedürfnisse zu befriedigen.

Tipp

Sie sollten allerdings darauf achten, dass sich – trotz eines ausgedachten Namens – niemand, weder interne noch externe Kund:innen in der Persona wiedererkennen. Das könnte peinlich werden!

Visualisieren Sie Ihre Persona in dem Feld unter dem Namen. Sie können gerne selbst zeichnen, ein **Bild** aus dem Internet hochladen oder über KI wie Midjourney generieren.

Unter **Zentrale Informationen** sammeln Sie nicht nur demografische Daten, wie Alter, Geschlecht, Beruf, Familienstand oder wo und wie in welcher Stadt die Persona wohnt, sondern auch, ob sie gerne Sport treibt, wo sie gerne Urlaub macht, ob sie ein Haustier besitzt, wie sie ihre Mobilität gestaltet und welche Hobbys sie hat. Wie gesagt: Es gilt, die Persona so greifbar wie möglich zu machen!

Unter **Ziele und Bedürfnisse** beschreiben Sie, was die Persona in ihrem Berufsleben, in ihrer Freizeit und vielleicht sogar in ihrem Leben erreichen oder erfüllen möchte. Diese Informationen helfen Ihnen zu verstehen, welche Erwartungen die Persona hat und welchen Motiven sie folgt. Wenn Sie die Motive verstehen, wird es Ihnen leichter fallen, auch die Bedürfnisse hinter den kommunizierten oder sichtbaren Bedürfnissen zu verstehen, denn diese wollen Sie befriedigen.

Auch **Probleme und Herausforderungen** geben Ihnen Aufschluss darüber, wie Sie Ihrer Persona am besten helfen können. Gilt es, technische, finanzielle oder zeitliche Probleme zu lösen? Indem Sie die Herausforderungen identifizieren, können Sie entsprechende Lösungen entwickeln.

Machen Sie sich auch Gedanken darüber, welche **Alternativen** eine Persona hat, um ihre Ziele zu erreichen oder ihre Probleme zu lösen. Dadurch gewinnen Sie Erkenntnisse über optionale Lösungen, die unsere Persona beispielsweise bei unseren Mitbewerber:innen findet.

Durch das Zusammenführen all dieser Informationen entsteht eine lebendige Persona, die als Referenzpunkt und Orientierungshilfe für Sie und Ihr Team dient. Ihre Persona unterstützt Sie dabei, sich auf die Bedürfnisse und Erwartungen Ihrer Nutzer:innen/Kund:innen zu konzentrieren und Lösungen zu entwickeln, die diese bestmöglich erfüllen.

Kann, muss aber nicht: Sichtweise definieren – Bilden von Metaphern

Jetzt geht es ans Eingemachte, den nun wollen wir die Bedürfnisse hinter den Bedürfnissen unserer Persona verstehen! Das ist gar nicht so einfach, denn wir müssen quasi mehrfach um die Ecke denken und bildhaft, also in Metaphern denken, um auf Ideen zu kommen, auf die wir auf dem gradlinigen Weg nicht kommen würden.

Sollten Sie das ein oder andere Mal den gradlinigen Weg gehen wollen, laden wir Sie ein, sich direkt zur Storymap in Abschnitt 7.4.2 zu begeben.

Bild 7.14 Sichtweise definieren, QLab Think Tank GmbH

Das Verwenden von Metaphern und das Denken in Bildern fördert unsere Kreativität. Die für uns ungewohnte Denkweise führt erst einmal vermeintlich vom zu lösenden Projekt weg, um uns aber auf unkonventionelle Weise dichter an das Problem heranzuführen und auf Grundlage dessen ebenso unkonventionelle Lösungen zu entwickeln. Metaphern können auch dabei helfen, komplexe Informationen zu vereinfachen und zu visualisieren, was die Kommunikation und Zusammenarbeit im Design-Thinking-Prozess verbessert. Bilder sagen bekanntermaßen mehr als 1.000 Worte!

Das Template **Sichtweise definieren** (siehe Bild 7.14) ermöglicht es Ihnen, die ganz persönliche Sichtweise, den „Point of View" unserer Persona, die auf den ersten Blick in der Regel nicht erkennbar ist, sondern die sich aus deren Bedürfnissen, den Werten und den Motiven generiert, zu erschließen.[4]

Ziel ist es, durch das Bilden von Metaphern *durch die Augen Ihrer Persona zu schauen, mit ihren Ohren zu hören und mit ihrem Herzen zu fühlen*, also die Perspektive zu wechseln und *in die Schuhe Ihres Gegenübers zu schlüpfen*.

Das Sichtweise-definieren-Template besteht aus drei Absätzen. Im obersten Absatz nennen wir den **Namen** unserer Persona, das **wichtigste Bedürfnis**, das wir bereits im Persona-Template benannt und entsprechend priorisiert haben, und das Bedürfnis hinter dem Bedürfnis, also das **ursächliche Bedürfnis**, das die Persona hat.

Im zweiten Absatz nennen wir wieder den Namen unserer **Persona und suchen für das ursächliche, bislang unbefriedigte Bedürfnis**, das zum Problem wird, eine Metapher, also einen bildhaften Ausdruck.

Im dritten Absatz dann nennen wir nach Nennung des **Namens** unserer Persona den **gewünschten Zielzustand**, also den Zustand, den wir herstellen wollen, wenn wir das Problem der Persona gelöst haben.

Beispiel

Paula Giegler, 23 Jahre alt, hat einen Bachelor-Abschluss in Design und arbeitet seit kurzem als Junior-Grafikdesignerin in Dessau. Sie ist Single und bewohnt ein Zimmer mit ihrer Katze Mr. Munch. Paula liest gerne Blogs über das Erreichen von Klimazielen und hält sich über Klimaneutralität und Energiequellen auf dem Laufenden. Sie versucht, abfallfrei und umweltfreundlich zu leben, und möchte bei ihren Designprojekten zum Thema Umwelt und Klimawandel beitragen. Sie bezeichnet sich selbst auch als soziale Aktivistin und genießt Waldspaziergänge mit ihren Freunden. Sie möchte etwas verändern, aber Zeit und Geld sind knapp. Sie fühlt sich nicht allein, denn ihre Mitmieter:innen haben ähnliche Gedanken.

Definieren wir nun Paulas Sichtweise, liest sich das folgendermaßen (siehe Bild 7.15):

Unsere Persona Paula Giegler **(Name)**

braucht Informationen über Dienstleistungen und Produkte

im Bereich Energie **(wichtigstes Bedürfnis)**,

weil sie zur Klimaneutralität beitragen möchte **(Bedürfnis hinter dem Bedürfnis)**.

---

[4] In Abschnitt 2.2 haben wir bereits ausführlich zu Werten und Motiven geschrieben.

Phase 3: Sichtweise definieren
Beispiel Paula Giegler

> Praxisbeispiel
>
> Unsere Persona Paula Giegler
> braucht Informationen über Dienstleistungen
> und Produkte im Bereich Energie,
> weil sie zur Klimaneutralität beitragen möchte.
>
> Für unsere Persona Paula Giegler verwandelt
> sich ihr Bedürfnis, zur Klimaneutralität
> beitragen zu wollen, zu einem Mühlstein, den
> sie auf ihren Schultern trägt.
>
> Wie können wir Paula Giegler
> dabei unterstützen, den Mühlstein zum
> Schweben zu bringen?
>
> Name
> Wichtigstes Bedürfnis
>
> Bedürfnis hinter dem wichtigsten Bedürfnis
>
> Name
> Bedürfnis hinter dem wichtigsten Bedürfnis
> Problem beschreiben als Metapher
>
> Name
> Ideale Unterstützung zur Lösung ihres
> Problems als Metapher beschrieben.
>
> QLab Think Tank GmbH

Bild 7.15 Phase 3: Sichtweise definieren, Praxisbeispiel

Der Druck, dem sich Paula ausgesetzt fühlt, steigt:

Für unsere Persona Paula Giegler **(Name)**

verwandelt sich ihr Bedürfnis, zur Klimaneutralität

beitragen zu wollen **(Bedürfnis hinter dem Bedürfnis)**,

zu einem Mühlstein, den sie auf ihren Schultern trägt **(Problem als Metapher)**.

Kehren Sie nun für einen Moment in sich. Was löst dieses Bild in Ihnen aus? Fragen Sie auch Ihre Teammitglieder, was sie empfinden, wenn sie sich vorstellen, Paula zu sein. Verspüren Sie Stress, Beklemmung oder sogar eine gewisse Angst? Dann sind Sie auf dem richtigen Weg, Empathie aufzubauen. Und das wiederum ist die Basis dafür, eine Lösung für unsere Protagonistin zu finden, die ihr wirklich hilft.

Wie können wir Paula Giegler **(Name)** dabei unterstützen, den Mühlstein zum Schweben zu bringen? **(Ideale Unterstützung zur Lösung ihres Problems als Metapher beschrieben.)**

So lautet die Design Challenge, die nun auf die Persona Paula Giegler zugeschnitten ist. Der Umweg, über bildhafte Darstellungen von Bedürfnissen und Problemen, Lösungen zu entwickeln, ist zwar anstrengend, lohnt sich aber, auch weil Sie darüber leichter ins Storytelling kommen.

Auf den folgenden Seiten erfahren Sie, wie Sie aus einer Metapher Ideen generieren (Abschnitt 7.5) und Prototypen (Abschnitt 7.6) entwickeln.

Doch zunächst kehren wir zurück in die reale Welt. Dies ist ein fiktives Interview, das wir mit unserer Persona Paula Giegler geführt haben, um mehr über ihre Bedürfnisse hinter den Bedürfnissen herauszufinden.

> **Beispiel: 5 Why (5 Warum)**
>
> Die **5-Why-Methode** haben wir Ihnen bereits exemplarisch am Beispiel Ernährung vorgestellt. Wir wollen an dieser Stelle noch einmal explizit auf Paulas Bedürfnis, nämlich Informationen über Dienstleistungen und Produkte Energie sammeln zu wollen, zurückkommen und ergründen, was der Kern ihres Bedürfnisses ist:
>
> Paula, warum möchten Sie Informationen über Dienstleistungen und Produkte im Bereich Energie sammeln?
>
> Paula: Weil ich zur Klimaneutralität beitragen möchte.
>
> Das ist interessant, Paula. Aber warum genau möchten Sie zur Klimaneutralität beitragen?
>
> Paula: Ich glaube, dass dies der richtige Weg ist, um den Klimawandel zu bekämpfen und eine nachhaltige Zukunft für nachfolgende Generationen zu schaffen.
>
> Das ist sehr edel von Ihnen. Warum glauben Sie, dass der Beitrag zur Klimaneutralität der richtige Weg ist, um den Klimawandel zu bekämpfen?
>
> Paula: Ich habe wissenschaftliche Beweise und Berichte gelesen, die besagen, dass die Verringerung von CO_2-Emissionen und die Erhöhung von erneuerbaren Energien entscheidend sind, um die Erderwärmung einzudämmen.
>
> Warum haben Sie sich die Zeit genommen, diese wissenschaftlichen Beweise und Berichte zu lesen?
>
> Paula: Ich mache mir Sorgen um die Umwelt und das zukünftige Wohl des Planeten und habe mich dafür entschieden, gut informiert zu sein und aktiv dazu beizutragen, Lösungen zu finden.
>
> Das ist bemerkenswert, Paula. Warum sind Ihnen diese Themen so wichtig?
>
> Paula: Ich habe eine tief verwurzelte Wertschätzung für die Natur und fühle die Verantwortung, den Planeten für zukünftige Generationen zu schützen."

Aus diesem Interview können wir schließen, dass das grundlegende Bedürfnis von Paula Giegler ihre tiefe Wertschätzung für die Natur und ihr Gefühl der Verantwortung für den Schutz des Planeten für zukünftige Generationen ist. Sie betrachtet Klimaneutralität als einen Weg, diesen Schutz zu gewährleisten, und sucht daher nach Informationen über Dienstleistungen und Produkte im Bereich Energie, die ihr bei diesem Bestreben helfen könnten.

7.4.2 Storymap

So wie Ihnen das Explore-Template beim Konsolidieren der Phase 1 Verstehen und Phase 2 Beobachten geholfen hat, hilft Ihnen die Storymap (siehe Bild 7.16) beim Konsolidieren all der Informationen, die Sie in Phase 3 Sichtweise definieren, gesammelt haben. Die Storymap hilft uns außerdem, konkrete Schritte zu definieren, zu visualisieren, zu kommunizieren und durchzuführen.

Jede Ihrer Personas erhält eine eigene Storymap. So werden beim Vergleich Ähnlichkeiten und Unterschiedlichkeiten deutlich, die Sie auf individuelle Art und Weise adressieren sollten.

7.4 Phase 3 – Sichtweise definieren

 Beispiel

Wir schlüpfen an dieser Stelle in die Rolle von verantwortlichen Stadtwerke-Akteur:innen und starten beim Ausfüllen der Storymap mit dem Herzstück: Über die wesentlichen Informationen, die wir im Persona-Template gesammelt haben, die wir mit den Zielen und Bedürfnissen und den Problemen und Herausforderungen kombinieren, kreieren wir die Basis der Story, die wir erzählen wollen.

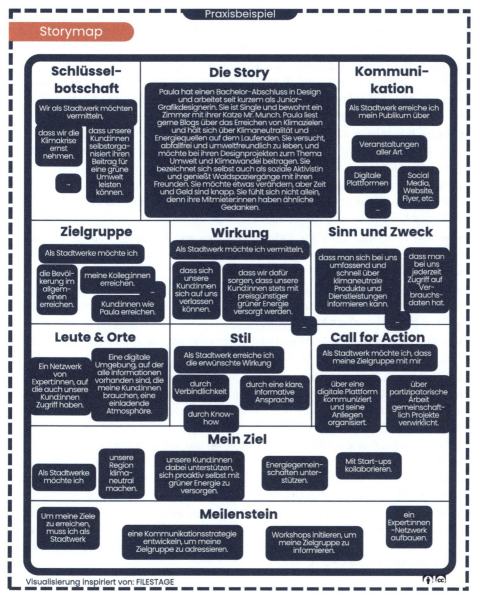

Bild 7.16 Storymap, Praxisbeispiel, QLab Think Tank GmbH

Sinn und Zweck: Hier halten wir die Motivation und den Zweck der Storymap fest. Welches Problem oder welches Bedürfnis versuchen wir zu adressieren? Was wollen wir mit dieser Storymap erreichen? Für Paula Giegler könnten wir z. B. formulieren: „Die Storymap soll Paula dabei helfen, die geeignetsten Produkte und Dienstleistungen im Bereich Erneuerbare Energien zu identifizieren."

Schlüsselbotschaften: In dieser Sektion definieren wir die Hauptbotschaften, die wir unserer Zielgruppe vermitteln wollen. Für Paula könnte eine Schlüsselbotschaft sein: „Klimaneutralität ist nicht nur möglich, sondern auch erreichbar, und jede:r Einzelne kann dazu beitragen."

Zielgruppen: Hier identifizieren wir, an wen sich unsere Storymap richtet und zwar eine größere Gruppe von Menschen, die Paula repräsentiert. Zum Beispiel könnte die Zielgruppe *„umweltbewusste Verbraucher:innen, die zur Klimaneutralität beitragen möchten"* sein.

Call for Action: Dieser Teil enthält den nächsten Schritt, den wir von unserer Zielgruppe erwarten. Für Paula könnte der Call for Action sein: *„Sprechen Sie mit uns und finden Sie heraus, welche Möglichkeiten wir Ihnen im Bereich Erneuerbare Energien bieten. Treffen Sie die Entscheidung, über uns grüne Energie zu beziehen."*

Wirkung: Wie können wir mit unserem Vorgehen das Verhalten oder das Denken unserer Zielgruppe beeinflussen? Für Paula könnte die Wirkung sein: *„Sie fühlt sich motiviert und befähigt, zur Klimaneutralität beizutragen."*

Stil: In diesem Abschnitt definieren wir den Ton und die Ästhetik unserer Aktionen. Sind wir inspirierend, informativ, lehrreich oder etwas anderes? Der Stil, mit dem wir Paula adressieren, könnte beispielsweise *„ermutigend und informativ"* sein.

Leute und Orte: Hier listen wir wichtige Personen und Touchpoints auf. In Paulas Fall könnten dies Expert:innen für erneuerbare Energien, ihr lokaler Energieversorger oder eine digitale Plattform sein.

Kommunikation: Unter dieser Überschrift definieren wir die Kommunikationskanäle, mit denen wir unsere Zielgruppe adressieren wollen. Dies umfasst beispielsweise Social-Media-Kanäle, E-Mail-Newsletter oder Workshops.

Mein Ziel: *„Ich möchte Paulas Wissen und Bewusstsein für erneuerbare Energien erhöhen."* könnte unseren Anspruch beschreiben.

Meilensteine: In diesem Abschnitt legen wir die ersten Schritte auf dem Weg zum Erreichen unseres Ziels fest, die für unsere Persona wie folgt lauten könnten: *„Paula liest über erneuerbare Energien, Paula kontaktiert lokale Energieversorger, Paula wechselt zu einem grüneren Energieversorger."*

Die Storymap fungiert also als eine Art Kompass, der uns in Paulas Energie-Abenteuer führt, ihre Motivationen und Herausforderungen enthüllt und uns ihr Streben nach Klimaneutralität veranschaulicht. Sie ermöglicht es uns, Paulas Reise zu visualisieren, ihre Entscheidungen und Hindernisse begreifbar zu machen.

Durch das Storytelling gelingt es uns, in Paulas Rolle zu schlüpfen und vielleicht sogar ihre Ängste und Hoffnungen zu teilen. Letztendlich ist die Storymap die Basis für uns, um konkrete Handlungen zu initiieren und durchzuführen, um unsere Zielgruppe auf dem Weg zur Klimaneutralität zu unterstützen.

Zusammenfassung

Phase 3 zielt darauf ab, die emotionalen Bedürfnisse Ihrer Kund:innen zu verstehen und Empathie aufzubauen. Die zuvor gesammelten Informationen aus dem Explore-Modul dienen als Grundlage. Durch die Entwicklung von Personas und die Nutzung von Metaphern gelingt es Ihnen, durch die Brille Ihrer Kund:innen zu schauen. Die Erstellung einer Storymap ermöglicht es Ihnen außerdem, die Bedürfnisse, Ziele, Probleme und Lösungen Ihrer Personas zu visualisieren und konkrete Handlungen abzuleiten und zu planen. Das Ziel dieser Phase ist es, eine starke Verbindung zu Ihrer Zielgruppe herzustellen und effektive Lösungen zu entwickeln, die deren Bedürfnissen gerecht werden.

■ 7.5 Phase 4 – Ideen finden

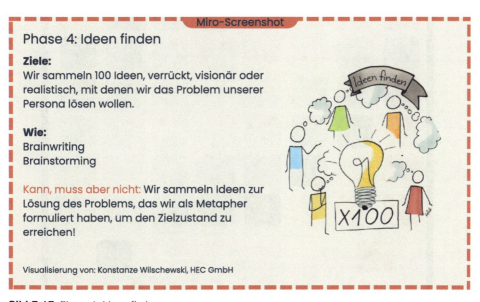

Bild 7.17 Phase 4: Ideen finden

Es ist so weit! Sie verlassen den Problemraum und betreten die Phase 4 des Design-Thinking-Prozesses, und zwar den Lösungsraum – Ideen finden (siehe Bild 7.17). In den Phasen 1 – Verstehen, 2 – Beobachten und 3 – Sichtweise definieren, ist es Ihnen gelungen, ein Kund:innen- oder Nutzer:innenproblem zu konkretisieren, für das Sie nun Ideen für mögliche Lösungen entwickeln werden. In dieser Phase werden Sie und Ihr Team möglichst viele, auch scheinbar verrückte, visionäre und realistische Ideen sammeln (siehe Bild 7.18), um das Problem Ihrer Persona zu lösen. In dieser Phase ist Quantität wichtiger als Qualität.

Benutzen Sie dafür Ihre digitalen Post-its auf dem Miro-Board. Nutzen Sie pro Idee ein Post-it.

Bild 7.18 Ideen-finden-Template, Miro-Screenshot

In Abschnitt 5.2 „Design Challenge formulieren" haben wir bereits eine Methode zur Ideengenerierung – wie beispielsweise Brainstorming – beschrieben. Aber jetzt ist nicht Brainstorming das Mittel der Wahl, sondern Braindrawing (siehe Bild 7.19).

Im Gegensatz zum Brainwriting, bei dem Ideen in Worten ausgedrückt werden, drücken wir beim Braindrawing unsere Gedanken visuell aus. Wir zeichnen, statt zu schreiben, denn:

Bilder sagen mehr als 1.000 Worte! Braindrawing fördert unsere Kreativität und ermöglicht es uns, unsere Ideen auf eine oft intuitivere Weise zu kommunizieren. Braindrawing ist nützlich, wenn uns Worte fehlen, um Sachverhalte zu beschreiben, oder auch, wenn sich Teammitglieder gerne visuell ausdrücken. Die Methode ist hilfreich, um komplexe Konzepte oder Systeme zu veranschaulichen.

Ausgangspunkt für die Ideengenerierung ist die Fragestellung, die wir explizit für unsere Persona formuliert haben.

Wir können hier zweigleisig fahren. In Abschnitt 7.4.1 haben wir Paulas Sichtweise beschrieben.

Wir können uns also entweder auf die Generierung von Ideen zur Fragestellung fokussieren, die sich auf realer Ebene abspielt:

Wie können wir unsere Persona Paula Giegler dabei unterstützen, Informationen und Dienstleistungen im Bereich Energie zu erhalten, damit sie zur Klimaneutralität beitragen kann?

Oder wir tauchen wieder ein in die Welt der Metaphern und versuchen, Lösungen – ebenfalls in Form von bildhaften Darstellungen – für folgendes Problem zu finden:

Wie können wir Paula Giegler dabei unterstützen, den Mühlstein zum Schweben zu bringen?

Methode: Braindrawing (siehe Bild 7.19)
Entwicklung von Ideen in der realen Welt

Bild 7.19 Braindrawing, QLab Think Tank GmbH

Beginnen wir einfach und widmen uns der Ideengenerierung folgender Fragestellung:

Wie können wir unsere Persona Paula Giegler dabei unterstützen, Informationen und Dienstleistungen im Bereich Energie zu erhalten, damit sie zur Klimaneutralität beitragen kann?

Das Sprint-Team bekommt 20 Minuten Zeit, um in Stillarbeit seine Ideen in Form von Skizzen, Zeichnungen oder Symbolen zu visualisieren. Die Stillarbeit unterstützt zurückhaltendere Menschen, ohne Druck eigene Ideen zu entwickeln. Es geht beim Braindrawing nicht darum, künstlerisch perfekte Zeichnungen zu erstellen, sondern lediglich darum, Ideen zu skizzieren. Da die Zeichenwerkzeuge auf Miro nicht sehr funktional sind, nutzen wir auch Bilder aus dem Internet.

Nach Ablauf der Zeit werden die Zeichnungen in der Gruppe geteilt. Jeder Teilnehmende erklärt seine Zeichnung und die dahinterliegende Idee. Doppelte Ideen werden entfernt, ähnliche Ideen werden thematisch geclustert. Diese Phase sollte nicht länger als 30 Minuten dauern.

Das Clustern von Ideen hilft uns, das Braindrawing- oder Brainstorming-Ergebnis zu strukturieren und Muster, Trends oder wichtige Themen zu erkennen, die in den Ideen verborgen sind. Die Cluster dienen als Ausgangspunkt für die weitere Entwicklung unserer Ideen.

In der Regel kristallisieren sich Clusterschwerpunkte heraus, die sich unter den Überschriften wie Werkzeuge, Prozesse und Unterstützung durch Menschen verorten lassen.

Um es explizit zu machen, wenden wir uns an dieser Stelle wieder Paula Giegler zu, die wir mit folgenden bereits geclusterten Ideen auf ihrem Weg zur Klimaneutralität unterstützen wollen:

Werkzeuge:
- Energieverbrauchs-Tracker-App: Wir entwickeln eine benutzerfreundliche App, die Paula dabei unterstützt, ihren Energieverbrauch zu überwachen und Optimierungspotenziale zu identifizieren.
- Smart-Home-Steuerungssystem: Wir bieten Paula an, intelligente Technologien zu installieren, die es ihr ermöglichen, ihre Haushaltsgeräte und Beleuchtung effizienter zu steuern und ihren Energieverbrauch zu reduzieren.
- Solarkollektoren-Kit: Wir bieten Paula ein DIY-Kit an, mit dem sie ihre eigene Solarenergiequelle aufbauen und nutzen kann, um ihren CO_2-Fußabdruck zu verringern.

Prozesse:
- Energieberatung via Video-Call: Wir richten einen Online-Service ein, bei dem Paula eine persönliche Energieberatung per Video-Call erhalten kann, um ihre spezifischen Bedürfnisse zu besprechen.
- Klimafreundliche Dienstleisterplattform: Wir schaffen eine Plattform, auf der Paula nicht nur unsere Services und Produkte findet, sondern auch vertrauenswürdige Dienstleister, die umweltfreundliche Produkte und Dienstleistungen anbieten.
- Nachhaltige Energie-Community: Wir etablieren eine Online-Community, in der Paula sich mit Gleichgesinnten austauschen und Tipps zum Energiesparen und zur Klimaneutralität teilen kann.

Unterstützung durch Menschen:
- Energie-Coaching: Wir stellen Paula unsere Energie-Coaches zur Seite, die sie individuell begleiten und auf ihrem Weg zur Klimaneutralität unterstützen.
- Workshops und Schulungen: Wir organisieren Workshops und Schulungen, in denen Paula lernt, wie sie energieeffiziente Entscheidungen treffen kann, sei es im Haushalt oder im Berufsleben.
- Klimaneutrale Mentoren: Wir bringen Paula mit erfahrenen Mentor:innen in Kontakt, die bereits klimaneutral leben und sie mit wertvollen Ratschlägen und Erfahrungen unterstützen.
- Freiwilligen-Netzwerk für Energieprojekte: Wir etablieren ein Netzwerk von Freiwilligen, die gemeinsam an Energieprojekten arbeiten, sei es im Bereich erneuerbare Energien oder Energieeffizienz.

Im nächsten Schritt wird sich das Team innerhalb von max. 30 Minuten entscheiden müssen, welche zwei bis drei Ideen sie in Form von Prototypen weiterentwickeln wollen. „Kill your darlings!" ist hier das Motto!

Dauer:

Ideen zeichnen in Stillarbeit: 30 Minuten.

Teilen und Clustern der Ideen: 30 Minuten.

Entscheiden und Auswahl von max. 3 Ideen: 30 Minuten.

Kann, muss aber nicht: Entwicklung von Ideen in der Welt der Metaphern

Methode: Brainwriting

Tauchen wir nun wieder ein in die Welt der Metaphern und versuchen, bildhafte Lösungen für das ebenfalls als Metapher formulierte Problem zu generieren. Über dieses Vorgehen versuchen wir, auf unkonventionellere Ideen zu kommen als auf dem gradlinigen, oben bereits beschriebenen Weg.

Sie erinnern sich sicherlich:

Für unsere Persona Paula Giegler **(Name)**

verwandelt sich ihr Bedürfnis, zur Klimaneutralität

beitragen zu wollen **(Bedürfnis hinter dem Bedürfnis)**,

zu einem Mühlstein, den sie auf ihren Schultern trägt (siehe Bild 7.20) **(Problem als Metapher)**.

Wie können wir Paula Giegler **(Name)**

dabei unterstützen, den Mühlstein zum Schweben zu bringen? **(Ideale Unterstützung zur Lösung ihres Problems als Metapher beschrieben)**

Wir gehen wieder wie oben beschrieben vor: Das Team entwickelt in 20 Minuten und in Stillarbeit zeichnerisch Ideen (siehe Bild 7.21), wie sie Paula dabei unterstützen wollen, den schweren Mühlstein, den Sie mühevoll trägt, zum Schweben zu bringen. Im Anschluss werden die Ideen innerhalb von 30 Minuten vorgestellt, geclustert und priorisiert.

Bild 7.20 Metapher Paula Giegler, Praxisbeispiel

Bild 7.21 Lösungen, Praxisbeispiel

Mit diesen kreativen und ungewöhnlichen Ideen in Form von Metaphern wird Paula Gieglers Weg zur Klimaneutralität quasi zu einem magischen Abenteuer.

Die nachfolgenden, ebenfalls bereits geclusterten Ideen verdeutlichen, wie der Mühlstein selbst zu einem Werkzeug, einem Prozess und einer unterstützenden Ressource wird, um Paula Giegler auf ihrem Weg zur Klimaneutralität zu unterstützen. Durch kreative Lösungsansätze und die Zusammenarbeit mit anderen Menschen kann der Mühlstein zu einem Symbol der Transformation und positiven Veränderung werden:

Werkzeuge:

- Energie absorbierende Tinktur: Wir entwickeln eine magische Tinktur, die auf den Mühlstein aufgebracht wird und überschüssige Energie absorbiert, um ihn leichter zu machen. Diese Tinktur kann als Werkzeug zur Energieumwandlung dienen und Paula bei ihrer Reise zur Klimaneutralität unterstützen.
- Schwebender Anti-Schwerkraft-Mühlstein: Wir erschaffen ein Gerät, das den Mühlstein von seiner Schwerkraft befreit und ihn sanft schweben lässt. Dieses Werkzeug symbolisiert die Leichtigkeit, die Paulas Bedürfnis zur Klimaneutralität bringen kann.

Prozesse:

- Energiewandler-Mühle: Wir entwerfen einen Prozess, bei dem der Mühlstein in eine Mühle umgewandelt wird, die überschüssige Energie in erneuerbare Energie umwandelt. Paula kann diesen Prozess aktiv nutzen, um zur Klimaneutralität beizutragen.
- Verwandlungs-Zaubertanz: Wir initiieren einen rituellen Tanzprozess, bei dem Paula und andere Teilnehmer rhythmische Bewegungen ausführen, um den Mühlstein in eine leichtere und beschwingtere Form zu verwandeln. Dieser Prozess kann als eine kreative und inspirierende Erfahrung dienen.

Unterstützung durch Menschen:

- Der Verwandlungs-Zaubertanz ist nicht nur ein Prozess, sondern wirkt durch die Menschen ebenfalls unterstützend.
- Energiewandelnde Mentoren: Wir bringen Paula mit erfahrenen Mentor:innen in Kontakt, die sie dabei unterstützen, den Mühlstein durch Energieumwandlung schwerelos zu machen. Diese Mentor:innen können ihr wertvolle Ratschläge geben und ihr dabei helfen, ihre Vision von Klimaneutralität zu verwirklichen.

Dauer:

Ideen zeichnen in Stillarbeit: 30 Minuten.

Teilen und Clustern der Ideen: 30 Minuten.

Entscheiden und Auswahl von max. 3 Ideen: 30 Minuten.

Im nächsten Schritt würden wir aus diesen kreativen und symbolischen Ideen Prototypen entwickeln. Wie das funktioniert, erfahren Sie in Abschnitt 7.6.

Exkurs: Storytelling durch Metaphern

Fragen Sie sich jetzt, was das Ganze jetzt noch mit unserer Ausgangsfrage *„Wie können wir unsere Persona Paula Giegler dabei unterstützen, Informationen und Dienstleistungen im Bereich Energie zu erhalten, damit sie zur Klimaneutralität beitragen kann"?* zu tun hat?

Auf den ersten Blick wenig bis gar nichts, nicht wahr?

Das hat natürlich einen Grund: Die Methodik führt uns bewusst vom eigentlichen Problem weg, um auf unkonventionelle Lösungen zu kommen. Gleichzeitig hilft die Methode uns dabei, fantasievolle Geschichten zu erzählen, die zum einen unseren Perspektivwechsel anregen und uns zum anderen in emotionalen Kontakt mit unserer Persona bringen.

Spannend wird es, wenn wir unsere metapher-basierten Ideen zurück in die reale Welt transportieren und uns überlegen, welche Bedeutungen und Lösungen hinter den bildhaften Darstellungen verborgen sind.

Das wären unsere Übersetzungsvorschläge:

Werkzeuge:

Energie absorbierende Tinktur: Die „Energie absorbierende Tinktur" könnte ein symbolisches Werkzeug sein, das Paula dabei unterstützt, bewusster mit Energie umzugehen. In der realen Welt könnte dies durch die Verwendung einer Smartphone-App oder eines Energie-Monitoring-Geräts umgesetzt werden. Paula kann ihren Energieverbrauch verfolgen und Optimierungspotenziale erkennen, um effizienter zu leben und ihren Beitrag zur Klimaneutralität zu steigern.

Schwebender Anti-Schwerkraft-Mühlstein: Die „Schwebende Anti-Schwerkraft-Mühlstein"-Metapher repräsentiert die Idee, dass Paula durch innovative Technologien und intelligente Lösungen ihre Bemühungen Richtung Klimaneutralität forcieren kann. In der realen Welt könnte sie dies durch die Nutzung von erneuerbaren Energien, wie Solarenergie oder Windkraft, erreichen.

Prozesse:

Energiewandler-Mühle: Die „Energiewandler-Mühle" in der realen Welt könnte bedeuten, dass Paula die Produktion für erneuerbare Energien aktiv fördert, z. B. durch Investitionen in Solar- oder Windenergieprojekte oder indem sie an Energieerzeugungsinitiativen teilnimmt.

Verwandlungs-Zaubertanz: In der realen Welt könnte dies bedeuten, dass Paula an Workshops oder Co-Creation-Veranstaltungen teilnimmt, bei denen sie mit anderen Menschen Ideen austauscht und Lösungsansätze entwickelt.

Unterstützung durch Menschen:

Energiewandelnde Mentor:innen: Die „Energiewandelnden Mentor:innen" symbolisieren erfahrene und kompetente Personen im Bereich erneuerbare Energien oder Nachhaltigkeit, die Paula als Coaches oder Mentoren zur Seite stehen.

Die Metaphern dienen uns also als Inspiration und können als Ausgangspunkt für die Entwicklung praktischer Werkzeuge, Prozesse und die Zusammenarbeit mit unterstützenden Menschen genutzt werden, um Paulas Ziel der Klimaneutralität zu erreichen.

Gut zu wissen

Wir fordern unsere Teammitglieder in der Regel auf, innerhalb von 20 Minuten mindestens 100 Ideen zu skizzieren. Die Reaktionen mäandern zwischen Neugierde und der Lust darauf, innerhalb so kurzer Zeit so viele Ideen zu entwickeln und Widerstand: „Ich kann überhaupt nicht zeichnen", ist eine Aussage, die wir immer wieder hören. „Wie sollen wir das denn schaffen?" eine weitere. Wenn die bildhaften Ideen dann aber vorgestellt werden, wird allen sehr schnell klar, wie gut es gelingt, sich in Bildern auszudrücken und anderen ohne viele Worte deutlich zu machen, was gemeint ist.

Neben dem Zeitdruck und der Anforderung, sich zeichnerisch ausdrücken zu müssen, nehmen Teammitglieder es häufig als stressig wahr, sich lediglich für drei der zahlreichen Ideen zu entscheiden, für die sie einen Prototyp entwickeln wollen. Wir erinnern an dieser Stelle immer daran, dass die nicht priorisierten Ideen ja nicht verloren sind, sondern dass wir jederzeit darauf zurückgreifen können.

Das Entwickeln einer metapherbasierten Lösung für eine metapherbasierte Idee löst erfahrungsgemäß größere Widerstände aus. Wir sind es gewohnt, Probleme zielstrebig auf lineare Art und Weise zu lösen. Das liegt u. a. daran, dass unser Gehirn ständig bemüht ist, die Energie, die es verbraucht, zu minimieren. Das Bilden von Metaphern gehört nicht zu unseren täglich angewandten Methoden, es erfordert zusätzliche kognitive Anstrengung, die unser Hirn aus Effizienzgründen ablehnt.

Wir empfehlen unseren Teammitgliedern immer, Obst oder Nüsse bereitzuhalten, um den Glukose-Haushalt des Gehirns aufrechtzuerhalten.*

---

* Heggie, Jon. National Geographic. Besser denken. Wie Nahrung unser Gehirn beeinflusst. 14. Februar 2019, *https://www.nationalgeographic.de/wissenschaft/2019/02/besser-denken-wie-nahrung-unser-gehirn-beeinflusst*

Zusammenfassung

In diesem Kapitel begeben Sie sich in den Lösungsraum des Design-Thinking-Prozesses, in dem Sie Ideen zur Lösung spezifischer Probleme Ihrer Persona entwickeln. Quantität ist hier wichtiger als Qualität. Ideen aufzuzeichnen, fördert Ihre Kreativität und Intuition.

Sie finden Lösungen auf der realen Ebene oder auf der metaphorischen Ebene und visualisieren diese in Clustern, die Werkzeuge, Prozesse und die Unterstützung durch Menschen umfassen können. Das Anwenden von Metaphern in der Ideenentwicklung kann aufgrund der kognitiven Anstrengung Widerstände auslösen, ist jedoch eine wirksame Methode, um zu kreativen Lösungen zu gelangen.

Konsolidierung der Design-Thinking-Phasen 3 und 4

Das Create-Modul (siehe Bild 7.22) hilft uns, die Erkenntnisse aus den Phasen 3 – Sichtweise definieren und 4 – Ideen generieren zusammenzufassen, um die priorisierten Ideen zu beschreiben, mit weiteren Informationen anzureichern, auf den Punkt zu bringen und auf eine bestimmte Art und Weise zu bewerten.

Create-Modul 1

Das Create-Modul hilft Ihnen, die Erkenntnisse aus den Phasen 3 – Sichtweise definieren und 4 – Ideen generieren zusammenzufassen, um die priorisierten Ideen zu beschreiben, mit weiteren Informationen anzureichern, auf den Punkt zu bringen und zu bewerten.

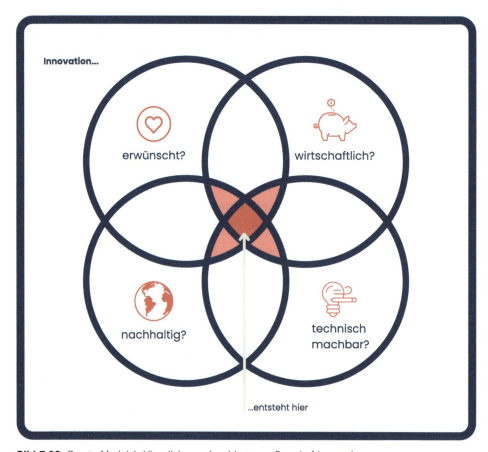

Bild 7.22 Create-Modul 1, Visualisierung inspiriert von: Board of Innovation

Create-Modul 2

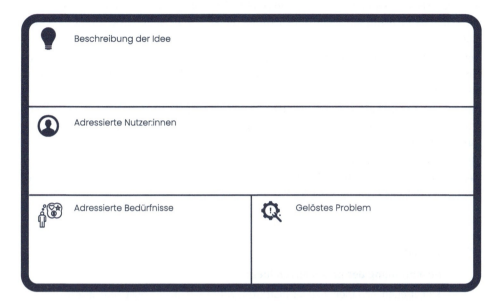

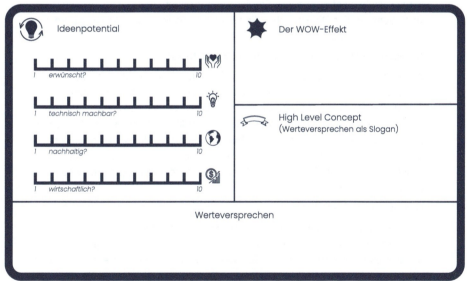

Bild 7.23 Create-Modul 2

Zunächst beschreiben Sie die **Idee** selbst und definieren die Nutzer:innen, die Sie mit Ihrem Produkt oder Service adressieren wollen. Halten Sie außerdem fest, welche **Bedürfnisse** diese Nutzer:innen haben und welches Problem mit der Idee gelöst werden soll.

Bewerten Sie das **Ideenpotenzial** anhand von fünf Kriterien: dem Wert für die Nutzer:innen, der Wirtschaftlichkeit, der technischen Umsetzbarkeit, der Skalierbarkeit und der Nachhaltigkeit.

Definieren Sie den WOW-Effekt, den Sie mit Ihrer Idee erzielen wollen. Der WOW-Effekt soll die Komponente sein, die Ihre Zielgruppe begeistert und sie überzeugt, ihren Lösungsvorschlag auszuprobieren.

Im nächsten Schritt verfassen Sie ein **High Level Concept**, das Ihre Idee in kurzer und prägnanter Form beschreibt. Das High Level ist Ihr Werteversprechen als Slogan und beschreibt Ihren Lösungsvorschlag möglichst verständlich und überzeugend.

Mit dem **Werteversprechen** zeigen Sie, was Ihre Idee einzigartig und attraktiv macht und welchen Mehrwert sie für Ihre Zielgruppe bietet. Sie ermitteln, welche Bedürfnisse Ihre Idee erfüllt und welches Problem sie löst.

Beispiel

Paula Giegler hilft uns wieder, die o. a. Inhalte explizit zu machen.

Beschreibung der priorisierten Idee:

Klimafreundliche Dienstleister-Plattform: Wir schaffen eine digitale Plattform, auf der Paula nicht nur unsere Services und Produkte findet, sondern auch vertrauenswürdige Dienstleister, die umweltfreundliche Produkte und Dienstleistungen anbieten.

Adressierte Nutzer:innen und deren Bedürfnisse:

Wir adressieren Nutzer:innen wie Paula Giegler, Menschen, die sich über Dienstleistungen und Produkte informieren, die zur Klimaneutralität beitragen. Diese Zielgruppe ist interessiert daran, ihren Energieverbrauch zu kennen, und möchte wissen, wie sie ihn reduzieren kann und welche Alternativen es gibt. Personen wie Paula wünschen sich eine effiziente Kundenbetreuung, die zügig Antworten auf ihre Fragen liefert. Die Nutzer:innen unserer Services und Produkte wollen eine bessere Zukunft schaffen, auch dadurch, dass erneuerbare Energien lokal bezogen werden können.

Gelöstes Problem:

Das Hauptproblem, das wir mit unserer Idee der klimafreundlichen Dienstleister-Plattform lösen wollen, ist für Paula Giegler und ähnliche Zielgruppen vertrauenswürdige und umweltfreundliche Dienstleister:innen zu finden, die ihr dabei helfen können, zur Klimaneutralität beizutragen. Derzeit fehlt es an einer zentralen Anlaufstelle, die alle relevanten Dienstleister und deren nachhaltige Angebote bündelt.

Ideenpotenzial:

Wir bewerten unsere Idee auf einer Skala von 1 bis 10. Je höher der Wert ist, desto realistischer ist es, die Idee erfolgreich umzusetzen.

Wert für die Nutzer:innen:

Unsere Idee hat einen hohen Wert für die Nutzer:innen und erhält eine Bewertung von 9. Die Plattform erfüllt das dringende Bedürfnis von Paula Giegler und ähnlichen Zielgruppen nach einer zentralen Anlaufstelle, um vertrauenswürdige und umweltfreundliche Dienstleister:innen zu finden. Die Möglichkeit, alle relevanten Informationen und nachhaltigen Optionen an einem Ort zu finden, bietet eine bequeme und effektive Lösung für ihr Anliegen, zur Klimaneutralität beizutragen.

Wirtschaftlichkeit:

Die Wirtschaftlichkeit unserer Idee bewerten wir mit einer 8. Die Plattform kann verschiedene Einnahmequellen wie Partnerschaften mit Dienstleister:innen, Werbeanzeigen oder Transaktionsgebühren erzeugen, um wirtschaftlich erfolgreich zu sein und weiteres Wachstum zu ermöglichen.

Technische Machbarkeit:

Die Umsetzbarkeit der Idee bewerten wir mit einer 7. Die Entwicklung einer digitalen Plattform erfordert technische Expertise und Ressourcen für Design, Entwicklung und Wartung. Darüber hinaus müssen Partnerschaften mit vertrauenswürdigen Dienstleister:innen aufgebaut und gepflegt werden, um eine breite Palette von nachhaltigen Angeboten sicherzustellen. Mit einer gründlichen Planung und einem engagierten Team ist die Umsetzung jedoch realistisch und lohnenswert.

Skalierbarkeit:

Unsere Idee ist gut skalierbar und erhält eine Bewertung von 8 auf der Skala von 1 bis 10. Da die Plattform digital ist, kann sie relativ einfach erweitert werden, um eine wachsende Anzahl von Dienstleister:innen und Nutzer:innen aufzunehmen. Mit entsprechenden Ressourcen und einer guten Technologieinfrastruktur können wir das Angebot und die Reichweite der Plattform stetig ausbauen.

Nachhaltigkeit:

Durch die Förderung und Bereitstellung von umweltfreundlichen Dienstleistungen und Produkten trägt die Plattform aktiv zur Erreichung von Klimaneutralität und Nachhaltigkeitszielen bei. Die Plattform unterstützt eine nachhaltige Entwicklung und fördert das Bewusstsein für nachhaltige Lebensstile, was langfristig positive Auswirkungen auf die Umwelt hat. Aus diesen Gründen bewerten wir den Aspekt der Nachhaltigkeit mit 9.

Der WOW-Effekt:

Unser WOW-Effekt besteht darin, dass Paula auf unserer Plattform nicht nur unsere eigenen Services und Produkte entdecken kann, sondern auch eine breite Auswahl an vertrauenswürdigen Dienstleister:innen findet, die umweltfreundliche Lösungen anbieten. Sie wird begeistert sein, wie einfach es ist, alle notwendigen Informationen und nachhaltigen Optionen an einem Ort zu finden!

High-Level-Konzept:

Unser High-Level-Konzept besteht darin, eine benutzer:innenfreundliche digitale Plattform zu schaffen, die es Paula und anderen Nutzer:innen ermöglicht, sich umfassend über Dienstleistungen und Produkte zu informieren, die zur Klimaneutralität beitragen. Wir wollen eine breite Palette von vertrauenswürdigen Dienstleister:innen zusammenbringen, die nachhaltige Lösungen anbieten, sei es in den Bereichen erneuerbare Energien, Energieeffizienz, nachhaltige Mobilität oder Recycling.

Werteversprechen:

Unser Werteversprechen an Nutzer:innen wie Paula ist, dass sie auf unserer Plattform eine inspirierende und vielfältige Auswahl an klimafreundlichen Dienstleister:innen finden werden, die ihnen helfen, aktiv zu einer nachhaltigeren Zukunft beizutragen. Wir möchten ihnen eine einfache und effiziente Möglichkeit bieten, ihre Fragen beantwortet zu bekommen und die besten nachhaltigen Optionen für ihre Bedürfnisse zu entdecken. Unsere Plattform soll sie dazu befähigen, informierte Entscheidungen zu treffen und ihren Beitrag zur Klimaneutralität zu maximieren.

Die Konsolidierung der Phasen 3 und 4 im Create-Modul ermöglicht nicht nur eine Bewertung des Ideenpotenzials, sondern auch eine Vergleichbarkeit mit den anderen generierten Ideen. Das Create-Modul lässt sich dadurch auch hervorragend als Diskussionsgrundlage verwenden, wenn Sie Entscheidungsträger:innen von der Wirksamkeit Ihrer Ideen überzeugen wollen.

Sollten Sie weitere Ideen haben, die Sie prototypisch entwickeln wollen, füllen Sie einfach ein weiteres Create-Modul aus.

Zusammenfassung

Nachdem Sie das Nutzer:innenproblem definiert haben, liegt der Fokus nun auf der Ideenentwicklung. Quantität ist wichtiger als Qualität. Sie können Ideen für Lösungen in der realen Welt entwickeln, oder Sie tauchen ein in die Welt der Metaphern.

Nach der Ideengenerierung erfolgt die Konsolidierung in der Create-Phase. Hier beschreiben Sie die Ideen, Ihre Zielgruppen und das gelöste Problem und bewerten das Ideenpotenzial. Sie entwickeln ein High-Level-Konzept, das Ideen prägnant zusammenfasst und das Werteversprechen hervorhebt. Metaphorische Ideen übertragen Sie in die reale Welt und übersetzen sie in Werkzeuge, Prozesse und Formen der Zusammenarbeit.

Sie erfahren, wie wichtig Kreativität, Vielfalt und die Nutzung verschiedener Denkansätze sind, um innovative Lösungen zu entwickeln, die den Bedürfnissen Ihrer Zielgruppe gerecht werden.

7.6 Phase 5 – Prototypen entwickeln

Phase 5: Prototypen entwickeln *(Miro-Screenshot)*

Ziele:
Wir entwickeln einen Prototypen, mit dem unsere Persona versuchen wird, ihr/sein Problem zu lösen.

Wie:
Wir singen, tanzen oder sagen es mit Blumen... (Wire Frame, Mock up, Costumer Journey, Role Play, Lego, etc.)

Visualisierung von: Konstanze Wilschewski, HEC GmbH

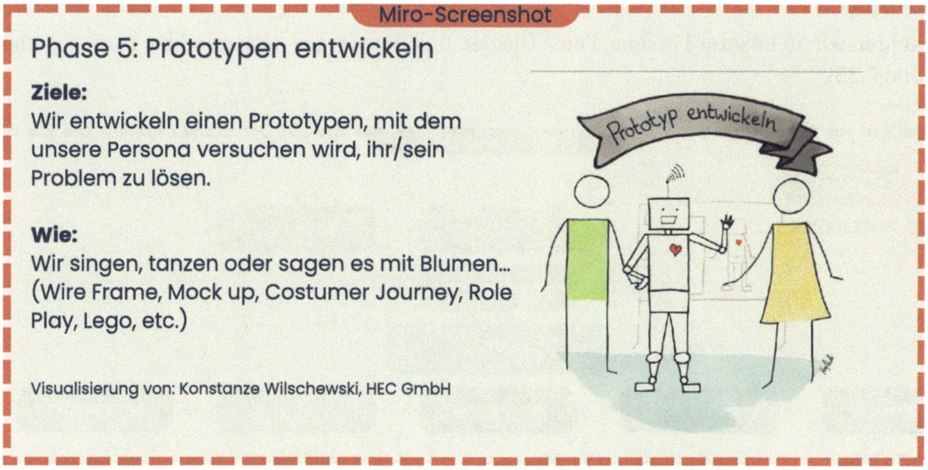

Bild 7.24 Phase 5: Prototypen entwickeln

Nach dem Abschluss der Phase 4 – Ideen finden, in der Sie zahlreiche unterschiedliche Lösungsansätze für das zuvor definierte Problem generiert haben, begeben Sie sich in die fünfte Phase des Design-Thinking-Prozesses – Prototyp entwickeln (siehe Bild 7.24).

In unserem AIS entwickeln wir in der Regel drei bis vier Low-Fidelity-Prototypen, also vereinfachte und oft handgezeichnete oder über Canva gestaltete Darstellungen einer Website, eines Plakats, eines Produkts, einer Dienstleistung oder eines Prozesses.

Low-Fidelity-Prototypen wie Wireframes oder Mock-ups dienen dazu, das grundlegende Design, die Funktionalität oder die Customer Journey zu veranschaulichen, ohne dabei ins Detail zu gehen oder hochgradig interaktiv zu funktionieren.

Prototypen sind, wie wir auch in Abschnitt 3.10 bereits ausführlich beschrieben haben, einfache, kosteneffektive Modelle, die eine konkretere Vorstellung von der Lösung geben. Sie sind dazu da, eine Idee greifbar zu machen, um sie besser beurteilen zu können. Der Fokus in dieser Phase liegt auf dem „Machen" und dem Ausprobieren. In dieser Phase geht es nicht um Perfektion, sondern um das schnelle Lernen aus Fehlern und das Iterieren auf der Grundlage von Nutzer:innen-Feedback.

Ihnen stehen beim Prototyping verschiedene Methoden zur Verfügung. *„Wir singen, tanzen oder sagen es mit Blumen"* ist unsere Metapher dafür, dass Ihrer Kreativität keine Grenzen gesetzt sind.

Sie können beispielsweise eine Customer Journey generieren, um die Erfahrung der Persona mit dem Produkt oder Service von Anfang bis Ende zu visualisieren. Rollenspiele ermöglichen es, sich in die Position der Nutzer:innen zu versetzen und Erfahrungen nachzuempfinden.

Mit Stiften, Papier, LEGO, Knete und anderen Bastelmaterialien können Sie ein physisches Modell des Produkts oder der Lösung erstellen, um sie zu visualisieren und besser vorstellbar zu machen. Weitere digitale und analoge Ansätze zum Prototyping finden Sie in diesem Abschnitt auf den nachfolgenden Seiten.

Jeder dieser Ansätze hat das Ziel, die ideale Lösung für das Nutzer:innenproblem greifbar und testbar zu machen, damit das Sprint-Team ein klareres Verständnis davon bekommt, wie die endgültige Lösung aussehen und funktionieren sollte.

Beispiel

Kehren wir zu unserer Persona, Paula Giegler, und unserer priorisierten Idee zurück (siehe Bild 7.25):

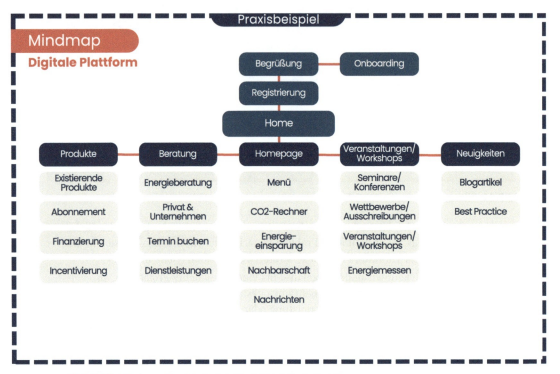

Bild 7.25 Mindmap, Praxisbeispiel, QLab Think Tank GmbH

Wir wollen für Paula und Nutzer:innen mit ähnlichen Bedürfnissen eine digitale Plattform schaffen, auf der Paula nicht nur unsere Services und Produkte findet, sondern auch vertrauenswürdige Dienstleister, die umweltfreundliche Produkte und Dienstleistungen anbieten. Wir wollen Paula dabei helfen, ihren Energieverbrauch nachzuvollziehen, und Alternativen bieten, um Energie zu sparen. Unser Angebot soll informieren und aktivieren.

Im ersten Schritt entwickeln wir eine **Mindmap**, mit der wir visualisieren, welche Inhalte unsere digitale Plattform enthalten soll.

Auf Grundlage der Mindmap zeichnen wir im zweiten Schritt **Low-Fidelity Wireframes** (siehe Bild 7.26), die uns als visueller Leitfaden für die Struktur und das Layout einer Website, einer Anwendung oder eines anderen digitalen Produkts dienen. Die Low-Fidelity-Wireframes sind eine Art Grundriss, auf dem wir zeigen können, wo einzelne Elemente wie beispielsweise Menüs, Texte, Bilder, Buttons oder Links in Form von Platzhaltern platziert werden, um neben der Struktur grundlegende Funktionalitäten darzustellen. Wir kümmern uns an dieser Stelle noch nicht um ästhetische Details wie Farben, Typografie oder Bilder.

Bild 7.26 Wireframes – erste Zeichnungen, Praxisbeispiel, QLab Think Tank GmbH

Diese Visualisierungen geben uns auf sehr einfache Art und Weise einen Eindruck davon, wie unsere Anwendung gestaltet sein könnte. Vor allem helfen uns diese einfachen Skizzen dabei, Dinge besprechbar zu machen und bereits in diesem frühen Stadium Feedback von Nutzer:innen, aber auch von Designer:innen und Entwickler:innen einzuholen, bevor sie zu einem Mock-up weiterentwickelt werden.

Ein Mock-up ist ein Modell oder eine Nachbildung eines Produkts, das dazu dient, neben Funktionalitäten auch das Design, die Farbgebung und die Typografie zu visualisieren und zu demonstrieren (siehe Bild 7.27). Da Mock-ups relativ detailliert sind, erzeugen wir bei unseren Teammitgliedern, Kund:innen, Nutzer:innen und anderen Stakeholdern ein klareres Verständnis dafür, wie das fertige Produkt aussehen kann und funktionieren wird, und können auch hier wieder Feedback einholen.

Bild 7.27 Mockup – VERsorgt, Praxisbeispiel, QLab Think Tank GmbH

> **Tipp**
> Die Miro-Wireframe-Komponentenbibliothek umfasst etwa 60 UI-Designmuster, die einfach kombiniert werden können, um Low-Fidelity-Designs mit geringem Aufwand zu erstellen!

Weitere Arten von Prototypen

Im Rahmen unserer Fragestellung haben wir weitere Prototypen entwickelt, die wir Ihnen an dieser Stelle ebenfalls beispielhaft vorstellen möchten, um Ihnen die Bandbreite der Möglichkeiten zu präsentieren.

Bild 7.28 Ideenfindung, Praxisbeispiel, QLab Think Tank GmbH

Wie in Abschnitt 3.7 Beobachten beschrieben, waren unsere Recherche- und Umfrageergebnisse sowie die geführten Interviews Grundlage dafür, Problemfelder und idealtypische Nutzer:innenbedürfnisse zu erschließen und darüber Kernbereiche für Lösungsansätze (siehe Bild 7.28) zu definieren.

Prototyp Bürger:innen-Umfrage

Neben unserem One-Stop-Shop – der oben beschriebenen digitalen Plattform – haben wir auch einen Prototyp für eine Bürger:innen-Umfrage (Bild 7.29) in der Stadt Verden entwickelt, der den Entwurf eines Plakats und Fragestellungen für eine anonymisierte Umfrage via SurveyMonkey enthielt.

Unser Auftraggeber kann diesen Prototyp als Grundlage für eine großflächig angelegte Umfrage über unterschiedliche digitale und analoge Kanäle verwenden, um Informationen über weiterführende Anforderungen der Bürger:innen an ihr Energieversorgungsunternehmen zu erhalten. Auf Basis der Umfrageergebnisse können dann die bereits existierenden Personas modifiziert werden. Gleichzeitig könnte eine solche Umfrage darauf aufmerksam machen, dass das Stadtwerk sich klimaneutral aufstellen möchte und gemeinschaftliches Engagement gefragt ist.

Bild 7.29 Prototyp: Bürger:innen-Umfrage, Praxisbeispiel, QLab Think Tank GmbH

Umfrage

Wie alt sind Sie?

- Unter 18
- 18 bis 24
- 25 bis 34
- 35 bis 44
- 45 bis 54 Jahre
- 55 bis 64
- 65 oder mehr

Wo wohnen Sie derzeit?

- Ländliche Gegend bei Verden
- Verden – Stadtzentrum
- Verden – Vororte
- Sonstiges: bitte angeben

Wie lässt sich Ihre Wohnsituation am besten beschreiben?

- Ich miete eine Wohnung.
- Ich miete ein Haus.
- Ich wohne in meiner eigenen Wohnung.
- Ich wohne in meinem eigenen Haus.

Wie viele Personen leben in Ihrem Haushalt?

- 1
- 2
- 3
- 4
- > 4

Wer ist Ihr Energieversorger?

(Kurze Textantwort)

Wissen Sie, ob Ihre Energie aus klimaneutralen (erneuerbaren) Quellen stammt?

- Strom und Wärme aus erneuerbaren Quellen
- Weder Strom noch Heizung aus erneuerbaren Quellen
- Nur Heizung aus einer erneuerbaren Quelle
- Nur Strom aus einer erneuerbaren Quelle
- Ich weiß es nicht.
- Sonstiges (bitte angeben)

Wie wichtig ist es Ihnen, klimaneutral zu sein?

(Skala 1–10)

Hypothetisch gefragt: Wie viel mehr wären Sie bereit, für Ihren Strom zu bezahlen, wenn er garantiert aus klimaneutralen Quellen stammt?

- 5–10 %
- 10–15 %
- 15–20 %
- 20–25 %
- > 25 %
- Ich möchte nicht, dass meine Energiequelle klimaneutral ist.

Wie wahrscheinlich ist es, dass Sie bereit sind, Ihr eigenes Biogas mit einem tragbaren Biogasfermenter für Kochzwecke zu produzieren? (Skala 1–10)

(Ein tragbarer Biogasfermenter ist ein Gerät, das Kochgas aus Küchen-/Pflanzenabfällen erzeugen kann. Er nimmt weniger als 2 Quadratmeter Fläche ein.)

Inwieweit beeinflussen die folgenden Punkte Ihre Entscheidung, eine Aufdach-Solaranlage/Wärmepumpe zu installieren? (Skala 1–5)

- Die Kosten
- Platzmangel
- Nicht im Besitz der Wohnung
- Die Optik
- Meine Nachbarn werden denken, dass ich mich für etwas Besonderes halte.
- Ich weiß nicht, wie ich vorgehen soll.
- Ich weiß nicht, wen ich um Hilfe bei der Abwicklung bitten kann.
- Sonstiges: bitte angeben

Welche Erwartungen haben Sie an Ihren Energieversorger? (Sie können mehrere Optionen auswählen)

- Günstige, zuverlässige Energieversorgung
- Eine zentrale Anlaufstelle für den Zugang zu verschiedenen Produkten und Dienstleistungen
- Engagement für die Gemeinschaft
- Investitionen in soziale Projekte
- Beratung
- Betrieb von Freizeiteinrichtungen (Parks, Schwimmbäder usw.)
- Sonstiges (bitte angeben)

Prototyp Stadtwerke Netzwerkaufbau

Zusammenarbeit und Vernetzung sind entscheidende Faktoren für einen erfolgreichen Weg Richtung Klimaneutralität. Um signifikante Ergebnisse zu erzielen und die nationalen Ziele zu erreichen, müssen alle Akteur:innen zusammenarbeiten und ihr Wissen teilen.

Aus diesem Grund haben wir die Idee eines Bündnisses regionaler Stadtwerke in Niedersachsen prototypisch durch einen Flyer/Plakat (siehe Bild 7.30) als Teil einer möglichen Kommunikationskampagne umgesetzt, um die Idee zu visualisieren und besprechbar zu machen. Die Stadtwerke Verden können auf Grundlage dessen beispielsweise Erstgespräche mit Stadtwerken aus der Region führen, um zu testen, ob Interesse an einer Kooperation besteht.

Bild 7.30 Prototyp – Netzwerkaufbau, Praxisbeispiel, QLab Think tank GmbH

Zusammenfassend lässt sich feststellen, dass Low-Fidelity-Prototypen Grundlage dafür sind, festzustellen, ob unser Produkt oder unsere Dienstleistung gewünscht sind.

Und Testen ist der nächste Schritt, um Feedback zu erhalten! Unser Prototyping-Modul (siehe Bild 7.31) ermöglicht es, die sechste Phase des Design-Thinking-Prozesses strukturiert vorzubereiten. Wir werden Sie nun gemeinsam mit Paula Giegler beim Ausfüllen des Templates begleiten.

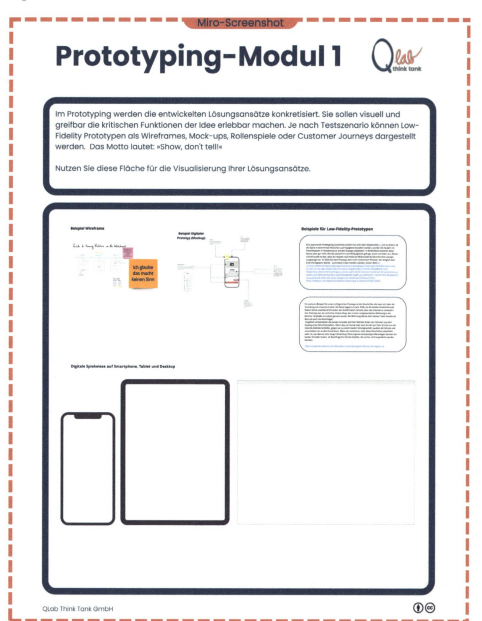

Bild 7.31 Prototyping-Modul 1, Miro-Screenshot

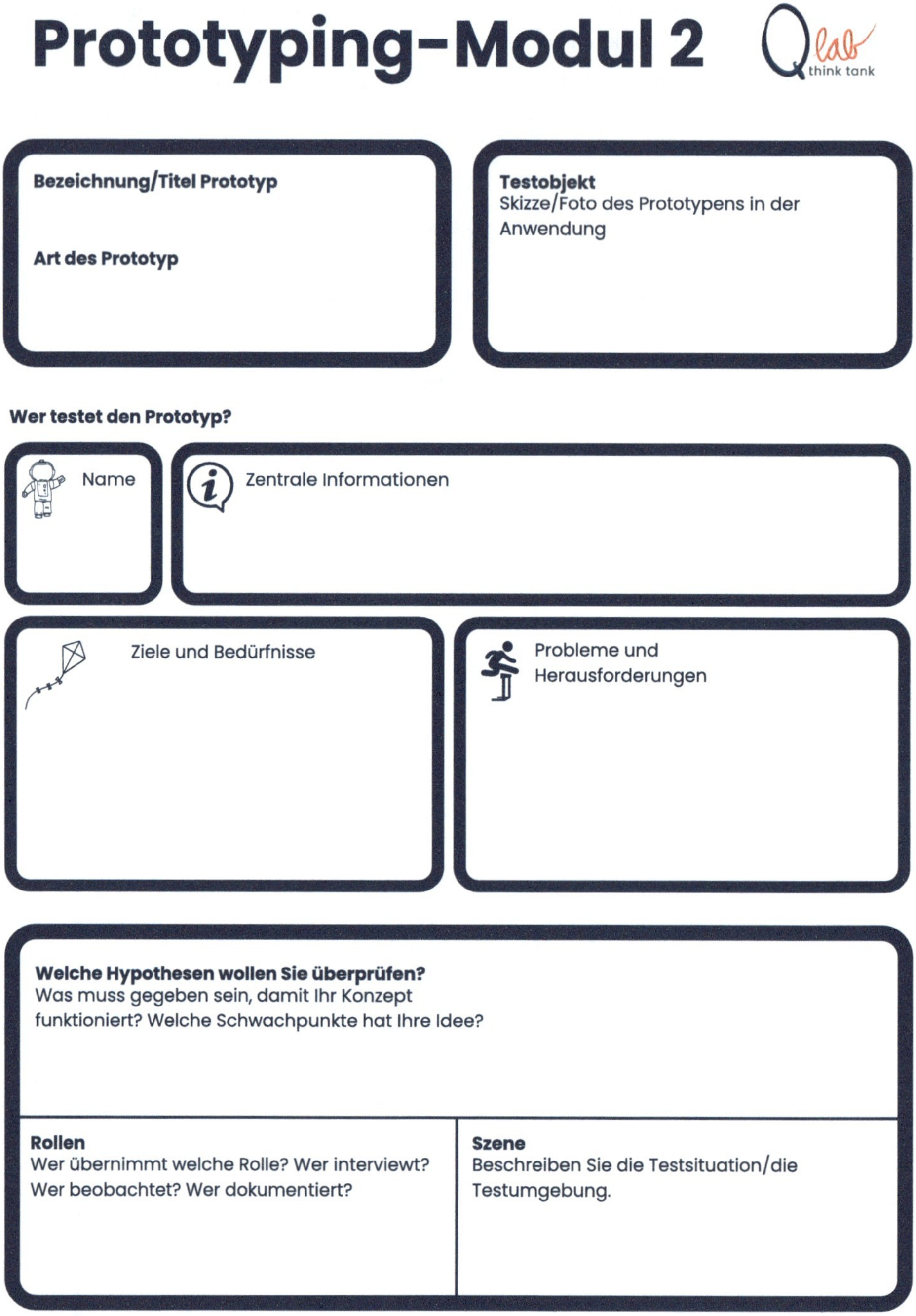

Prototyping-Modul 2

Qlab think tank

Bezeichnung/Titel Prototyp

Art des Prototyp

Testobjekt
Skizze/Foto des Prototypens in der Anwendung

Wer testet den Prototyp?

Name

Zentrale Informationen

Ziele und Bedürfnisse

Probleme und Herausforderungen

Welche Hypothesen wollen Sie überprüfen?
Was muss gegeben sein, damit Ihr Konzept funktioniert? Welche Schwachpunkte hat Ihre Idee?

Rollen
Wer übernimmt welche Rolle? Wer interviewt? Wer beobachtet? Wer dokumentiert?

Szene
Beschreiben Sie die Testsituation/die Testumgebung.

Bild 7.32 Prototyping-Modul 2, QLab Think Tank GmbH

Zusammenfassung

Nach der Generierung von Lösungsansätzen konzentrieren Sie sich nun auf die Prototypenentwicklung. Einfache Darstellungen von Websites, Produkten oder Prozessen veranschaulichen Grunddesign, Funktionalität und Nutzerreise und machen es möglich, Ideen greifbar zu machen und besser zu bewerten. Der Fokus liegt auf dem „Machen" und schnellem Lernen aus Fehlern durch das anschließende Nutzer:innen-Feedback.

Halten Sie zunächst die **Bezeichnung und die Art des Prototyps** fest. Wie sieht Ihr Prototyp aus? Eine **Abbildung** hilft bei der Orientierung, vor allem, wenn Sie mehrere Prototypen testen wollen.

Beispiel

Paula Giegler

Bezeichnung: Digitale Plattform

Art des Prototyps: Mock-up einer App wie in dieser Abbildung (siehe Bild 7.33)

Bild 7.33 Digitale Plattform, Praxisbeispiel, QLab Think Tank GmbH

Wer testet Ihren Prototyp?

Halten Sie hier den Namen, das Alter, den Familienstand, den Beruf und andere für Sie interessanten Informationen wie Ziele und Bedürfnisse sowie Probleme unter Herausforderungen unter der entsprechenden Überschrift fest. Dies kann bereits im Vorfeld geschehen oder, wenn nicht anders möglich, beim Kennenlerngespräch direkt vor dem Testen.

Paula Giegler:

Junior Graphic Design, 23 Jahre alt, wohnhaft in Dessau, will Klimaziele erreichen, versucht umweltfreundlich und abfallfrei zu leben. Bezeichnet sich als soziale Aktivistin.

- **Ziele und Bedürfnisse:**

  Möchte sich über Dienstleistungen und Produkte informieren, die zur Klimaneutralität beitragen.

  Möchte ihren Energieverbrauch kennen, wissen, wie sie ihn reduzieren kann und welche Alternativen es gibt.

  Möchte eine effiziente Kundenbetreuung und Antwort der Stadtwerke auf ihre Anfragen.

  Möchte eine bessere Zukunft für sich selbst mit bezahlbaren öffentlichen Leistungen.

- **Probleme und Herausforderungen:**

  Möchte, dass ihre Energie lokal ist und den lokalen Gemeinden zugutekommt.

  Sie ist sich nicht sicher über die ökologischen Folgen ihres hohen Energieverbrauchs.

  Sie weiß nicht, welche ihrer Produkte sich auf die Umwelt auswirken; sie möchte sich über andere Möglichkeiten zur Erreichung der Klimaziele informieren.

  Sie ist frustriert, weil sie wenig Einfluss auf den Klimawandel hat.

Welche Hypothesen wollen Sie überprüfen?

Vor dem Testen entwickeln Sie Hypothesen, um die Annahmen zu testen, die Sie während der Konzeption des Produkts oder der Dienstleistung gemacht haben. Diese Hypothesen beziehen sich auf das Nutzer:innenverhalten, die Zufriedenheit und das Engagement.

Wir möchten mit Paula das noch nicht interaktiv funktionierende Mock-up der digitalen Plattform testen, um dabei nachfolgende Hypothesen zu überprüfen, die sich hauptsächlich auf visuelle und konzeptuelle Aspekte unserer Plattform konzentrieren.*

Hypothese 1: Die visuelle Darstellung und Strukturierung der Plattform macht es für Paula einfach, die angebotenen Dienstleistungen und Produkte zu verstehen und zu navigieren.

Hypothese 2: Die Art und Weise, wie Informationen über Energieprodukte und -dienstleistungen dargestellt werden, ist für Paula ansprechend und motiviert sie, mehr zu erfahren.

Hypothese 3: Die Darstellung von personalisierten Empfehlungen auf der Plattform kann Paula dazu veranlassen, sich mehr mit den vorgestellten Energiespartechniken und -produkten auseinanderzusetzen.

Hypothese 4: Ein klar dargestellter Community-Bereich auf der Plattform könnte Paula dazu einladen, sich mehr zu engagieren und ihre Erfahrungen und Herausforderungen mit anderen zu teilen.

Hypothese 5: Die Bereitstellung von Lernressourcen auf der Plattform, selbst in einem nicht interaktiven Format, kann dazu beitragen, Paulas Bewusstsein und Verständnis für klimaneutrale Optionen zu erhöhen.

Anschließend besprechen Sie, wer im Team welche Rolle übernimmt.

* Ein interaktiver Prototyp würde zusätzliche Hypothesen zur Benutzer:innenfreundlichkeit und Interaktion ermöglichen.

Rollen

Begleiten Sie das Testen des Prototyps als **Moderator:in**. Sie stellen dem oder der Testenden den Kontext vor und leiten sie durch die Aufgaben. Sie sind außerdem dafür verantwortlich, ein angenehmes Testumfeld zu schaffen und sollten auch darauf achten, dass der Zeitrahmen eingehalten wird. Dies ist besonders wichtig, da Low-Fidelity-Tests oft aufgrund ihrer explorativen Natur länger dauern können.

Es sollte jeweils ein **fragenstellendes, ein zuhörendes und ein beobachtendes Teammitglied** geben. Sie beobachten die testende Person und notieren alle wichtigen Aspekte wie ihr Verhalten, ihre Reaktionen, sowohl verbal als auch in Mimik und Gestik und ihre Kommentare.

Tipp

Die Rollenverteilung ermöglicht es dem Team, den Testprozess aus verschiedenen Blickwinkeln zu betrachten und dabei ein umfassendes Verständnis für die Interaktionen des Testenden mit dem Prototyp zu erlangen. Außerdem fällt es leichter, sich nur auf eine Rolle zu fokussieren. Die Rollen können den spezifischen Anforderungen und den Ressourcen des Teams entsprechend angepasst werden.

Zum Schluss bereiten Sie die digitale **Testumgebung** vor. Folgendes Vorgehen hat sich in den vergangenen AIS nach einigen Iterationsschleifen bewährt.

Technische Anforderungen

Stellen Sie sicher, dass alle Teilnehmenden über die notwendige Hardware und Software verfügen, um an der Sitzung teilzunehmen. Dazu gehören ein Computer oder Tablet, eine zuverlässige Internetverbindung und die Installation eines Browsers, auf dem MS Teams reibungslos läuft. Wir benutzen Google Chrome.

Zugänglichkeit

Stellen Sie sicher, dass alle relevanten Dateien, Links und Materialien in MS Teams, Miro und Canva vor allem für alle Teammitglieder zugänglich sind, falls jemand als Backup einspringen muss. Dies könnte die Freigabe von Dateien in MS Teams, das Einladen von Teilnehmenden zu einem Miro-Board oder das Teilen von Canva-Designs beinhalten.

Gebrauchsanweisungen

Bereiten Sie kurze, leichtgängige Gebrauchsanweisungen vor, wie vor allem die Testpersonen die verschiedenen Tools und Funktionen von MS Teams, Miro und Canva nutzen können, falls dies notwendig wird. Das Testen eines digitalen Mock-ups oder das Ausfüllen von Fragebögen kann über Miro erfolgen. Eine kurze Demonstration der Funktionen am Anfang der Sitzung für alle Anwesenden ist hilfreich.

Vorbereitete Inhalte

Stellen Sie sicher, dass alle notwendigen Inhalte und Materialien auf Miro und Canva vorbereitet und bereit für die Präsentation sind. Dies könnte Mock-ups des Prototyps, Präsentationen, Fragebögen oder interaktive Übungen beinhalten.

Plan B

Technische Probleme können immer auftreten, daher ist es wichtig, einen Backup-Plan zu haben. Dies könnte eine alternative Plattform für die Sitzung beinhalten oder zusätzliche Zeit einzuplanen, um technische Probleme zu beheben. Bewährt hat sich, eine Person beim Testen dabei zu haben, die sich ausschließlich darum kümmert, technische Probleme zu beheben oder Testpersonen ins Meeting zu helfen.

Willkommen

Tipp

Überraschen Sie Ihre Testpersonen nicht nur mit einer Einladung zum Testen, die alle notwendigen Informationen enthält, sondern vielleicht auch mit einem Paket Kaffee und ein paar erlesenen Süßigkeiten, die sie während des Testens genießen können.

Und nun viel Spaß beim Testen!

Zusammenfassung

Unser Prototypen-Modul unterstützt Sie dabei, den Prozess des Testens strukturiert zu organisieren und durchzuführen. Auch hier spielen Ihre Testpersonen neben dem zu testenden Artefakt wieder die Hauptrolle. Sie überprüfen Hypothesen, die Sie im Vorfeld entwickelt haben. Die Rollen im Team sind so verteilt, dass verschiedene Perspektiven eingenommen werden können, um eine umfassende Analyse der Interaktionen durchzuführen. Die Testumgebung wird digital auf MS Teams, Canva und Miro vorbereitet; alle Teilnehmenden erhalten im Vorfeld entsprechende Zugänge.

7.7 Phase 6 – Testen

Probieren geht über studieren.
Oder: Verlieben Sie sich nicht in Ihren Prototyp.

Bild 7.34 Phase 6: Testen

Endlich! Die Stunde der Wahrheit ist da! Sie sind gut vorbereitet. Die Testumgebung ist eingerichtet, jede:r hat Zugriff auf alle notwendigen Tools, die unterschiedlichen Rollen sind besetzt und gleich erscheint Ihre erste Testperson auf dem Bildschirm, die von Ihnen herzlich mit einem Dankeschön für die Teilnahme begrüßt wird. Ihre Testpersonen werden Ihnen helfen zu verstehen, ob unser Lösungsvorschlag gut oder weniger gut und vielleicht sogar überhaupt nicht funktioniert. Die im Vorfeld von Ihnen formulierten Thesen und Fragen strukturieren den Testprozess (siehe Bild 7.34).

Jede Information, die Sie erhalten, ist wertvoll. Idealerweise verlieben Sie sich also nicht in Ihren Prototyp, denn das könnte dazu führen, dass Sie Feedback oder Kritik ablehnen oder ignorieren, selbst wenn sie konstruktiv ist. Bewahren Sie sich auch in dieser Phase des Design-Thinking-Prozesses Offenheit, Neugierde und die Bereitschaft, aus Fehlern zu lernen, um die perfekte Lösung für Ihre Zielgruppe zu finden.

Das Ergebnis dieser Phase liefert Ihnen wertvolle Erkenntnisse darüber, ob der Prototyp den gewünschten Nutzen bringt, die Bedürfnisse der Persona erfüllt und mögliche Schwachstellen aufweist. Das Feedback aus dieser Phase ermöglicht es Ihnen, Anpassungen vorzunehmen und den Prototyp entsprechend zu modifizieren. Der iterative Charakter des Design-Thinking-Prozesses erlaubt es Ihnen, mehrere Test-Feedback-Zyklen durchzuführen, um eine optimale Lösung zu finden, die den Bedürfnissen der Nutzer:innen gerecht wird.

Nutzen Sie u. a. das Testen-Modul 1 und 2 (siehe Bild 7.35 und Bild 7.36) zum Festhalten aller Informationen, die Sie von Ihrer Testperson erhalten.

Testen-Modul 1

Das Ergebnis der Phase liefert Ihnen wertvolle Erkenntnisse darüber, ob der Prototyp den gewünschten Nutzen bringt, die Bedürfnisse der Persona erfüllt und mögliche Schwachstellen aufweist. Das Feedback der Testpersonen ermöglicht Ihnen, Anpassungen vorzunehmen und den Prototypen entsprechend zu modifizieren. Der iterative Charakter des Design Thinking Prozesses erlaubt es, mehrere Test-Feedback-Zyklen durchzuführen, um eine optimale Lösung zu finden, die den Bedürfnissen der Nutzer:innen gerecht wird.

Bezeichnung/Titel Prototyp

Art des Prototyp

Testperson

Intro:

Testfragen

Bild 7.35 Testen-Modul 1, QLab Think Tank GmbH

Testen-Modul 2

QLab think tank

Gefällt mir!	**Das würde ich mir wünschen.**
Die Idee hätte ich noch dazu.	**Das sind meine Fragen dazu.**
Beobachtungen (Kommentare, Mimik, Gestik)	

Bild 7.36 Testen-Modul 2, QLab Think Tank GmbH

Füllen Sie vor dem Testen die Felder **Bezeichnung**, **Titel** und **Art des Prototyps** aus. Vermerken Sie den **Namen Ihrer Testperson** auf dem Template.

Stellen Sie den Kontext durch ein kurzes Intro her. Sie können dabei folgenden Prinzipien folgen:

Intro

- Wir erklären der Testperson kurz, dass der Prototyp ein erstes Modell ist, das wir durch das Feedback weiterentwickeln wollen.
- Wir betonen, dass es keine richtigen oder falschen Antworten auf unsere Fragen gibt und dass eine ehrliche Meinung essenziell ist.
- Wir laden dazu ein, jegliche Bedenken, Fragen und Vorschläge zu teilen, die unserer Testperson in den Sinn kommen.
- Wir hören aufmerksam zu und beobachten, wie die Testperson mit dem Prototyp interagiert, und notieren, was gut funktioniert und welche Schwierigkeiten oder Frustrationen sie erlebt.
- Wir stellen gezielte Fragen, um ein besseres Verständnis für die Gedanken oder Gefühle unserer Testperson zu erhalten. Wir können sie beispielsweise fragen, wie sie sich beim Benutzen des Prototyps fühlt, ob es ihnen intuitiv erscheint oder ob es bestimmte Dinge gibt, die sie anders gestalten würden.
- Wir ermuntern unsere Testperson, laut zu denken, das heißt, Gedanken und Reflexionen während des Tests laut auszusprechen. Dies ermöglicht es uns, Einblicke in ihre Denkprozesse zu bekommen.
- Wir danken unserer Testperson nach dem Testen für die Teilnahme und das wertvolle Feedback und fragen nach, ob wir sie erneut kontakten können, um mit ihr die Iteration des Prototyps testen zu können.

Nachfolgende Fragen für das Testen von Low-Fidelity-Prototypen von digitalen Anwendungen wie Apps oder Websites, Umfragen oder Plakat- und Flyer-Aktionen sollen Ihnen als Inspiration dienen. Die Antworten helfen Ihnen, den Prototyp iterativ zu verbessern und nutzerzentrierte Lösungen zu entwickeln.

Sie können diese Fragen je nach Art des Prototyps modifizieren. Die spezifischen Bedürfnisse und Ziele der Nutzer:innen helfen uns außerdem, die Fragen entsprechend anzupassen.

Achten Sie grundsätzlich darauf, dass Sie verschiedenen Testpersonen die gleichen Fragen stellen, um eine Vergleichbarkeit zu gewährleisten.

Testfragen Digitale Plattform

1. Was sind Ihre ersten Eindrücke des Prototyps der digitalen Plattform?
2. Konnten Sie die gewünschten Informationen leicht erkennen und finden?
3. Wie bewerten Sie das Design und die visuelle Darstellung des Prototyps?
4. Konnten Sie die Hauptfunktionen und -inhalte des Prototyps klar erkennen?
5. Gab es Elemente oder Informationen, die Ihnen unklar oder verwirrend erschienen?
6. Welche Aspekte des Prototyps fanden Sie besonders ansprechend oder interessant?
7. Was würden Sie vorschlagen, um den Prototyp noch nützlicher oder benutzerfreundlicher zu gestalten?

8. Welche Zielgruppen würden Ihrer Meinung nach von diesem nicht interaktiven Prototyp der Plattform profitieren?
9. Hat der Prototyp Ihre Bedürfnisse oder Erwartungen erfüllt? Warum oder warum nicht?
10. Was hat Ihnen besonders gut gefallen und was könnten wir verbessern, um den Prototyp noch aussagekräftiger zu gestalten?
11. Welche zusätzlichen Informationen oder Funktionen würden Sie gerne auf dem Prototyp sehen?
12. Fanden Sie die Anordnung und Organisation der Inhalte auf dem Prototyp klar und verständlich?
13. Welche Informationen oder Inhalte waren besonders relevant oder aussagekräftig für Sie?
14. Gab es irgendwelche Elemente, die Sie als überflüssig oder unnötig empfunden haben?
15. Wie würden Sie den Prototyp anderen Nutzern oder Stakeholdern beschreiben?

Beispiel

Unseren One-Stop-Shop-Prototyp, den wir für unsere Persona Paula Giegler entwickelten, haben wir von acht Expert:innen aus dem Bereich UX/UI-Design (User Experience/User Interface) testen lassen. Hier ist ihr Feedback, das wir in die iterative und zügige Weiterentwicklung des Prototyps einfließen lassen würden.

- Die Informationen sind auf einigen Bildschirmen zu unübersichtlich und überladen, was die kognitive Belastung erhöht.
- Die Startseite sollte die höchste Priorität haben und den Kernwert der Plattform anzeigen, damit die Nutzer:innen schnell darauf zugreifen und ihre Aufgaben erfüllen können.
- Die App sollte eine gewisse Identität der Stadtwerke Verden und der Verdener Bürger:innen zeigen.
- Avatare könnten für die ältere Generation nicht gut funktionieren.
- Der CO_2-Fußabdruck-Rechner und die Verfolgung des Energieverbrauchs sind gute Funktionen, die noch weiterentwickelt werden können.

Testfragen Umfragen
- Wie leicht war es für Sie, die Umfrage zu finden und darauf zuzugreifen?
- Verstanden Sie die Fragen in der Umfrage klar und eindeutig?
- Welche Fragen fanden Sie besonders ansprechend oder motivierend, um zu antworten?
- Welche Fragen waren unklar oder schwierig zu beantworten? Wie könnten wir sie verbessern?
- Fühlten Sie sich während der Beantwortung der Umfrage wohl? War sie gut strukturiert?
- Hatten Sie das Gefühl, dass die Umfrage Ihre Bedürfnisse oder Meinungen ausreichend abdeckt?
- Wie könnte die Umfrage verbessert werden, um sie für Sie noch relevanter und interessanter zu machen?

Testfragen Plakataktionen
- Welches Gefühl vermittelt Ihnen das Plakat? Weckt es Interesse oder Neugierde?
- Ist die Botschaft des Plakats klar und leicht verständlich?
- Was war das Erste, was Ihnen beim Betrachten des Plakats auffiel?
- Welche Elemente des Plakats haben Sie angesprochen oder neugierig gemacht?
- Würden Sie aufgrund des Plakats an der beworbenen Aktion teilnehmen wollen? Warum oder warum nicht?
- Gibt es Aspekte des Plakats, die Sie verwirrt oder abgeschreckt haben?
- Was könnte verbessert werden, um das Plakat noch wirkungsvoller zu gestalten und mehr Teilnehmer:innen anzusprechen?

Allgemeine Fragen
- Was hat Ihnen an dem Prototyp gefallen und was hat Ihnen nicht gefallen?
- Welche Aspekte des Prototyps haben Sie am meisten angesprochen oder beeindruckt?
- Wie würden Sie das Produkt oder die Idee beschreiben, basierend auf dem, was Sie gesehen oder erlebt haben?
- Was wäre für Sie ein Anreiz, das Produkt oder die Dienstleistung tatsächlich zu nutzen oder an der Aktion teilzunehmen?
- Haben Sie Verbesserungsvorschläge oder Ideen, die den Prototyp noch besser machen könnten?
- Was wäre Ihrer Meinung nach ein „Must-have" für das Endprodukt bzw. die endgültige Aktion, um Ihre Bedürfnisse vollständig zu erfüllen?

Reflektion der Testphase

Nach Abschluss der Testphase ist es essenziell, dass Sie die gewonnenen Antworten und Erkenntnisse analysieren, gemeinsam im Team reflektieren und nächste Schritte zur Verbesserung Ihres Prototypen festlegen. Im fünfwöchigen AIS lässt sich aufgrund der Kürze der Zeit in der Regel nur eine Iteration durchführen.

Bei der Auswertung der gesammelten Informationen achten Sie vor allem auf Muster und wiederkehrende Themen, die Sie bei Ihren unterschiedlichen Testpersonen wahrgenommen haben. Diese Einsichten helfen Ihnen zu verstehen, welche Aspekte des Prototyps gut funktionieren und welche Verbesserungen erforderlich sind.

Feedback und Anregungen priorisieren Sie nach ihrer Relevanz und ihrer Auswirkung auf das Gesamtprojekt. Diskutieren Sie, welche Rückmeldungen das größte Potenzial haben, um die Nutzer:innenerfahrung zu verbessern und Ihre gesteckten Ziele zu erreichen.

Auf Grundlage dieser Schlüsselfaktoren und unter Berücksichtigung der Wünsche Ihrer Testpersonen nehmen Sie im nächsten Schritt die entsprechenden Anpassungen vor und bitten ein weiteres Mal um ein Feedback, das wieder der o. a. Systematik folgen kann.

Sollten Sie aus dem Low-Fidelity-Prototyp einen High-Fidelity machen wollen, werden zahlreiche weitere Nutzer:innentests notwendig sein.

Im Anschluss reflektieren Sie im Team den gesamten Testprozess, um zu überprüfen, was gut funktioniert hat und was in Zukunft bei der Vorbereitung, Durchführung und Nachbereitung verbessert werden muss.

Nachfolgende Fragen unterstützen Sie dabei:

- Wie haben die Testpersonen den Prototyp wahrgenommen und genutzt?
- Welche Aspekte haben gut funktioniert oder sollten verbessert werden?
- Welche Funktionen oder Inhalte wurden von den Testpersonen besonders geschätzt oder als relevant empfunden?
- Wie gut erfüllt der Prototyp die Bedürfnisse und Erwartungen der Nutzer:innen?
- Welche Anpassungen sollten wir vornehmen, um ihn nutzerzentrierter zu gestalten?
- Welche priorisierten Feedbacks fließen in die nächste Iteration des Prototyps ein, um eine größere Wirkung auf das Endprodukt zu erzielen?
- Welche neuen Erkenntnisse haben wir über die Zielgruppe gewonnen?
- Auf den nachfolgenden Seiten begleiten wir Paula Giegler exemplarisch durch den Testprozess.

Beispiel

Paula Giegler

Bezeichnung: Digitale Plattform

Art des Prototyps: Mock-up einer App (siehe Bild 7.33)

Wir führen Paula mit folgender Aufgabe in das Testen ein:

Liebe Paula, hier ist der bislang noch nicht interaktive Mock-up unserer neuen digitalen Plattform, die Dir dabei helfen soll, Informationen rund um das Thema Grüne Energie zu finden. Dieser Prototyp vermittelt einen ersten visuellen Eindruck und zeigt die Hauptfunktionen des Produkts.

Bitte nehmen Sie sich einige Minuten Zeit, um den Prototyp zu erkunden und alle vorhandenen Funktionen und Inhalte zu überprüfen. Achten Sie besonders auf die Klarheit der Informationen, die Benutzerfreundlichkeit der Navigation und das allgemeine Design.

Sie können gerne laut denken oder auch währenddessen zu Ihren Eindrücken Rückmeldungen oder Verbesserungsvorschläge machen, die Ihnen während des Tests in den Sinn kommen. Wir werden Ihnen natürlich auch einige Fragen stellen.

Ihr Feedback hilft uns, unseren Prototyp nutzer:innenorientiert weiterzuentwickeln.

Auf unserem Testen-Modul-Template haben wir auf Grundlage der Hypothesen bereits folgende Fragen festgehalten, die Paula auf einer Skala von 1 (sehr gut) bis 5 (mangelhaft) beantworten kann.

1. Wie leicht war es für Sie, die Struktur und Navigation der Plattform zu verstehen?
2. Wie bewerten Sie die visuelle Darstellung der Informationen auf der Plattform?
3. Haben die dargestellten Informationen Ihr Interesse geweckt, mehr über die vorgestellten Energieprodukte und -dienstleistungen zu erfahren?

4. Wie wahrscheinlich würden Sie von der Funktion der personalisierten Empfehlungen Gebrauch machen, wenn diese auf der finalen Plattform verfügbar wäre?
5. Glauben Sie, dass ein Community-Bereich, in dem Sie Ihre Erfahrungen und Herausforderungen mit anderen teilen können, für Sie von Interesse wäre?
6. Wie beurteilen Sie die Qualität und Relevanz der bereitgestellten Lernressourcen in Bezug auf Ihre Bedürfnisse und Interessen?

Wir haben auch noch einige Fragen für Paula in petto, die uns helfen, qualitatives Feedback und Vorschläge für Verbesserungen zu erhalten:

7. Was hat Ihnen an der Plattform besonders gut gefallen und warum?
8. Was hat Ihnen an der Plattform nicht gefallen und warum?
9. Gab es etwas an der Plattform, das Sie verwirrt oder unsicher gemacht hat? Wenn ja, was war das und warum?
10. Welche Funktionen oder Informationen fehlen Ihrer Meinung nach auf der Plattform?
11. Wie könnten die präsentierten Lernressourcen Ihrer Meinung nach verbessert werden, um Ihren Bedürfnissen und Interessen besser zu entsprechen?
12. Haben Sie Vorschläge, wie der Community-Bereich gestaltet sein sollte, um für Sie am nützlichsten zu sein?
13. Was würden Sie ändern oder hinzufügen, um die Plattform für Sie persönlich wertvoller oder einfacher nutzbar zu machen?

Diese offenen Fragen geben Paula die Möglichkeit, ausführlicheres Feedback zu geben und ihre eigenen Gedanken, Erfahrungen und Vorschläge zu teilen. Sie können auch hilfreich sein, um tieferes Verständnis und Empathie für ihre Bedürfnisse und Herausforderungen zu entwickeln.

Kann, muss aber nicht: Testen der Prototyp-Metapher

Es ist so weit! Der große Tag ist gekommen. Wir haben die potenziellen Nutzer:innen unserer digitalen Plattform – vertreten durch unsere Persona Paula Giegler – zum Testen via MS Teams eingeladen.

Wir wollen Paula durch das Testen unserer Lösung in Form einer Metapher helfen, ihre Wünsche, Bedürfnisse, Ängste und Hoffnungen auf einer emotionaleren Ebene zu artikulieren.

Moderator:in: Liebe Paula, wir freuen uns, dass Sie an diesem Test teilnehmen und uns dabei helfen, unseren Prototyp zu verbessern. Um Ihnen eine klare Vorstellung von unserem Konzept zu geben, haben wir uns für ein Rollenspiel entschieden.

Unser Prototyp, die digitale Plattform, wird metaphorisch durch einen „schwebenden Anti-Schwerkraft-Mühlstein" repräsentiert. Stellen Sie sich vor, die Informationen und Dienstleistungen, die die Plattform bietet, sind wie Luftballons, die den Mühlstein, symbolisch für die Last der Informationsbeschaffung und Entscheidungsfindung, zum Schweben bringen (siehe Bild 7.37).

Bild 7.37 Lösung, Praxisbeispiel, QLab Think Tank GmbH

Moderator:in: Sie sind auf einem Feld und vor Ihnen liegt ein großer Mühlstein. Der Stein repräsentiert die Last der Informationsbeschaffung und Entscheidungsfindung in Bezug auf klimaneutrale Lösungen. Wie fühlen Sie sich in dieser Situation?

Paula Giegler: Ich fühle mich etwas überwältigt und unsicher, wo ich anfangen soll. Es gibt so viele Informationen und Entscheidungen zu treffen, es ist fast erdrückend.

Moderator:in: Sie sehen einen roten Luftballon über dem Boden schweben. Der Luftballon symbolisiert unsere digitale Plattform, die Ihnen Informationen und Dienstleistungen im Bereich Energie bietet. Sie entscheiden sich, den Ballon an den Mühlstein zu binden. Was erwarten Sie von diesem ersten Ballon?

Paula Giegler: Ich hoffe, dass der Ballon etwas Leichtigkeit bringt und mir dabei hilft, die Komplexität der Informationen zu reduzieren. Ich erwarte auch, dass er mir eine klare Orientierung verschafft, wo ich anfangen und was ich als Nächstes tun soll.

Moderator:in: Sie entdecken weitere Luftballons in verschiedenen Farben, die verschiedene Funktionen und Dienstleistungen unserer Plattform repräsentieren. Sie binden sie nacheinander an den Mühlstein. Wie fühlen Sie sich dabei und welche Ballons scheinen Ihnen besonders hilfreich zu sein?

Paula Giegler: Jeder zusätzliche Ballon scheint den Mühlstein ein Stück leichter zu machen. Besonders hilfreich finde ich die Ballons, die praktische Tipps und Handlungsempfehlungen repräsentieren, sowie solche, die aktuelle Nachrichten und Entwicklungen im Bereich Klimaneutralität wiedergeben.

Moderator:in: Nachdem Sie genug Luftballons angebunden haben, beginnt der Mühlstein zu schweben und wird dadurch leichter zu bewegen. Wie empfinden Sie diese Veränderung und welche weiteren Luftballons würden Sie gerne hinzufügen?

Paula Giegler: Die Veränderung ist eine große Erleichterung. Ich fühle mich gestärkt und motiviert, meinen Weg zur Klimaneutralität fortzusetzen. Zusätzliche Luftballons könnten interaktive Elemente sein, wie Diskussionsforen oder persönliche Beratungsangebote.

Moderator:in: Vielen Dank, liebe Paula, dass Du Dir Zeit genommen hast, uns Feedback zu geben! Wir entwickeln unseren Prototyp jetzt dementsprechend weiter. Dürfen wir Dich zu einem weiteren Testtermin einladen?

Paula Giegler: Sehr gerne! Ich danke Euch, dass Ihre meine Bedürfnisse und Probleme so ernst nehmt. Nehmt Kontakt auf, wenn Ihr mich braucht!

Zusammenfassung

Sie haben die Testumgebung eingerichtet, Rollen im Team organisiert und den Testprozess strukturiert. Die Ergebnisse des Testes liefern Einblicke in den Nutzen des Prototyps, die Bedürfnisse der Nutzer:innen und mögliche Schwachstellen.

Sie haben einen Überblick über verschiedene anpassbare Testfragen für unterschiedliche Prototypen wie digitale Plattformen, Umfragen und Plakataktionen erhalten. Die Testphase ist reflektiert und Sie haben analysiert, wie Sie Ihren Prototyp über die gewonnenen Informationen weiterentwickeln können.

8 Die Abschlussphase des Agile Innovation Sprint

Herzlichen Glückwunsch! Sie haben die fünf Wochen des AIS durchlaufen und halten nun einen vertesteten Low-Fidelity Prototyp in der Hand. Nun muss eine Entscheidung getroffen werden, ob Ihr Produkt oder Ihr Service weiterentwickelt werden soll (siehe Bild 8.1). Dabei unterstützt Sie das Evaluate-Modul auf der nächsten Seite.

Bild 8.1 Reflektieren und iterieren

8.1 Evaluate-Modul

Im Evaluate-Modul-Template (siehe Bild 8.2) konsolidieren Sie die Ergebnisse der Testphase mit den Haupterkenntnissen des AIS. Sie erhalten so einen Überblick über das Nutzer:innen-Feedback zu Ihrem Produkt oder Ihrer Dienstleistung und die relevanten Einflussfaktoren, um festzustellen, ob Sie Ihren Low-Fidelity-Prototyp weiterentwickeln wollen. Sie machen Projektergebnisse so auch für potenzielle Entscheidungsträger:innen in Ihrem Unternehmen sichtbar und diskutierbar.

Bevor wir das Evaluate-Modul-Template beispielhaft mit den Ergebnissen der Testphase mit unserer idealtypischen Nutzer:in Paula Giegler befüllen, möchten wir Ihnen erst einmal einen Überblick über die Inhalte des Templates verschaffen.

Vermerken Sie zunächst wieder den **Namen Ihres Prototyps**, ebenso wie den der **Testperson** bzw. der Zielgruppe in dem dafür vorgesehenen Feld.

Durch das **Nutzer:innen-Feedback** erfahren Sie über die Kennzeichnung auf einer Skala von 1 bis 10, wie stark die Testperson aktiviert worden ist, ob sie das Produkt oder den Service kaufen oder weiterempfehlen würde. Die **Nutzer:innenerfahrung** allgemein (siehe auch Abschnitt 7.5) beschreibt das Gesamterlebnis der Testpersonen mit dem Prototyp hinsichtlich grundsätzlichem Nutzen der angebotenen Lösung, Nutzer:innenfreundlichkeit, wie beispielsweise Barrierefreiheit und Effizienz, also die Frage danach, ob Aufgaben schnell und einfach erledigt werden können. Auch hier gilt, je höher der Wert auf einer Skala von 1 bis 10, desto besser ist die Erfahrung.

Im unteren Teil des Evaluate-Templates finden sich in leichter Abwandlung und angepasst auf den fünfwöchigen AIS verschiedene Faktoren aus dem Business Model Canvas. Das Canvas bietet Ihnen die Möglichkeit, die benannten Faktoren mit Blick auf Ihren Low-Fidelity-Prototyp einer ersten Analyse zu unterziehen, um Annahmen darüber zu treffen, ob und wie Sie den Prototyp weiterentwickeln können und wollen. Das unterstützt Sie dabei, Ihre Annahmen zu überprüfen, Ideen zu konkretisieren, weiterzuentwickeln oder auch zu verwerfen.[1]

Sie diskutieren und halten fest, welche **Kooperationspartner:innen oder Partnerunternehmen** für die Weiterentwicklung des Prototyps bis hin zur Marktreife für Sie relevant sind. Die Interviewpartner:innen, die Sie in Phase 2 – Beobachten – gesprochen haben, bieten hier erfahrungsgemäß eine wertvolle Unterstützung.

Unter Berücksichtigung Ihrer Erkenntnisse aus den Nutzer:innentests leiten Sie **Schüsselaktivitäten** ab, um den Prototyp weiterzuentwickeln, und treffen erste Annahmen darüber, welche **Schlüsselressourcen** dafür benötigt werden. Das können physische Ressourcen wie beispielsweise unterschiedlichste Materialien, Soft- oder Hardware oder Technologien, Unterstützung durch Expert:innen, Entwickler:innen, Designer:innen etc. und finanzielle Mittel sein.

Essenziell ist es, das **Werteversprechen**, also den Sinn und Zweck des Prototyps auf Grundlage des Nutzer:innen-Feedbacks zu verbessern. Sie identifizieren die spezifischen Aspekte, die am meisten geschätzt wurden, und diskutieren, wie Sie diese verstärken können. Ein erstes Werteversprechen, das Sie bereits in Ihrer Storymap (siehe Abschnitt 7.4.2) formuliert haben, kann hier nun aufgrund des Nutzer:innen-Feedbacks modifiziert werden.

---

[1] Wikipedia: Business Model Canvas. *https://de.wikipedia.org/wiki/Business_Model_Canvas*

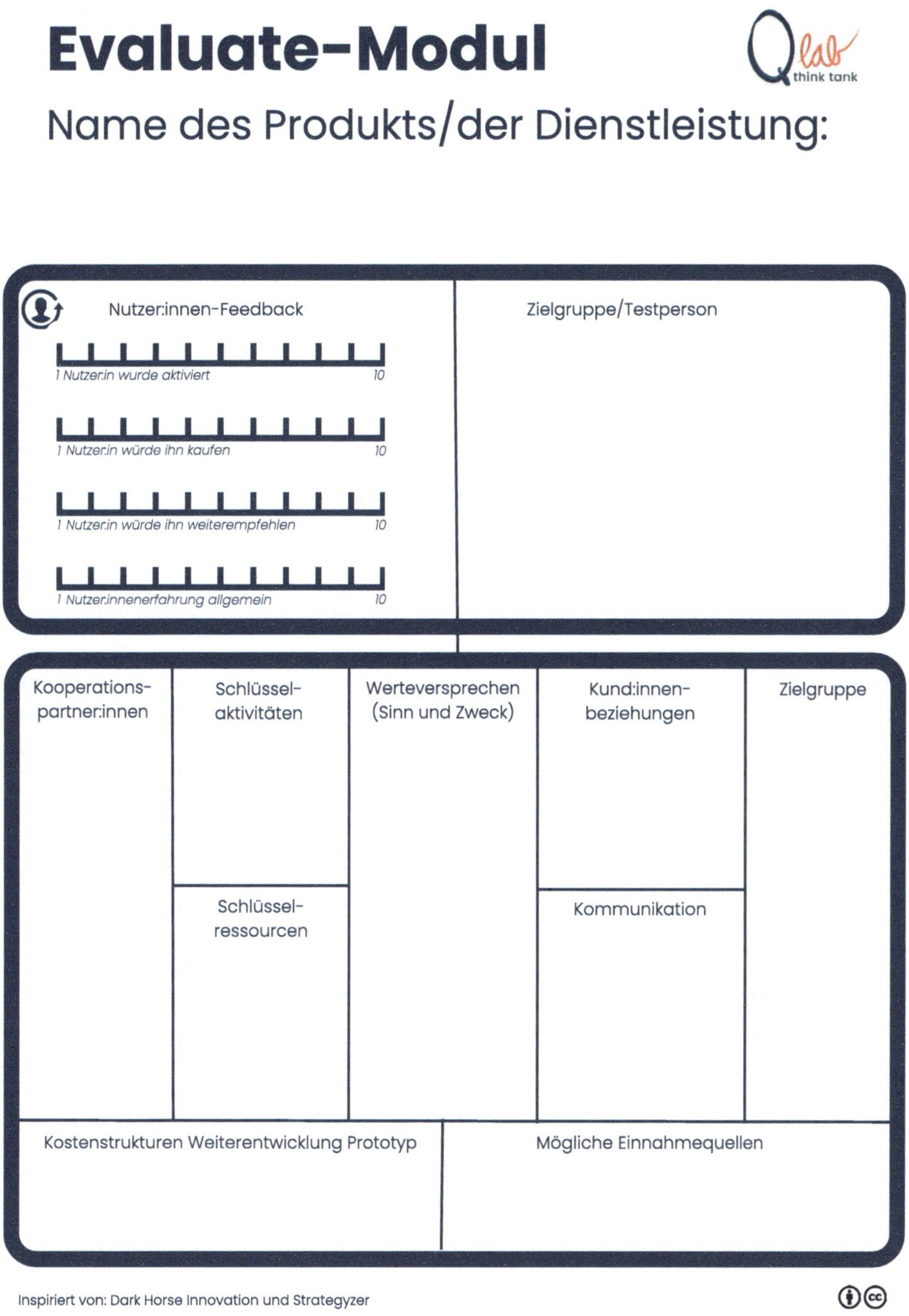
Evaluate-Modul
lab
think tank
Name des Produkts/der Dienstleistung:
Nutzer:innen-Feedback
1 Nutzer:in wurde aktiviert 10
1 Nutzer:in würde ihn kaufen 10
1 Nutzer:in würde ihn weiterempfehlen 10
1 Nutzer:innenerfahrung allgemein 10
Zielgruppe/Testperson
Kooperations-partner:innen
Schlüssel-aktivitäten
Schlüssel-ressourcen
Werteversprechen (Sinn und Zweck)
Kund:innen-beziehungen
Kommunikation
Zielgruppe
Kostenstrukturen Weiterentwicklung Prototyp
Mögliche Einnahmequellen
Inspiriert von: Dark Horse Innovation und Strategyzer

Bild 8.2 Evaluate-Modul

Das Feedback Ihrer Testpersonen hilft Ihnen außerdem herauszufinden, wie Sie Ihre **Kund:innenbeziehungen** verbessern können. Dies gelingt Ihnen, wenn Sie Nutzer:innen um regelmäßiges Feedback beispielsweise bei der Weiterentwicklung des Prototyps bitten und auf Grundlage dessen Anpassungen vorzunehmen und sie nach Abschluss des zweiten Sprints wieder als Testpersonen einladen.

Um die Verbindung zu Ihren Nutzer:innen und potenziellen Kund:innen zu pflegen, können Sie unterschiedliche **Kommunikationskanäle** nutzen, die Sie ebenfalls in der Storymap definiert haben und die Sie hier entsprechend des Feedbacks anpassen können. In Kontakt zu Ihrer Zielgruppe bleiben Sie beispielsweise über die Einladung zu weiteren Tests, über Umfragen oder auch über Updates hinsichtlich der Prototypentwicklung.

Das Feedback Ihrer Testpersonen kann uns außerdem dabei helfen, neue **Kund:innengruppen** zu identifizieren, die ebenfalls von der Weiterentwicklung des Prototyps profitieren können.

Für die Weiterentwicklung Ihres Prototyps schätzen Sie unter **Kostenstruktur** sowohl die finanziellen als auch die zeitlichen Ressourcen, die notwendig werden. Die aufgebrachten Ressourcen für den AIS liefern Ihnen eine Basis für eine Kalkulation.

Um zu entscheiden, ob es lohnenswert ist, den Prototyp weiterzuentwickeln, treffen Sie hier auf Grundlage der im AIS generierten Erkenntnisse Annahmen darüber, wie und in welcher Höhe Sie mit einem marktreifen Produkt oder Service **Einnahmen** generieren wollen (siehe Bild 8.3).

Und nun wollen wir unter Verwendung des Evaluate-Moduls einschätzen, ob wir unseren Low-Fidelity-Prototyp, den wir für die Personengruppe entwickelt haben, der auch Paula Giegler angehört, weiterentwickeln wollen.

Beispiel

Paula Giegler

Evaluate-Modul

Analysieren wir das Nutzer:innen-Feedback von Paula auf einer Skala von 1 bis 10. Je höher der Wert, desto besser ist das Feedback. Die folgende Abbildung zeigt, dass Paula ihre Erfahrung ausgesprochen positiv bewertet.

Bild 8.3 Evaluate-Modul, Praxisbeispiel, QLab Think Tank GmbH

Betrachten wir nun die anderen wesentlichen Faktoren, um zu bewerten, ob wir unseren Low-Fidelity-Prototyp im Rahmen eines weiteren fünfwöchigen AIS weiterentwickeln wollen.

Was ist unser Werteversprechen?

Wir ermöglichen es unseren Nutzer:innen, sich über unsere digitale Plattform umfassend über Dienstleistungen und Produkte zu informieren, die zur Klimaneutralität beitragen. Wir wollen auf dieser Plattform nicht nur unsere eigenen Produkte und Informationen im Bereich Erneuerbare Energien anbieten, sondern eine breite Palette von vertrauenswürdigen Dienstleister:innen zusammenbringen, die nachhaltige Lösungen anbieten, sei es in den Bereichen erneuerbare Energien, Energieeffizienz, nachhaltige Mobilität oder Recycling.

Wer ist unsere Zielgruppe?

Die Kund:innengruppe umfasst Menschen wie Paula Giegler, die an nachhaltigen Lösungen interessiert sind, um beispielsweise eine enkelfreundliche Welt zu schaffen, wie Herr Hannes oder Menschen, die einfach nur Energiekosten sparen wollen, wie Frau Schneider (siehe Bild 8.4).

Praxisbeispiel

Zielgruppe

RICHARD HANNES, 45
- Manager (IT Services)
- Brandenburg

"Ich möchte eine nachhaltige Zukunft für die nächste Generation, und wir alle spielen eine wichtige Rolle dabei, unseren Kindern diese Zukunft zu ermöglichen."

DANA SCHNEIDER, 34
- Selbstständig, Besitzerin eines Nagelstudios
- Weimar

"Ich glaube nicht an den Klimawandel, aber ich bin gegen steigende Energiepreise und möchte lernen, wie ich meine Kosten senken kann."

Bild 8.4 Zielgruppe, Praxisbeispiel, QLab Think Tank GmbH

Adressieren können wir mit unserer Plattform aber auch Unternehmer:innen, die Wert auf umweltfreundliche Produkte und Dienstleistungen und grüne Energieversorgung legen.

Wie wollen wir unsere Kund:innenbeziehungen pflegen und weiter ausbauen?

Wir informieren unsere Testpersonen regelmäßig über Updates bezüglich der Weiterentwicklung des Prototyps.

Was sind unsere Schlüsselaktivitäten im kommenden Sprint?

- Analyse der Nutzer:innen-Feedbacks, um Schwachstellen und Verbesserungspotenziale zu identifizieren
- Design und Implementierung des High Fidelity-Prototyps basierend auf den Anforderungen der Nutzer:innen und den erkannten Verbesserungen
- Identifizierung und Auswahl von vertrauenswürdigen Dienstleister:innen im Bereich erneuerbare Energien, Energieeffizienz, nachhaltige Mobilität und Recycling, die auf der Plattform präsentiert werden sollen

Welche Schlüsselressourcen müssen wir einplanen?

- Welche technischen Ressourcen benötigen wir?
- Wer übernimmt die technische Umsetzung, das Design? Benötigen wir externe Partner:innen? Falls ja, wen?
- Wir brauchen Budget für die Weiterentwicklung des Prototyps. Wir benötigen Testpersonen.

Wer könnten unseren Kooperationspartner:innen sein?

- Anbieter:innen von erneuerbaren Energien, die ihre Produkte über unsere Plattform anbieten
- Unternehmen im Bereich Energieeffizienz, die Beratungs- und Dienstleistungen für Verbraucher:innen anbieten
- Anbieter:innen nachhaltiger Mobilität (EV, Carsharing, Fahrradverleih, Deutsche Bahn) Recycling-Unternehmen, die nachhaltige Lösungen für den Umgang mit Abfällen bieten

Wie schätzen wir die Kostenstruktur ein?

Die geschätzten Kosten für die Weiterentwicklung der digitalen Plattform hängen von verschiedenen Faktoren ab, einschließlich der Größe des Entwicklungsteams, der Komplexität der Plattform und den angestrebten Funktionen. Eine grobe Schätzung liegt bei der Entwicklung des High-Fidelity-Prototyps im Rahmen eines fünfwöchigen Sprints bei ca. 20.000 Euro.

Welche Einnahmequellen können wir in Zukunft adressieren?

- Gebühren von den Dienstleistern, die ihre Angebote auf der Plattform präsentieren
- Provisionsbasierte Einnahmen für erfolgreich vermittelte Transaktionen
- Premium-Abonnements für erweiterte Funktionen oder personalisierte Angebote
- Werbepartnerschaften mit nachhaltigen Unternehmen, die auf der Plattform werben möchten

Zusammenfassung

Im Evaluate-Modul verknüpfen Sie Testergebnisse mit allen Erkenntnissen, die Sie im AIS gewonnen haben. Sie haben ein umfassendes Bild über das Nutzer:innen-Feedback und relevante Faktoren für die Weiterentwicklung Ihres Prototyps erhalten und können die Ergebnisse auch Entscheidungsträger:innen kommunizieren.

■ 8.2 Abschlusspräsentation

Parallel zur Auswertung des Sprints bereiten Sie die Abschlusspräsentation vor, in der Sie Entscheidungsträger:innen und anderen relevanten Stakeholdern die Projektergebnisse vorstellen. Unsere Abschlusspräsentation findet in der Regel ebenfalls digital statt. Ein Beispiel für einen Einladungstext finden Sie am Ende dieses Abschnitts.

Einladung

Da schon im Vorfeld klar ist, wann der auf fünf Wochen begrenzte AIS zu Ende geht, sollten die Personen, die bei der Abschlusspräsentation dabei sein sollen, bereits vor Sprintbeginn eine Einladung zu dieser Veranstaltung per E-Mail erhalten haben. Erinnern Sie Ihre Gäste eine Woche vor dem Termin noch einmal mit einer freundlichen E-Mail an Ihre Zusammenkunft.

Beispiel

Sehr geehrte Damen und Herren,

wir freuen uns, Sie am Tag/Datum zur Abschlusspräsentation unseres Agile Innovation Sprint, der im Zeitraum von … bis … stattgefunden hat, begrüßen zu dürfen.

Eine Einladung zu unserem digitalen Meeting via MS Teams/Zoom etc., das wie angekündigt maximal zwei Stunden dauern wird, erhalten Sie gleich im Anschluss an diese E-Mail. Es wäre schön, wenn Sie sich fünf Minuten vorher einfinden würden, damit wir pünktlich starten können.

Unsere Agenda:

Willkommen

Abschlusspräsentation

Fragen & Antworten

Diskussion

Feedback

Nächste Schritte

Bitte halten Sie das im Anhang beigefügte Testen-Modul-Template bereit, auf dem Sie während der Präsentation Ihre Gedanken, Ihre Fragen und Ihr Feedback festhalten können.

> Wir freuen uns auf unsere Zusammenkunft und eine angeregte Diskussion darüber, wie die nächsten Schritte aussehen können.
>
> Mit besten Grüßen
>
> Name, Signatur

Vorbereitungen

Die Vorbereitungen, die Sie treffen müssen, entsprechen im Grunde den Vorbereitungen, die Sie in der Phase 5 – Testen (siehe Abschnitt 7.7) vorgenommen haben. Die Präsentation bietet nicht nur die Möglichkeit, die Projektergebnisse vorzustellen, sondern auch den Wert eines AIS zu kommunizieren und das Engagement für zukünftige Projekte zu fördern.

Bei der Übergabe der Projektergebnisse ist es wichtig, dass Sie alle relevanten Informationen klar und verständlich kommunizieren und sicherstellen, dass die Anwesenden den Prozess nachvollziehen und die nächsten Schritte verstehen können. Entscheiden und kommunizieren Sie im Vorfeld, ob Fragen während der Präsentation zugelassen sind oder ob sie im Anschluss gestellt werden sollen. Stellen Sie Ihren Gästen bereits im Vorfeld das Template Testen-Modul zur Verfügung, damit sie sich Notizen machen können.

Nach der Begrüßung und der Vorstellung der Agenda beginnen Sie mit einer kurzen Zusammenfassung, in der Sie die Design Challenge, die Zielsetzung, den Design-Thinking-Prozess im Überblick, die Teamzusammensetzung sowie die erreichten Ergebnisse beschreiben.

Im nächsten Schritt stellen Sie die wichtigsten Erkenntnisse vor, die während des Sprints gewonnen wurden, z. B. Recherche- und Interviewergebnisse, aus denen Sie wichtige Informationen hinsichtlich der Bedürfnisse und Probleme Ihrer Nutzer:innen generiert haben. Stellen Sie diese Erkenntnisse in Form Ihrer definierten Personas vor. Stellen Sie sicher, dass Sie Bilder benutzen, denn ein Bild sagt mehr als 1.000 Worte!

Anschließend präsentieren Sie die entsprechenden Lösungsansätze und die entwickelten Prototypen, mit denen Sie darlegen, wie Sie die Bedürfnisse Ihrer idealtypischen Nutzer:innen lösen wollen. Zögern Sie nicht, auch Ihre geladenen Gäste einen kurzen Testlauf vornehmen zu lassen, und laden Sie ein zur Interaktion mit Ihrem Prototyp, denn diese sagt mehr als 1.000 Bilder!

Präsentieren Sie anschließend das Feedback, das Sie während der Testphasen erhalten haben, und wie Sie dieses Feedback bereits im Prototyp oder Lösungsansatz implementiert haben.

Erläutern Sie auf Grundlage des Evaluate-Moduls (siehe Abschnitt 8.1) die nächsten Schritte und sprechen Sie Handlungsempfehlungen auf Grundlage der gewonnenen Erkenntnisse aus. Laden Sie im Anschluss daran ein, Fragen zu stellen und zu diskutieren. Vereinbaren Sie ein nächstes Treffen, bei dem Sie diskutieren können, wie weiterverfahren wird, und bieten Sie an, im Vorfeld jederzeit für Fragen zur Verfügung zu stehen.

Zum Abschluss bitten Sie um Feedback zur Präsentation und zum Projektergebnis. Zwei Fragen geben zügig Aufschluss über die Eindrücke Ihrer Gäste.

Bitten Sie die Anwesenden darum, in wenigen Sätzen zu schildern, was Ihnen

a) gefallen hat und b) was sie sich noch gewünscht hätten.

Stellen Sie den Teilnehmenden im Anschluss an das Treffen die Präsentation zur Verfügung und halten Sie im Meeting getroffene Entscheidungen über nächste Schritte in einer E-Mail fest, in der Sie sich abschließend noch einmal bei allen Beteiligten bedanken. Verabreden Sie sich verbindlich zu einem Treffen spätestens zwei Wochen später, um zu reflektieren, welche Schritte seit Abschluss des Sprints vollzogen worden sind, und um abschließend zu klären, ob der Prototyp weiterentwickelt werden soll.

> **Tipp**
> Stellen Sie sich darauf ein, dass nicht sofort nach der Abschlusspräsentation eine Entscheidung getroffen wird, ob der Prototyp weiterentwickelt werden soll oder nicht. Häufig werden von Entscheidungsträger:innen weiterführende Informationen beispielsweise zu den benötigen Ressourcen angefordert. Teammitglieder, die nicht Teil des AIS-Teams sind und deren Expertise beispielsweise bei der Software-Entwicklung oder beim Design benötigt wird, müssen sich freie Kapazitäten verschaffen. Finanzielle Mittel sind bereits für andere Projekte freigestellt.

Sprintnachbereitung

Feedback

Nach dem Projektabschluss bitten wir unsere Teammitglieder und Projektpartner:innen via Survey Monkey um anonymisiertes Feedback innerhalb von maximal einer Woche, um unsere Arbeit und die Qualität der Sprints kontinuierlich verbessern zu können.

Zur Inspiration finden Sie nachfolgend einige Fragen.

Fragen an unsere Teammitglieder
- Wie würdest Du den gesamten AIS auf einer Skala von 1 bis 10 bewerten und warum?
- Welche Phase oder welchen Aspekt des Sprints fandest Du am wertvollsten und warum?
- Gab es Phasen oder Aktivitäten, die Du als weniger effektiv oder überflüssig empfunden hast?
- Waren die zur Verfügung gestellten Ressourcen (z. B. Werkzeuge, Technologien, Raum) ausreichend und angemessen für unsere Anforderungen?
- Gab es bestimmte Erkenntnisse oder Überraschungen während des Sprints, die für Dich besonders hervorstechend waren?
- Wie würdest Du das Tempo und die Struktur des fünfwöchigen Sprints beschreiben? War es zu schnell, zu langsam oder genau richtig?
- Gab es Momente, in denen Du Dich unsicher oder überfordert gefühlt hast? Wenn ja, in welchen Phasen oder bei welchen Aktivitäten?
- Welche Vorschläge oder Ideen hast Du zur Verbesserung zukünftiger Design-Sprints?
- Wie fühlt es sich an, am Ende des Design-Sprints zu stehen? Glaubst Du, dass wir unsere gesteckten Ziele erreicht haben und dass der Prozess uns effektiv dorthin gebracht hat?
- Würdest Du noch einmal an einem AIS teilnehmen? Wenn ja, warum, wenn nein, warum nicht?

Fragen an unsere Projektpartner:innen

- Wie würden Sie den gesamten Design-Sprint auf einer Skala von 1 (schlecht) bis 10 (hervorragend) bewerten und können Sie erläutern, warum Sie diese Bewertung gewählt haben?
- Welche Ergebnisse oder Erkenntnisse aus dem Sprint fanden Sie besonders wertvoll für das Unternehmen?
- Gab es Aspekte des Sprints, die Sie als weniger effektiv oder vielleicht nicht direkt relevant für die Unternehmensziele empfunden haben?
- Auf einer Skala von 1 bis 10: Wie empfanden Sie die Kommunikation zwischen dem Sprint-Team und anderen Stakeholdern im Unternehmen?
- Waren die Präsentationen und Berichte, die während und nach dem Sprint bereitgestellt wurden, klar und hilfreich für Sie?
- Gibt es bestimmte Bereiche oder Themen, bei denen Sie gerne eine genauere Untersuchung oder Entwicklung im nächsten Sprint sehen würden?
- Wie würden Sie das Engagement und die Beiträge des Teams während des Sprints beschreiben? Gab es ausreichend Gelegenheit zur Beteiligung?
- Gab es irgendwelche Erwartungen oder Ziele, die Sie im Vorfeld des Sprints hatten, die nicht erfüllt wurden?
- Welche Vorschläge oder Empfehlungen hätten Sie für die Durchführung zukünftiger Sprints in unserem Unternehmen?
- Glauben Sie, dass der Sprint einen klaren Mehrwert für das Unternehmen gebracht hat, und wenn ja, in welchen Bereichen besonders?
- Würden Sie erneut einen AIS durchführen? Falls ja, warum und zu welchem Thema? Falls nein, warum nicht?
- Würden Sie den AIS weiterempfehlen?

Synchronisation

Nach 14 Tagen treffen wir uns wieder mit unseren Projektpartner:innen. Den Termin für dieses maximal einstündige Treffen legen wir bereits am Tag der Abschlusspräsentation fest und laden über MS Teams dazu ein.

Weiterentwicklung des Prototyps

Sollte an diesem Tag die Entscheidung getroffen werden, dass der Prototyp weiterentwickelt wird, geschieht dies idealerweise wieder in einem fünfwöchigen AIS, in dem die Teammitglieder sich ausschließlich auf die Weiterentwicklung des Prototyps fokussieren.

Sollte das nicht möglich sein und sollten die Teammitglieder nur stundenweise die Möglichkeit haben, den Prototyp weiterzuentwickeln, empfehlen wir, Weeklys zu implementieren und einmal im Monat eine Review, nebst Planning und Retrospektive durchzuführen.

In beiden Varianten sollte es eine Prozessbegleitung geben.

Zusammenfassung

In diesem Abschnitt haben Sie erfahren, wann und wie Sie die Abschlusspräsentation für Ihren AIS gestalten können. Die Präsentation mit allen relevanten Informationen dient dazu, die Projektergebnisse Entscheidungsträger:innen und Stakeholdern vorzustellen. Holen Sie Feedback zum Projektergebnis ein und vereinbaren Sie einen Folgetermin, um weitere Schritte wie beispielsweise die Weiterentwicklung des Prototyps und die damit verbundenen Aufgaben zu besprechen.

Exkurs: Übergabe der Projektergebnisse im QLab Think Tank

Da wir mit externen Sprint-Teams für unsere Kund:innen arbeiten, übergeben wir die Projektergebnisse immer in Form einer umfangreichen Case Study (siehe Bild 8.5), die so aufbereitet ist, dass unsere Projektpartner:innen nicht nur den Arbeitsprozess nachvollziehen können, sondern auch die Ergebnisse und wichtigsten Erkenntnisse nebst Handlungsempfehlungen und nächsten Schritten bereits bei der Abschlusspräsentation als PDF in einem Dokument in den Händen halten.

Bild 8.5 Case Study, Praxisbeispiel, QLab Think Tank GmbH

Wie Sie oben im Inhaltsverzeichnis sehen können, beschreiben wir in der Case Study zunächst den Kontext und das Ziel des AIS. Wir stellen den Design-Thinking-Prozess im Überblick vor und erläutern dann die einzelnen Phasen mit Erkenntnissen, die wir im Laufe unserer Arbeit gewinnen. Die Case Study schließt mit Handlungsempfehlungen ab.

Unsere Case Study diente im Rahmen des Projekts, das wir für die Stadt Verden/ Stadtwerke Verden durchgeführt haben, u. a. als Entscheidungshilfe für den Stadtrat. Unser Kunde AWATREE nutzte die Case Study beispielsweise zur Sponsorenakquise, andere Kund:innen verwenden die Case Studies, um interne Entscheidungsträger:innen über ihre Innovationsprojekte zu informieren.

Die Gestaltung der Case Study erfolgt mit Canva. Mit diesem Tool können wir gemeinsam am Dokument arbeiten. Wir stellen unseren Teams immer ein Template als Grundlage zur Verfügung, das unserem Corporate Design angepasst und bereits formatiert ist. Es empfiehlt sich, dass ein Teammitglied die Verantwortung für eine einheitliche Gestaltung übernimmt. Wir beginnen bereits ca. zehn Tage vor Abschlusspräsentation mit der Gestaltung der Case Study und dem Schreiben der Texte.

Exkurs

Abschlussparty im QLab Think Tank

Bereits zu Beginn des Sprints sammeln unsere Teammitglieder ihre Lieblingsspeisen nebst Rezepten auf dem Miro-Board. Was noch nicht verraten wird: Am Ende des Sprints wählen die einzelnen Sprintteilnehmenden ein Lieblingsgericht einer anderen Person aus, das sie dann am Abschlussabend kochen.

Mit dampfenden Tellern finden wir uns dann vor den Bildschirmen ein und teilen dann reihum „Eine Runde Bewunderung": Was hat uns an den anderen Teammitglieder am meisten beeindruckt? Wofür gebührt ihnen die größte Anerkennung? Wofür möchte ich mich ausdrücklich bedanken? Dabei ist schon die eine oder andere Träne der Rührung geflossen – ein eindrückliches Zeichen dafür, wie viel Vertrauen das Team zueinander aufgebaut hat.

Im Anschluss an das gemeinsame Essen spielen wir dann immer noch mehrere Runden Gartic Phone[2] – eine wunderbare Methode, um den AIS auf eine sehr unterhaltsame Art und Weise zu reflektieren.

Nach ca. zwei Stunden verabschieden sich die Menschen, die über die ganze Welt verteilt sind, mit einem lachenden und einem weinenden Auge voneinander. Einerseits sind alle froh, dass der herausfordernde AIS nun zu Ende geht, andererseits vermissen alle Teilnehmenden schon jetzt das Gefühl der Verbundenheit, das entsteht, obwohl wir uns ausschließlich auf Computerbildschirmen begegnen.

Und nun wird es Zeit, uns von Ihnen zu verabschieden!

---

[2] Gartic Phone: *https://garticphone.com/de*

9 Ausblick: Design Thinking, Künstliche Intelligenz und die Zukunft von Innovation Sprints

> *„KI wird Innovatoren nicht ersetzen.*
> *Aber Innovator:innen, die KI nutzen, werden definitiv jene ersetzen, die es nicht tun."*
>
> Philippe De Ridder – CEO Board of Innovation

Die zunehmende Bedeutung von Innovation Sprints als unverzichtbarer Bestandteil für schnelle, nutzer:innenzentrierte Innovation ist unbestreitbar. Doch welchen Einfluss wird die Kombination von Design Thinking und künstlicher Intelligenz (KI) auf die Zukunft dieser Sprints haben?

Das weltweit agierende Board of Innovation (BoI) nutzt bereits KI bei der Durchführung von Innovation Sprints und stellt fest, dass die Skepsis ihrer Kund:innen bezüglich der Anwendung von künstlicher Intelligenz hoch ist. Nichtsdestotrotz zeigt eine Studie, die die Cornell Universität 2023 durchgeführt hat, dass die durchschnittliche Qualität von Ideen, die von ChatGPT-4 entwickelt werden, zu einer höheren Kaufbereitschaft führt als die Qualität von Menschen entwickelter Ideen. Vincent Pirenne, Partner beim BoI, erwähnt in seinem Webinar vom 24. August 2023, dass die Anwendung von KI die Produktivität in Unternehmen um 50 % steigern wird. (Im Vergleich dazu hat die Einführung des Internets die Produktivitätsrate um 10 % erhöht.) Synthetische, datengenerierte Personas vermitteln uns bereits aufschlussreiche Informationen über Probleme und Bedürfnisse unserer Kund:innen. Nutzer:innenorientierte Prototypen können über Tools wie beispielsweise Midjourney mit den richtigen Prompts innerhalb von Sekunden generiert werden. Die Vermarktung erfolgt in Sekundenschnelle über KI-generierte Marketingkampagnen.[1]

KI wird uns zukünftig bei der Analyse von Trends sowie Chancen und Risiken und bei der Entwicklung neuer Geschäftsmodelle oder Strategien unterstützen. Wir als Design-Thinking-Coaches und Innovator:innen werden also eng mit KI zusammenarbeiten und unsere Rollen werden sich ändern.

---

[1] *https://www.youtube.com/live/SlF9PfYjpRg?feature=shared*

KI kann uns bei der Entwicklung von Ideen inspirieren und aus einem breiteren Ideenpool schöpfen. Designer:innen arbeiten gemeinsam mit der KI an Prototypen und helfen uns bei der Durchführung von Nutzer:innentests sowohl mit realen Menschen als auch mit Zielgruppen aus der synthetischen Welt. Wir als Innovationsmanager:innen entwickeln uns mehr und mehr zu Kurator:innen KI-generierter Inhalte.

Die Anwendung von KI birgt auch Herausforderungen. Während die Technologie zweifellos unsere Innovationsfähigkeit steigert, müssen wir mit unseren Fähigkeiten und unserer Haltung als Design-Thinking-Coaches sicherstellen, dass unsere Kreativität, unsere Intuition und unsere Kollaborationsfähigkeit Teil des Innovationsprozesses bleiben.

Wir müssen durch Aus- und Weiterbildung dafür sorgen, dass unsere Teams das Potenzial dieser Technologien verstehen, interpretieren und effektiv nutzen können. Wir müssen mehr denn je eine Kultur der Zusammenarbeit schaffen, in der nicht nur Menschen aus unterschiedlichen Abteilungen dafür sorgen, das Unternehmen erfolgreich in die Zukunft zu bringen, sondern auch Mensch und KI reibungslos zusammenarbeiten können. Einfühlungsvermögen und Empathie sind zutiefst menschliche Eigenschaften und werden uns auch zukünftig befähigen, Lösungen zu entwickeln, die Menschen dienen.

Wir lassen uns von der Überzeugung leiten, dass nun eine sehr spannende Innovationsreise beginnt – eine Reise, die die Grenzen des Möglichen neu definiert.

10 Schlusswort

Herzlichen Glückwunsch! Gemeinsam haben wir eine spannende Reise durch den Agilen Innovations-Sprint unternommen. In nur fünf Wochen haben Sie gemeinsam mit Ihrem Team beeindruckende Ergebnisse erzielt! Sie haben bewiesen, dass Sie mit einer ergebnisoffenen, aber ergebnisorientierten Herangehensweise und einem agilen Methodenkoffer komplexe Herausforderungen meistern können.

Unserer Meinung nach ist der AIS mehr als nur ein Prozess; er ist ein Weg, um Innovation, Zusammenarbeit und Nutzer:innenzentrierung in den Mittelpunkt Ihres Unternehmens zu rücken. Sie haben Design Thinking mit Agilität verbunden und dadurch eine kraftvolle Methode verprobt, um nutzer:innenorientierte Lösungen für komplexe Probleme zu entwickeln. Dieser Ansatz fördert Teamarbeit, kollaborative Entscheidungsfindung und kontinuierliches Lernen – alles essenzielle Bestandteile einer erfolgreichen Innovationsstrategie.

Während des AIS haben Sie die Bedeutung von Empathie, Perspektivwechsel und kontinuierlicher Verbesserung erlebt. Sie haben gelernt, wie wichtig es ist, den Fokus auf die Bedürfnisse Ihrer Kund:innen und Nutzer:innen zu legen, und wie Prototypen und Tests Ihnen helfen können, frühzeitig Feedback zu sammeln und Ihre Lösungen zu verfeinern.

Die erarbeiteten Lösungen berücksichtigen nicht nur Nachhaltigkeit, Machbarkeit, Skalierbarkeit und Wirtschaftlichkeit, sondern vor allem die Bedürfnisse und Wünsche Ihrer Kund:innen und Nutzer:innen. Sie haben gelernt, wie Storytelling Ihnen dabei helfen kann, eine tiefere Verbindung zu Ihren Zielgruppen herzustellen und relevante Lösungen zu entwickeln.

Der AIS endet nicht hier – er ist vielmehr ein Startpunkt für eine kontinuierliche Reise Richtung Implementierung von Innovationskultur in Ihrem Unternehmen.

Ermutigen Sie Ihr Team und Ihre Kolleg:innen dazu, die erlernten Prinzipien und Methoden weiterhin anzuwenden. Halten Sie den abteilungsübergreifenden Austausch und das Teilen von Ideen und Feedback über unterschiedliche Hierarchieebenen aufrecht und fördern Sie eine offene Kultur des Experimentierens und Lernens. Nutzen Sie die gewonnenen Erkenntnisse, um Ihre Produkte, Dienstleistungen und Prozesse kontinuierlich zu verbessern und auf die Bedürfnisse Ihrer Zielgruppen abzustimmen.

Überlegen Sie gemeinsam mit Ihren Kolleg:innen, wie Sie den AIS in Ihrem Unternehmen skalieren können, um immer mehr Menschen dafür zu gewinnen, marktorientierte und gewünschte Lösungen für Ihre Kund:innen zu generieren. Teilen Sie Ihre Erfahrungen und Ihr Wissen freigiebig, denn wenn Sie Wissen teilen, multipliziert es sich und unterstützt Sie dabei, eine kollaborative Innovationskultur zu schaffen und Ihre Organisation erfolgreich in die Zukunft zu führen.

Vielen Dank, dass Sie sich auf diese Reise eingelassen haben. Wir wünschen Ihnen und Ihrem Team nur das Beste für all Ihre zukünftigen innovativen Unternehmungen!

Andrea Kuhfuß und Patrick Runge
QLab Think Tank GmbH

11 Zusätzliche Methoden

Der Design-Thinking-Prozess ist mit zahlreichen Methoden hinterlegt, von denen wir Ihnen hier noch einige vorstellen möchten.

■ 11.1 Phase 1 – Verstehen (siehe Abschnitt 7.2)

Methode 3: Mindmapping

Ziel: Mindmapping hilft uns, Informationen in einer strukturierten Weise zu visualisieren und zu organisieren. Die Methode fördert das kreative Denken und ermöglicht es uns, Zusammenhänge und Beziehungen zwischen verschiedenen Aspekten eines Themas zu erkennen.

Durchführung:

1. In der Mitte eines Blatts oder Boards vermerken wir die Design Challenge.
2. Von dort aus zeichnen wir Äste zu Hauptideen oder Hauptthemen.
3. Von diesen Hauptästen können weitere Unteräste mit Details oder verwandten Ideen abgehen.

Wir verwenden Farben, Symbole oder Bilder, um die Mindmap lebendiger zu gestalten und Verbindungen hervorzuheben.

Materialien:

Digital: Miro-Board

Analog: Papier DIN A2, Flipchart oder Whiteboard, farbige Marker oder Stifte

Dauer: je nach Komplexität des Themas 30 Minuten bis 2 Stunden

11.2 Phase 2 – Beobachten (siehe Abschnitt 7.3)

Methode 1: Fly on the Wall (Fliege an der Wand)

Ziel: Mit der Methode „Fly on the Wall" können wir Nutzer:innen in ihrer natürlichen Umgebung beobachten, ohne sie direkt zu beeinflussen. Durch diese passive Beobachtung können wir uns ein unverfälschtes Bild vom tatsächlichen Verhalten und den Abläufen verschaffen. Das ermöglicht es, echte Bedürfnisse, Herausforderungen und Gelegenheiten zu erkennen, die in einem formelleren Interview oder einer Beobachtungssituation möglicherweise nicht sichtbar würden.

Durchführung: Wir wählen einen geeigneten Ort und Zeitpunkt aus, an dem das zu beobachtende Verhalten oder die Aktivität stattfindet. Wir nehmen eine unauffällige Position ein, um zu vermeiden, dass die Anwesenden ihr Verhalten ändern, weil sie sich beobachtet fühlen. Wir beobachten passiv, ohne in das Geschehen einzugreifen oder Fragen zu stellen. Wir notieren alles, was relevant erscheint, insbesondere unerwartete Aktionen, Emotionen oder Herausforderungen. Im Anschluss teilen wir die wichtigsten Erkenntnisse mit unserem Team.

Materialien:

Digital: Laptop, Miro-Board

Analog: Notizbuch oder Notizpapier, Stifte

Optional: eine Kamera oder ein Aufnahmegerät (sofern ethisch und rechtlich vertretbar)

Dauer: Die Dauer der Beobachtung hängt stark von der spezifischen Situation ab und kann wenige Minuten bis zu mehreren Stunden reichen, je nachdem in welchen Zusammenhängen wir uns befinden.

Methode 2: Kundenreise (Customer Journey Map)

Ziel: Die Kundenreise veranschaulicht die einzelnen Schritte, die Kund:innen oder Nutzer:innen durchlaufen, um ein Ziel in einem bestimmten Kontext zu erreichen. Hierdurch können kritische Touchpoints und emotionale Höhepunkte identifiziert werden.

Durchführung: Wir definieren die idealtypischen Nutzer:innen (Personas) und deren Ziele und Bedürfnisse und skizzieren die einzelnen Schritte der Customer Journey. Wir treffen Annahmen über die Aktionen, Gedanken und Emotionen der Persona in jeder dieser Phasen und verifizieren diese im Interview. Die Customer Journey hilft uns, Probleme und Chancen zu erkennen.

Materialien:

Digital: Miro-Board

Analog: große Papierbögen oder Whiteboard, Stifte oder Marker, Post-Its

Dauer: Je nach Komplexität kann die Durchführung der Methode zwischen 2 Stunden und einem ganzen Tag dauern.

11.3 Phase 3 – Sichtweise definieren (siehe Abschnitt 7.4)

Methode 1: Empathy Map

Ziel: Die Empathy Map unterstützt uns dabei, ein tiefes Verständnis für die Bedürfnisse, Motivationen und Gefühle der Nutzer:innen zu entwickeln, um eine solide Grundlage für die Ideenentwicklung und Lösungsfindung zu schaffen.

Durchführung: Wir erstellen die Empathy Map und zeichnen dafür vier Quadranten auf ein Blatt Papier oder eine digitale Oberfläche. Die Quadranten beschriften wir mit den folgenden Worten: „Gesagt", „ Getan", „Gedacht" und „Gefühlt".

Dann füllen wir die Quadranten mit den Informationen aus den Beobachtungen und Interviews, die wir in Phase 1 und 2 des Design Thinking gemacht haben.

Im Anschluss suchen wir gemeinsam nach Mustern, Verbindungen und Widersprüchen in den Informationen. Wir identifizieren Schlüsselaspekte, die auf Bedürfnisse und Motivationen der Nutzer:innen hinweisen.

Im nächsten Schritt leiten wir aus unseren Erkenntnissen Implikationen und Handlungsbedarfe für die folgenden Phasen des Design-Thinking-Prozesses ab.

Materialien:

Digital: Miro-Board

Analog: große Papierbögen oder Whiteboard, Stifte oder Marker, Post-Its

Dauer: Die Dauer hängt von der Menge der gesammelten Daten und der Komplexität des Projekts ab und dauert zwischen ein und zwei Stunden.

Methode 2: Jobs to be done (JTBD)

Ziel: Die Methode Jobs to be Done wird angewendet, um ein tieferes Verständnis dafür zu entwickeln, welche Aufgaben und Ziele Nutzer:innen mit einem Produkt oder einer Dienstleistung erledigen oder erreichen möchten, um entsprechende Lösungen zu entwickeln.

Durchführung: Wir identifizieren Personas und ermitteln die Hauptaufgaben, die die jeweilige Zielgruppe mit unserem Produkt oder unserer Dienstleistung erledigen möchte, wie z. B. „Einen schnellen Einkauf tätigen", „Effektiv mit Kollegen zusammenarbeiten" etc.

Im nächsten Schritt untersuchen wir Umstände, Bedingungen und Motivationen, die Nutzer:innen dazu bringen, bestimmte Aufgaben zu erledigen. Wir erkunden außerdem, welche Alternativen oder Lösungen Nutzer:innen derzeit verwenden, um ihre Aufgaben zu erledigen, und identifizieren dabei auch mögliche Hindernisse oder Schwierigkeiten.

Interessant für uns sind nicht nur die funktionalen, sondern auch die emotionalen Bedürfnisse unserer Nutzer:innen beim Erledigen ihrer Aufgaben.

Materialien:

Digital: Personas, Miro-Board

Analog: Personas, Stifte, Post-its, Papier, Metaplanwände

Dauer: Die Dauer hängt von der Anzahl der Nutzerprofile und der Tiefe der Untersuchung ab. In der Regel dauert die Anwendung der JTBD-Methode zwischen ein und zwei Stunden pro Nutzerprofil.

11.4 Phase 4 – Ideen finden (siehe Abschnitt 7.5)

Methode 1: Brainstorming

Ziel: Durch Brainstorming gelingt es uns, innerhalb kurzer Zeit eine Vielzahl von Ideen zu generieren. Ideen werden nicht bewertet, um so die Kreativität und Vielfalt zu fördern.

Durchführung: Wir definieren das Problem oder die Fragestellung und bitten die Teilnehmenden in Stillarbeit, so viele Ideen wie möglich auf dem Miro-Board oder auf Post its zu generieren. Pro Post it wird eine Idee vermerkt. Diese können realistisch, aber auch verrückt sein.

Materialien:

Digital: Miro-Board[1]

Analog: Flipchart oder Whiteboard, Stifte oder Marker, Post-Its

Dauer: in der Regel zwischen 15 und 60 Minuten, abhängig von der Komplexität der Fragestellung

Methode 2: SCAMPER:

Ziel: SCAMPER ist eine Methode zur kreativen Ideenfindung und steht für Substitute (Ersetzen), Combine (Kombinieren), Adapt (Anpassen), Modify (Modifizieren), Put to another use (Für einen anderen Zweck nutzen), Eliminate (Eliminieren) und Reverse (Umkehren). Diese Methode regt an, bestehende Ideen zu analysieren und durch diese verschiedenen Denkansätze neue Ideen zu generieren.

Durchführung: Wir wählen ein Produkt, eine Dienstleistung oder einen Prozess aus und überlegen jeweils, was wir ersetzen, kombinieren, anpassen, modifizieren, eliminieren oder umkehren können.

Materialien:

Digital: Miro-Board[2]

Analog: Papier, Stifte

Dauer: je nach gewünschter Tiefe der Analyse 30–120 Minuten

---

[1] *https://miro.com/templates/brainstorming/*
[2] *https://miro.com/templates/scamper/*

Methode 3: Role-Storming:

Ziel: Role-Storming ist eine Methode, bei der die Teilnehmer in die Rolle einer anderen Person oder eines anderen Objekts schlüpfen und aus dieser Perspektive Ideen entwickeln. Diese Methode fördert den Perspektivwechsel und die Kreativität, indem sie die Denkweise der Teilnehmer erweitert und neue Lösungsansätze ermöglicht.[3] Diese Methoden können individuell oder in Kombination angewendet werden, um eine breite Palette von Ideen zu generieren.

Durchführung: Wir wählen verschiedene Rollen, die relevant für unsere Fragestellung sein könnten. Die Teammitglieder schlüpfen in unterschiedliche Rollen und generieren aus der jeweiligen Perspektive Ideen, die im Anschluss priorisiert und im Team diskutiert werden.

Materialien:

Digital: Miro-Board, Beschreibungen der Rollen auf digitalen Karten oder Bildern

Analog: Beschreibungen der Rollen auf Karten oder Post-its, Flipchart oder Whiteboard, Stifte und Marker.

Dauer: 30 bis 90 Minuten

11.5 Phase 5 – Prototypen entwickeln (siehe Abschnitt 7.6)

Methode: Funky Prototyp

Ziel: Im Funky Prototyp integrieren wir unkonventionelle Elemente, um die Neugier der Nutzer:innen zu wecken und um ungewöhnliche Lösungen zu entwickeln.

Durchführung: Unser Prototyp steht uns in Form eines Mock-ups, Wireframes oder einer interaktiven Simulation zur Verfügung. Nun überlegen wir, welche unkonventionellen oder überraschenden Elemente wir in den Prototyp integrieren können, um unsere Nutzer:innen zu überraschen.

Materialien:

Digital: Miro-Board, Canva, Midjourney

Analog: Papier, Karton, Klebstoff, Scheren für physische Prototypen, Stifte oder Marker für die Gestaltung von Papierprototypen, LEGO

Dauer: Die Dauer hängt von der Komplexität des Prototyps und der Anzahl der Tests ab. In der Regel dauert die Erstellung eines Funky Prototyps zwischen ein und zwei Stunden.

---

[3] *https://fourweekmba.com/de/Rollensturm/*

11.6 Phase 6 – Testen (siehe Abschnitt 7.7)

Methode: Feldstudie

Ziel: Bei der Methode Feldstudie beobachten wir Nutzer:innen beispielsweise im Büro, beim Einkaufen oder bei Tätigkeiten zu Hause oder in ihrer Freizeit bei der Anwendung unseres High-Fidelity-Prototyps. Auch hier gilt es, Informationen über Verhalten, Bedürfnisse und Herausforderungen der Nutzer:innen zu gewinnen, um das Design von Produkten oder Lösungen besser an ihre tatsächlichen Anforderungen anzupassen.

Durchführung: Wir wählen repräsentative Vertreter:innen unserer Zielgruppe aus und planen, welche Aspekte, wie z. B. Verhaltensmuster oder Interaktionen, Bedürfnisse und Probleme der Nutzer:innen wir an welchem Ort beobachten wollen.

Wir besuchen unsere Testpersonen in dem vereinbarten Umfeld, beobachten ihre Interaktionen und halten diese in Notizen, Fotos oder Videos fest. Während des Beobachtens stellen wir offene Fragen, um die Handlungen der Nutzer:innen besser zu verstehen.

Im Anschluss werten wir die gesammelten Daten aus und identifizieren Muster, Bedürfnisse und Potenziale für Verbesserungen und integrieren diese in die Weiterentwicklung unseres Prototyps.

Materialien:

Digital: Miro-Board, MS Teams

Analog: Notizbuch, Stifte, Kamera oder Smartphone für das Fotografieren von relevanten Situationen nach Absprache mit den Testpersonen

Dauer: Die Dauer hängt von der Anzahl der Teilnehmer:innen und der Genauigkeit der Beobachtungen ab. In der Regel dauert eine Field Study zwischen mehreren Stunden bis zu einem Tag.

Literatur

Bücher

Adkins, Lyssa. Coaching Agile Teams. A Companion for ScrumMasters, Agile Coaches, and Project Managers in Transition, Addison Wesley Signature Series, 2010

Bachfischer, Nikola. Sprungbrett in die Zukunft. Wie Unternehmen in einer Start-up-Welt erfolgreich sein können. innovaMe Lab, 2018

Berger, Warren. A More Beautiful Question, Bloomsbury, 2014

Brown, Tim. Change by Design, Revised and Updated: How Design Thinking Transforms Organizations and Inspires Innovation, Harper Business, 2009

Darkhorse Innovation. Digital Innovation Playbook, Murmann Publishers, 2016

Düsterbeck, Frank, Einemann, Ina. Product Ownership meistern, dpunkt.verlag, 2022

Fuchs, Werner T. Warum das Gehirn Geschichten liebt, Haufe-Lexware, 2009

Friedman, Thomas L. Thank You for Being Late, Bastei Lübbe AG, 2017

Gloger, Boris. Selbstorganisation braucht Führung. Die einfachen Geheimnisse agilen Managements, Hanser, 2022

Johnson, Steven. Wo gute Ideen herkommen. Eine kurze Geschichte der Innovation, SCOVENTA Verlagsgesellschaft mbH, 2016

Knapp, Jake. Sprint. How to solve big problems and test new ideas in just five days, Simon & Schuster Paperbacks, 2016

Lewrick, Link, Leifer. The Design Thinking Playbook: Mindful Digital Transformation of Teams, Products, Services, Businesses and Ecosystems, Wiley, 2018

Lewrik, Link, Leifer. Das Design Thinking Toolbook, Vahlen, 2020

Lewrick, Michael. The Design Thinking Toolbox: A Guide to Mastering the Most Popular and Valuable Innovation Methods, 2019

Osterwalder, Alexander; Pigneur, Yves. Business Model Generation. A Handbook for Visionaries, Game Changer, and Challengers, John Wiley & Sons, 2010

Pyczak, Thomas. Tell me! Wie Sie mit Storytelling überzeugen. Inkl. Praxisbeispiele. Für alle, die erfolgreich sein wollen in Beruf, PR und Online-Marketing, Rheinwerk, 2018

Rupp, Miriam. Storytelling für Unternehmen: Mit Geschichten zum Erfolg in Content Marketing, PR, Social Media, Employer Branding und Leadership, mitp Business, 2016

Rock, David. Brain at Work, 2011, Campus Verlag

Seelig, Tina. Insight out. Get Ideas Out of Your Head and Into the World, HarperCollins, 2015

Von Scheurl-Defersdorf, Mechthild R. Die Kraft der Sprache, 2018

Online-Quellen

Appelo, Jürgen. Management 3.0. *https://management30.com/practice/moving-motivators/*, Zugriffsdatum: 01. September 2023

Airbnb. Airbnb.org announces $ 2 million sponsorship initiative to support refugees, 20. Juni 2023, *https://news.airbnb.com/airbnb-org-world-refugee-day-2023/*, Zugriffsdatum: 01. September 2023

Blindwerk. Was ist Pretotyping? Erklärung, Methoden und Case Study, 13.01.2022. *https://www.blindwerk.de/magazin/was-ist-pretotyping-erklaerung-methoden-case-study/*, Zugriffsdatum: 01. September 2023

Board of Innovation: How to hit the innovation sweet spot and why it's not all that straightforward. *https://www.boardofinnovation.com/blog/how-to-hit-the-innovation-sweet-spot/*, Zugriffsdatum: 01. September 2023

Board of Innovation. How to hit the Innovation Sweet Spot, *https://www.boardofinnovation.com/blog/how-to-hit-the-innovation-sweet-spot/*, Zugriffsdatum: 01. September 2023

d.school: Tools for taking action. *https://dschool.stanford.edu/resources*. Zugriffsdatum: 01. September 2023

Bold Collective. Charette-Methode. *https://boldcollective.de/charette-methode/*, Zugriffsdatum: 01. September 2023

DYDX. Revamped Double Diamond, *https://dydx.digital/design-thinking-process/*, Zugriffsdatum: 01. September 2023

Gartic Phone: *https://garticphone.com/de*

Heggie, Jon. National Geographic. Besser denken. Wie Nahrung unser Gehirn beeinflusst. 14. Februar 2019, *https://www.nationalgeographic.de/wissenschaft/2019/02/besser-denken-wie-nahrung-unser-gehirn-beeinflusst*

IDEO. Creative Tips + Tools, *https://www.ideo.com/blog/topics/creative-tips-tools*, Zugriffsdatum: 01. September 2023

IDEO.ORG. DESIGNKIT, *https://www.designkit.org/index.html*, Zugriffsdatum: 01. September 2023

Klein, Astrid und Mark Dytham. PechaKucha Night. *https://www.pechakucha.com*, Zugriffsdatum: 01. September 2023

McDonalds Wiki. *https://mcdonalds.fandom.com/wiki/McSpaghetti*

Mockup Machine. 8 Types of Prototypes, *https://mockupmachine.com/types-of-prototypes-you-need-to-know-asap/*, Zugriffsdatum: 01. September 2023

Pecha Kucha. Share your Passion. Tell your Story. Find your People. *https://www.pechakucha.com/*, Zugriffsdatum: 01. September 2023

Rasche, Carsten. Boris Gloger Consulting GmbH, *https://www.borisgloger.com/blog/2019/05/15/der-agile-baum-als-orientierungshilfe-im-dschungel-der-agilen-begrifflichkeiten*, Zugriffsdatum: 01. September 2023

Reisemann, Matthias, Marktforschung.de. Von Kunden und Nutzern: Eine CX-Bestandsaufnahme, *https://www.marktforschung.de/marktforschung/a/von-kunden-und-nutzern-eine-cx-bestandsaufnahme/*, Zugriffsdatum: 01. September 2023

Savoia, Alberto. Why So Many Ideas Fail and How to Make Sure Yours Succeed, *https://www.albertosavoia.com/therightit.html*, Zugriffsdatum: 01. September 2023

Schwaber, Ken; Sutherland, Jeff. SCRUMGUIDES: *https://scrumguides.org/*, Zugriffsdatum: 01. September 2023

Southey, Robert. *https://hekaya.de/maerchen/goldloeckchen-und-die-drei-baeren–southey_1.html*, Zugriffsdatum: 01. September 2023

Speakture. Darum liebt unser Gehirn Bilder. *https://speakture.ch/deshalb-liebt-unser-gehirn-bilder/*, Zugriffsdatum: 01. September 2023

Wikipedia: Business Model Canvas. *https://de.wikipedia.org/wiki/Business_Model_Canvas.* Zugriffsdatum: 01. September 2023

Wikipedia. 1984 (Werbespot) *https://de.wikipedia.org/wiki/1984,* Zugriffsdatum: 01. September 2023

Wikipedia. Just do it. *https://en.wikipedia.org/wiki/Just_Do_It,* Zugriffsdatum: 01. September 2023

Wikipedia. Share a Coke. *https://en.wikipedia.org/wiki/Share_a_Coke,* Zugriffsdatum: 01. September 2023

Wikipedia: Dove Campaign for Real Beauty. *https://en.wikipedia.org/wiki/Dove_Campaign_for_Real_Beauty,* Zugriffsdatum: 01. September 2023

Zalando: Unsere Geschichte. Von der WG zu SE. *https://corporate.zalando.com/de/ueber-uns/unsere-geschichte-von-der-wg-zur-se*

Videos

Dietz, Doug: Transforming healthcare for children and their families: TEDxSanJoseCA, 20. Mai 2012, *https://youtu.be/jajduxPD6H4?feature=shared,* Zugriffsdatum: 01. September 2023

Sinek, Simon. Golden Circle Speech – TED Talk. 13. Juli 2016, *https://youtu.be/Jeg3llK8lro?feature=shared,* Zugriffsdatum: 01. September 2023

Pirenne, Vincent, Decuypere, Lennert. Webinar: How to run an AI-powered Innovation Sprint, *https://www.youtube.com/live/SlF9PfYjpRg?feature=shared,* Zugriffsdatum: 01. September 2023

Podcasts

Wäschle, Timo. Echtes Storytelling braucht echte Werte. Digital Heroes Live, 26. Juli 2020, *https://www.listennotes.com/podcasts/digital-heroes-live/episode-031-echtes-KvTYjnLbeyp/,* Zugriffsdatum: 01. September 2023

Kuhfuss, Andrea. Potenzialanalyse. Kurswechsel – Wir machen Arbeit wert(e)voll. 29. Januar 2020, *https://kurswechsel.podigee.io/53-potenzialanalyse,* Zugriffsdatum: 01. September 2023

Stichwortverzeichnis

A
Abschlussparty 175
Abschlusspräsentation 170
– Vorbereitungen 171
Allgemeine Fragen 110
Arbeitsumfeld – Sprintvorbereitung 57
Archetypen – Storytelling 51
Astro Teller Graph 1

B
Beobachten-Modul 109
Braindrawing 127
Brainstorming 184
Brainwriting 129

C
Case Study 174
Check-in 70
Create-Modul 1 134
Create-Modul 2 135

D
Daily 73
Dauer – AIS 3
Definition – AIS 2
Design Challenge 20
– Formulierung 59
Design Thinking 15
– Praxis 95
– Prozess 16
– trifft Agilität 7
Desktop-Recherche 102
Digital – AIS 2
Double Diamond 17

E
Empathy Map 183
Evaluate-Modul 165
– Beispiel 167

Events 68
– Übersicht 88
Explore-Modul 115

F
Faktfragen 110
Feedback
– Projektpartner:innen 173
– Teammitglieder 172
Feldstudie 186
Five Why
– Beispiel 122
– Interviews 111
Fly on the Wall 182
Formalitäten 89
Fragen-Cluster – Interviews 109
Funky Prototyp 185

G
Goldlöckchen-Prinzip 20

H
Heißluftballon – Retrospektive 80
High Level Concept 136
High Performance Tree 12
Hirnregionen – Storytelling 48

I
Ideen finden – Template 126
Innovation Sweet Spot 19
Input – Kund:innen & Entscheidungsträger:innen 92
Interview 28
– Anschreiben 107
– Leitfaden 108
– organisieren 106
– Vorbereitung 105

J
Jobs to be done (JTBD)   183

K
Kalender   68
KI – Ausblick   177
Kick-off
– Tag 1   88
– Tag 2   92
Kundenreise   182

L
Low-Fidelity Wireframes   140

M
Märchenfragen   110
Metapher
– Beispiel   120
– Praxis   120
– Storytelling   54
Mindmap – Beispiel   140
Mindmapping – Methode   181
Mock-up   40
Moving Motivators   13

N
Needfinding-Gespräch – Interviews   110
Notizen, Learnings und Tools   68

P
Pecha Kucha   64
Persona
– Modul   117
– Praxis   117
– Storytelling   54
– Theorie   33
Phase 1 – Verstehen   25
– Praxis   96
Phase 2 – Beobachten   27
– MRT   30
– Praxis   104
Phase 3 – Sichtweise definieren   33
– Praxis   116
Phase 4 – Ideen finden   36
– Praxis   125
Phase 5 – Prototypen entwickeln   38
– Praxis   139
Phase 6 – Testen   44
– Praxis   153
Point of View – Storytelling   54

Potenzialanalyse – Retrospektive   76
Präsentation – Design Thinking   90
Produktbeschreibung – Retrospektive   82
Prototypen
– Arten   40
– Beispiele   142
Prototyping
– Modul 1   147
– Modul 2   148

R
Recherche-Template   103
Retrospektive   75
Role-Storming   185
Rollen – AIS   61

S
SCAMPER   184
SCARF   12
Scrum-Werte   11
Seestern – Retrospektive   78
Semantische Analyse   98
Sichtweise definieren
– Beispiel   121
– Template   120
Spannungsbogen – Storytelling   50
Sprintnachbereitung   172
Sprintvorbereitung   57
Stakeholder-Analyse   99
– Ablauf   101
Stakeholder-Map   98
– Beispiel   100
Stakeholder-Modul   99
Storymap
– Praxis   122
– Storytelling   54
Storytelling   47

T
Team – Aufstellung   61
Teamgröße – AIS   3
Teampersona – Retrospektive   84
Testen
– Beispiel   159
– Modul 1   154
– Modul 2   155
Timeline – AIS   87

U
Übertragbarkeit – AIS   4

Umfragen   29, 113
– Tools   113
Urlaub – Formalitäten   90
Urthemen – Storytelling   51

V
Verstehen-Modul   97

W
Weekly   74
Weiterentwicklung   173
Werte   9
Wireframe   39
– Beispiel   141
Wrap-up   73

Z
Zeitungsartikel   91